I0816380

EL SENDERO DE LA REALIDAD

EL SENDERO DE LA REALIDAD

EMANUEL TOLEDO

Grijalbo

El papel utilizado para la impresión de este libro ha sido fabricado a partir de madera procedente de bosques y plantaciones gestionadas con los más altos estándares ambientales, garantizando una explotación de los recursos sostenible con el medio ambiente y beneficiosa para las personas.

El sendero de la realidad

Primera edición: octubre, 2025

penguinlibros.com

ISBN: 978-607-386-523-4

Impreso en México – *Printed in Mexico*

Índice

Prefacio

En 2018 fundé Metaconciencia, una academia de desarrollo integral basada en un innovador modelo psicopedagógico y psicoespiritual que fui creando a lo largo de muchos años de experiencia. Esta visión es el resultado de una profunda búsqueda e investigación en diversas áreas, incluyendo escuelas, maestros espirituales, psicología clásica y avanzada, psicología oriental (meditación y yoga), masaje terapéutico, arte, desarrollo arquetípico, chamanismo, religiones y mitologías, entre muchas otras cosas. Durante más de 20 años he experimentado personalmente todas las técnicas de intervención que forman parte de esta metodología y también las he ido aplicado en miles de consultantes para comprender sus alcances y beneficios. Este trabajo personal y de campo me ha permitido estructurar un modelo psicopedagógico conformado por dos pilares fundamentales: la *educación universal* y la *psicoespiritualidad*. Si bien estos términos han sido explorados en otros contextos, nunca antes se habían presentado con el nivel de desarrollo y coherencia con que se ofrecen en este libro; por primera vez se introducen de manera integral todos los fundamentos de la educación universal y la psicoespiritualidad, brindando una nueva visión al mundo.

Metaconciencia representa el espacio donde se aplican todos los conocimientos expuestos en este libro. Una verdadera metodología no solo requiere una teoría, sino también una práctica. Por lo tanto, es esencial entender que este libro, *El sendero de la realidad*, constituye la parte teórica de esta innovadora propuesta. No obstante, para una comprensión completa de los conceptos aquí descritos, será fundamental explorar su dimensión vivencial, pues de lo contrario no se podrá comprender realmente lo que este libro describe. Vivimos en un mundo donde se cree erróneamente que los conceptos intelectuales son el verdadero saber, por lo que será fundamental complementar la teoría que aquí presentamos con su práctica correspondiente.

Introducción

La vida es un juego

El propósito principal de la vida es la *autorrealización*, esto significa el desarrollo y realización de todo nuestro potencial, el despliegue del mismo. Cuando este sublime objetivo se logra, nos volvemos excelentes jugadores en el juego de la vida, alcanzando el verdadero éxito, logrando florecer tanto en nuestro interior, a través de la salud, la autoestima, el amor incondicional, la paz y compasión universales, la libertad y la trascendencia, como en el exterior, a través del servicio, la vocación, la abundancia, la excelente administración de nuestro territorio, la familia y las amistades armónicas.

Todos deseamos, consciente o inconscientemente, alcanzar el pleno despliegue de nuestro potencial completo y volvernos excelentes jugadores en el juego de la vida, porque solo así podremos ser felices, dichosos, plenos y libres. También la existencia entera quiere que cada uno de nosotros alcance la plenitud y logre florecer. La vida no está ennuestra contra, al contrario, es una maestra para que desarrollemos todo el potencial propio. Todos y todas tenemos un anhelo innato de florecer, estamos llamados a lograrlo, pero lamentablemente no todos lo conseguimos, principalmente por no conocer las reglas del juego. La vida es un juego que debemos, primero, aprender a jugar, conociendo sus reglas, para después dominarlo y, en última instancia, ganarlo y trascenderlo. La gente en general busca ganar el juego y trascenderlo antes de tiempo; quiere llegar a la meta saltándose pasos, pero si no conocemos las reglas, será imposible alcanzar esta misión, y lo más probable es que fracasemos y, en vez de florecer, nos marchitemos.

La educación que recibimos en la familia, las escuelas y la religión, desde que éramos niños, no nos enseñó todas las reglas del juego. Por ello, este libro tiene la finalidad de mostrárnoslas todas, así como ayudarnos a conocer las distintas fases del juego de la existencia; desde el conocimiento de sus reglas, pasando por el dominio del juego, hasta la conquista y trascendencia del mismo. Cuando hablamos de *juego* no nos estamos refiriendo a la falta de importancia y seriedad sobre la vida, sino a un concepto mucho más elevado que describe el desarrollo mismo de nuestra existencia hacia nuevos niveles de evolución, como sucede en los videojuegos, las obras de teatro y las películas.

En la filosofía hindú, especialmente dentro de las tradiciones del Vedanta y el Bhakti, la palabra en sánscrito *Leela*, también escrita como *Lila* o *Laila*, es un concepto espiritual que hace referencia a la idea de que el universo y toda la creación son el juego divino de Dios. En las películas, las obras de teatro y los videojuegos existe siempre el protagonista, que sería el *personaje* o *jugador*, el cual tiene que enfrentar retos, conocer nuevas dimensiones y mundos, afrontar situaciones, obstáculos y dificultades, para poder ir avanzando en la historia. Cuando el jugador recorre todos los niveles dentro del videojuego y los conquista, gana el juego. En el caso de las obras de teatro y las películas, cuando el protagonista afronta y experimenta determinadas situaciones, eventos, obstáculos y dificultades, y obtiene ciertas lecciones y aprendizajes de vida, se llega al final feliz o, en su defecto, a uno trágico. El final feliz sería entonces una nueva perspectiva sobre la realidad, más amplia, donde el protagonista termina más fortalecido, más maduro, más sabio.

Si el protagonista o los protagonistas (a veces son varios) no evolucionan ni aprenden de las situaciones que viven, entonces no hay obra, puesto que no hay historia. La historia es la estructura básica de toda obra de teatro o película, y la esencia es precisamente la evolución de sus protagonistas hacia un final donde se hayan alcanzado nuevos niveles de evolución. En el caso de los videojuegos, la esencia son sus retos, completar todos los niveles hasta acabar el juego.

Así, la esencia de toda historia humana en el sendero de la realidad es ir avanzando hasta lograr la autorrealización, mejor conocida en Oriente como la *iluminación*. En el hinduismo la iluminación se conoce como Moksha o Mukti. Representa la unión con Brahman, la realidad última, la conciencia suprema. Es la realización de que el Atman (el yo verdadero) es uno con Brahman (la totalidad). Es un estado donde se supera la ignorancia, el sufrimiento y los deseos materiales. Hay una renuncia a los frutos de las acciones y la identificación con el ego. En el budismo la iluminación se llama Nirvana. Es el estado de liberación donde se ha extinguido el sufrimiento; cesan los deseos y las aflicciones mentales que causan el sufrimiento, cesan los apegos. Aparece la comprensión de la naturaleza vacía y transitoria de todas las cosas. Hay un completo desarrollo de la sabiduría y la compasión. En el taoísmo, la iluminación se refiere a la armonización con el Tao, el principio fundamental que subyace en el universo; se logra vivir a través de la acción sin esfuerzo, en armonía con el flujo natural de la vida. Se aprende a cultivar una vida sencilla en contacto con la naturaleza esencial del ser. En el misticismo cristiano, la iluminación se puede considerar como la unión definitiva con Dios, la salvación, la santidad, el reino de los cielos. Nos conectamos con el amor divino, en una experiencia profunda con el amor incondicional y la presencia de Dios.

Las características comunes de la iluminación son: la trascendencia del ego (superación de la identificación con el yo individual y sus deseos), conexión con la realidad última (experiencia directa con la verdad suprema o la naturaleza fundamental del universo), sabiduría y compasión (desarrollo de una comprensión profunda del amor incondicional), y paz y libertad internas (desapego, serenidad). La iluminación, aunque se entiende de diferentes maneras en diversas tradiciones, es esencialmente un estado de comprensión y realización que va más allá de la experiencia ordinaria y lleva a una conexión más profunda con la realidad trascendental del Ser.

Al expresar que la vida es un juego, nos estamos refiriendo precisamente a esto, a la búsqueda y conquista de la iluminación. La vida se despliega de una manera similar a lo que sucede en los videojuegos, en las obras de teatro y en las películas, pues existe un drama esencial. Ese drama esencial es la estructura misma del juego, es la esencia del movimiento de las historias. Para que los videojuegos, las obras de teatro y las películas existan, así como la vida misma, debe haber un protagonista, un jugador que deberá enfrentar retos y desarrollar talentos, habilidades y aprendizajes a través de ellos. En la vida, ese jugador eres tú, y se deberá desarrollar hasta lograr la excelencia en el juego, alcanzando la iluminación (autorrealización).

En el sendero de la realidad, el drama esencial del juego consiste en que logremos desplegar y realizar nuestro potencial completo, enfrentando todos los obstáculos que no permiten este sublime objetivo, hasta alcanzar nuestro florecimiento, libertad y plenitud totales. El juego de la vida se gana cuando logramos desplegar todo nuestro potencial y realizarlo. Sin el despliegue del mismo, no hay posibilidad de iluminación, de liberación, de autorrealización. Durante la lectura de este libro conoceremos a profundidad a qué nos referimos cuando hablamos del *potencial completo*, cómo debemos desplegarlo y qué significa realmente lograr realizarlo, porque muchas veces se conocen partes de este, pero no todo. Tampoco se comprende cómo desarrollarlo y realizarlo en su totalidad. También estudiaremos cuáles son los obstáculos que no permiten el despliegue del mismo, comprendiendo cómo afrontarlos y superarlos.

Para desplegar correctamente nuestro potencial, la educación juega un papel fundamental, no solo en nuestros primeros años de vida y adolescencia, sino también en la vida adulta. Por su parte, los obstáculos y las dificultades que aparecen en nuestra existencia y que no permiten el despliegue óptimo de nuestro potencial, en un primer momento se presentan como fuerzas oscuras que buscan marchitar nuestra vida, que pretenden que perdamos el juego; sin embargo, cuando se conozcan a profundidad todas las reglas del juego de la realidad, nos daremos cuenta de que las fuerzas de la oscuridad no son enemigas, sino aliadas. Es gracias a la confrontación y superación de los obstáculos y dificultades que la vida misma nos presenta, así como de una educación correcta, que nuestro potencial se podrá desplegar y realizar, y así podremos conquistar el juego de la vida.

El potencial completo y la educación universal

Si para convertirnos en excelentes jugadores y ganar el juego de la vida tenemos que desplegar nuestro *potencial completo*, será necesario conocer primero a qué nos referimos. Al escuchar hablar de este concepto con frecuencia podemos llegar a pensar que está relacionado con hacer dinero y tener poder en el mundo; sin embargo, durante la lectura de este libro habremos de comprender que es mucho más profundo que eso. En general, ni en las escuelas, ni en la familia, ni siquiera en la religión se conoce una estructura correcta del potencial completo del ser humano, y por lo mismo, en ninguna parte se ofrece una estructura pedagógica que permita un despliegue pleno del mismo. Será solo a través de una educación correcta, y paralelamente sabiendo utilizar los obstáculos y dificultades de la vida misma a nuestro favor, que podremos desplegar todo nuestro potencial.

Desde siglos atrás hemos mirado y estudiado al ser humano a través de prejuicios religiosos, filtros científicos y culturales, límites familiares y sociales que no nos han permitido conocer, y mucho menos realizar, el potencial completo de lo que somos. Han sido pocos los individuos a lo largo de la historia que lo han conseguido, convirtiéndose en excelentes jugadores, ganando (y trascendiendo) el juego de la vida. Todos ellos, para lograrlo, tuvieron que recorrer una estructura pedagógica y sobre todo andragógica (educación para adultos) que fuera capaz de ayudarlos.

A la estructura pedagógica que permite el despliegue total de nuestro potencial le llamaremos *educación universal* o *educación en lo sagrado*, puesto que está al servicio de lo que en verdad somos, de nuestra totalidad. Esta educación universal está fundamentada en el conocimiento profundo de quiénes somos, de cómo estamos hechos y de todo lo que nos conforma: cuerpo, psique y alma / espíritu, así como de la relación intrínseca que hay entre la realidad externa y nuestro interior. La educación universal está fundamentada en el orden sagrado de las cosas, las leyes del cosmos, del cielo y de la tierra, que permitirán la realización de una supraconciencia en el individuo, conectándolo de forma orgánica y armónica a la sociedad, al mundo y al universo, sin robotizarlo ni coartarlo de su autenticidad, logrando por añadidura una vida rebosante de equilibrio, libertad y plenitud.

Por su parte, a la educación que no permite el despliegue de nuestro potencial completo, que nos priva de nuestro equilibrio, libertad y plenitud, haciéndonos pésimos jugadores en el juego de la vida, la llamaremos *educación parcial* o *educación profana*, puesto que solo desarrolla partes de nuestro potencial, mas no la totalidad de lo que somos. Esta aparece como consecuencia del desconocimiento de la naturaleza fundamental de la realidad, sus leyes y de lo que en verdad somos. En conclusión, de las reglas del juego. Desconocimiento que lastimosamente padecen las religiones, los gobiernos, las escuelas y las familias.

La educación parcial no permite que logremos ser excelentes jugadores, y a menos que alcancemos la excelencia en el juego de la vida, no podremos ganarlo y trascenderlo. La educación universal, por su parte, es una estructura pedagógica y andragógica que no está atrapada en los límites culturales, sociales y familiares, y que está al servicio de la plena realización del ser, así como de la verdad del universo y la existencia. Desgraciadamente la educación universal no está al alcance de todos y hasta el día de hoy permanece oculta.

Este libro tiene la finalidad de mostrar la estructura de la educación universal con todos sus detalles, para que pueda estar al alcance de todos y todas. Conocer la estructura de la educación universal, no solo de forma teórica, al estudiarla en libros, sino atrevernos a ser reeducados por ella, de forma práctica y vivencial, será sinónimo de conocer las reglas del juego, volvernos brillantes jugadores y, en última instancia, ganar el juego de la vida, graduándonos en la educación universal.

A través del estudio teórico de la estructura pedagógica de la educación universal, que ofrece la lectura de este libro, nos daremos cuenta de que para poder ser reeducados a través de la misma tendremos que buscar sus herramientas de intervención en distintos lugares, ya que de momento no existen instituciones, universidades, centros de salud mental, centros holísticos, escuelas, etc., donde se ofrezca la educación universal con todos sus detalles. Uno de los objetivos de este libro es que algún día el conocimiento que presenta el mismo pueda llegar a los gobiernos e instituciones del mundo, para que la educación universal pueda ser articulada en todos los sistemas educativos y así podamos enseñar de forma correcta y total al ser humano.

La educación que recibimos todos y todas desde que fuimos gestados y criados es una parcial, que fue estructurada y articulada a través de los límites del sistema, de la familia, de la sociedad y de la religión. No fue la educación universal que permite el despliegue de nuestro potencial completo, por lo que será necesario, llegados a la vida adulta, encontrar por nosotros mismos la educación universal y reeducarnos a través de ella, solo así podremos desplegar nuestro potencial completo, volvernos excelentes jugadores y ganar el juego de la vida.

En conclusión, la vida es un juego divino que tenemos que aprender a jugar, desplegando nuestro potencial completo a través de la educación universal o en lo sagrado. Paralelamente tendremos que aprender a utilizar los obstáculos y dificultades a nuestro favor, desarrollando nuevos aprendizajes a partir de los retos que la vida nos presente. Será necesario aprender a hacerlo, porque alcanzar la perfección como jugadores pasa necesariamente por ese entendimiento. Es así como la maestra vida y la educación universal se complementan;

juntas permitirán el conocimiento de las reglas del juego y el desarrollo del jugador hasta su excelencia en el mismo, desplegando nivel por nivel nuestro potencial completo hasta nuestra autorrealización.

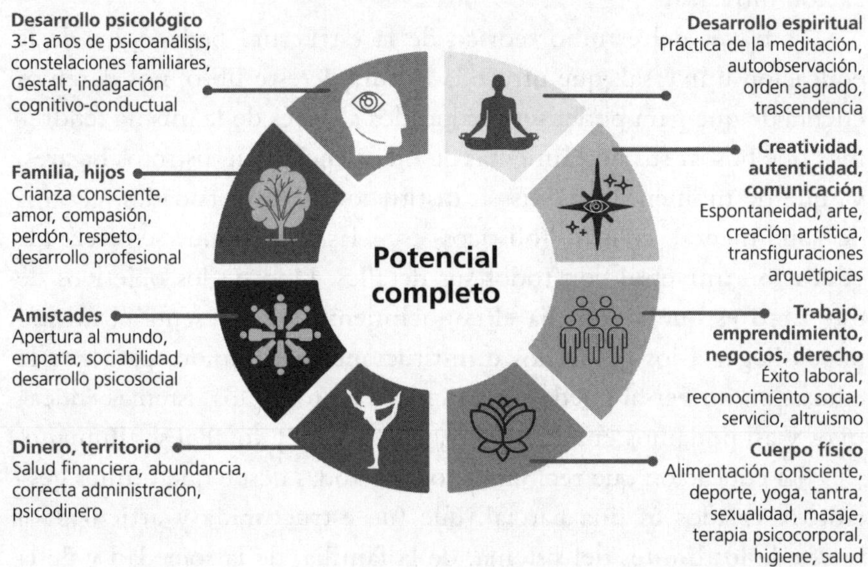

Estructura del potencial completo y la educación universal

En este esquema podemos vislumbrar todas las áreas que debemos desarrollar para desplegar todo nuestro potencial. Idealmente, esta estructura pedagógica que integra la totalidad de lo que somos debería estar articulada en las escuelas, en las familias, en las iglesias y, en general, en todas partes. Si eso hubiese pasado, desde niños habríamos sido criados a través de un sistema pedagógico que habría hecho posible el despliegue de todo nuestro potencial. Sin embargo, eso no ocurrió. No poder desplegarlo no nos permitirá ganar el juego de la vida. Sin embargo, no todo está perdido, porque ahora, de adultos, tenemos la gran oportunidad de reeducarnos a través de la educación universal y comprender las reglas del juego, alcanzar la excelencia como jugadores y triunfar en el mismo. Si el despliegue de nuestro potencial completo no sucedió desde niños, tendremos que hacerlo de adultos, por nuestra propia cuenta. Y esa es la finalidad de este libro, sembrar una semilla de claridad en ti, motivándote profundamente para que sepas cómo hacerlo.

Los errores de la educación parcial

Los *errores o carencias de la educación parcial* que recibimos y que no permiten que esta se pueda convertir en una educación universal son los siguientes:

1. No incluye a la psicología, ni clásica, ni avanzada. No hay cultura general sobre la importancia de la psicología en los procesos pedagógicos.
2. No incluye la práctica del yoga y la meditación. No se conoce la importancia de la psicología oriental. No se conoce el despliegue de nuestro potencial hacia adentro.
3. No incluye al yoga de los sueños; no conoce cómo utilizar los actos del dormir y del soñar para el desarrollo de los individuos.
4. No incluye al arte ni a la creación artística.
5. No incluye el desarrollo arquetípico.
6. No enseña de forma profesional el deporte y las artes marciales.
7. No enseña de manera general la administración de empresas, las finanzas, el emprendimiento y el derecho, necesarios para el pleno despliegue de nuestro potencial material.
8. No enseña la expresión emocional como la risoterapia, la liberación de la rabia, el dolor y los miedos más profundos.

9. En definitiva, no desarrolla nuestro potencial completo porque no lo conoce.

La educación parcial, al cometer todos estos errores, al presentar estas carencias, no puede volverse una educación universal y así permitir el despliegue del potencial completo del ser humano. Es por esta razón que millones de seres humanos llegados a la vida adulta y a la vejez sufren, viven insatisfechos, frustrados y confundidos, sin haber alcanzado la excelencia en el juego de la vida, sin haber logrado el éxito tanto interno como externo. La educación es la causa fundamental de que nuestro potencial pueda ser desarrollado y realizado.

Una estructura pedagógica que incluya el desarrollo de la totalidad del ser humano será capaz de desplegar todo su potencial; con la misma lógica, una estructura pedagógica que excluya una o varias dimensiones del ser humano no permitirá el pleno desarrollo de su potencial. Esto es lo que ha venido sucediendo en el mundo desde siglos atrás; el ser humano ha sido educado solo parcialmente, tanto por la familia y las escuelas como por la religión y el Estado, y gran parte de su potencial ha quedado reprimido, paralizado, dormido. Las consecuencias de vivir la vida con partes de nuestro potencial dormido son demasiado graves, tanto a nivel individual como a nivel social y cultural.

El ser humano es una totalidad, pero solo en potencia, por lo que, si las estructuras educativas que acompañan su desarrollo no están al servicio de la realización de esta totalidad, impedirán el pleno despliegue de su potencial. Son muchas las teorías que confirman la totalidad que somos en potencia; veamos algunas de ellas.

A finales del siglo XX, Paul MacLean, médico y neurocientífico estadounidense, propuso la teoría neurobiológica del *cerebro triuno*, donde postula que el cerebro humano está compuesto por tres áreas distintas, cada una de las cuales se desarrolló evolutivamente a lo largo del tiempo. Estas tres áreas son: *el cerebro reptiliano* (primer cerebro), *el cerebro límbico* (segundo cerebro) y *el neocórtex* (tercer cerebro). El cerebro reptiliano es la estructura más primitiva, es donde se encuentran las pulsiones y los instintos. El cerebro límbico es la estructura responsable de las emociones y la motivación, mientras que el neocórtex es la estructura más avanzada, encargada de las funciones cognitivas complejas, como el pensamiento abstracto y el lenguaje. En este tercer cerebro es donde se encuentra la conciencia, la voluntad, las estrategias y la toma de decisiones.

La educación parcial que recibimos solo intentó desarrollar el tercer cerebro, y, lamentablemente, las funciones cognitivas complejas de este no pueden ser correctamente desarrolladas si se abandona el desarrollo de los primeros dos cerebros (afectividad e instintos), por lo que tampoco hubo un correcto desarrollo del tercer cerebro en la educación parcial que recibimos.

Otra teoría muy interesante que expresa la totalidad de lo que somos es la de las *inteligencias múltiples* propuesta por Howard Gardner a finales del siglo XX. Según Gardner, la inteligencia no es una sola capacidad general, sino que se compone de distintas modalidades.

En su postulado, Gardner identifica nueve tipos de inteligencia: la *inteligencia lingüística*, que hace referencia a la capacidad de usar el lenguaje de manera efectiva para expresar y entender significados complejos; es común en escritores, poetas, comunicólogos, abogados y oradores. La *inteligencia lógico-matemática*, relacionada con la habilidad para razonar de manera lógica y resolver problemas matemáticos; es característica de científicos, matemáticos y lógicos. La *inteligencia espacial*, relacionada con nuestra capacidad para pensar en tres dimensiones; es común en arquitectos, escultores, bailarines, pilotos y navegantes. La *inteligencia musical*, que tienen que ver con nuestra habilidad para conectarnos con el sonido y con la música; la encontramos muy desarrollada en los músicos, compositores y directores de orquesta. La *inteligencia corporal-kinestésica*, ligada a nuestra capacidad para usar el propio cuerpo y expresar ideas y sentimientos; es característica de los deportistas, artistas y terapeutas. La *inteligencia interpersonal*, que hace referencia a nuestra habilidad para entender y trabajar bien con otras personas; ha sido muy desarrollada en profesores, actores y políticos. La *inteligencia intrapersonal*, relacionada con la capacidad para entendernos y conocernos a nosotros mismos, y así saber guiar nuestra propia vida; es característica de individuos con alta conciencia de sí mismos, como psicoterapeutas, chamanes y maestros espirituales. La *inteligencia naturalista*, conectada con nuestra habilidad para identificar, clasificar y cuidar a los elementos del medio ambiente, como las plantas y los animales; se encuentra en biólogos, agricultores y conservacionistas. Y por último la *inteligencia existencial*, implicada en la capacidad para sentir la profundidad de la existencia humana y la dimensión espiritual.

La teoría de las inteligencias múltiples ha tenido un gran impacto en los últimos tiempos, sugiriendo que las prácticas educativas deben adaptarse para atender las diversas habilidades de los estudiantes, en lugar de enfocarse únicamente en la inteligencia lógico-matemática y la lingüística.

Otra teoría es la de los dos hemisferios cerebrales, propuesta por el neurocientífico Roger W. Sperry, quien ganó el premio Nobel en 1981 por sus investigaciones. Según Sperry, el hemisferio izquierdo del cerebro se encarga del lenguaje, las habilidades verbales y el razonamiento lógico y analítico, mientras que el hemisferio derecho se encarga del procesamiento espacial y visual, la creatividad, las habilidades artísticas, la intuición y el procesamiento holístico. La educación parcial que recibimos solo se dedicó a desarrollar el hemisferio izquierdo, impidiéndonos desarrollarnos de forma total.

Otra teoría es la pirámide de Abraham Maslow, conocida como la *teoría de la jerarquía de las necesidades*. Esta sugiere que los seres humanos tenemos una serie de necesidades que deben satisfacerse en un orden específico, comenzando por las más básicas y avanzando hacia las más complejas y elevadas. En el nivel más bajo, en la base de la pirámide, encontramos nuestras *necesidades fisiológicas*, relacionadas con la supervivencia física, los alimentos, el descanso y el refugio. En el segundo nivel encontramos las *necesidades de seguridad*, relacionadas con la protección, la seguridad física y emocional. Incluyen la seguridad personal, la estabilidad financiera, la salud y el bienestar. En el tercer nivel de la pirámide encontramos las *necesidades sociales*, relacionadas con el amor y la pertenencia, las relaciones afectivas, los amigos, la familia, las parejas románticas y la participación en grupos sociales. En el cuarto nivel están las *necesidades de estima*, relacionadas con el respeto propio y el reconocimiento por parte de los demás. Incluyen la autoestima, el logro, el reconocimiento y el respeto. En lo más alto de la pirámide, en el quinto nivel, encontramos las *necesidades de autorrealización*, relacionadas con la búsqueda de crecimiento personal y la plena realización de nuestro potencial psicoespiritual. Incluyen el desarrollo de talentos y habilidades, la creatividad, la trascendencia y la consecución de metas transpersonales.

Similar a la pirámide de Maslow, en el sentido de que también se expresa por niveles, está el *sistema de chakras*, el cual es clave en varias tradiciones espirituales y metafísicas, especialmente en el hinduismo y el budismo. Los chakras se consideran centros de energía en el cuerpo humano que influyen en el bienestar físico, emocional y espiritual. El sistema describe siete chakras principales alineados a lo largo de la columna vertebral. A través de una correcta educación, estos centros energéticos se deberán ir abriendo hasta alcanzar nuestra realización y plenitud. En caso de que permanezcan cerrados, aparecerán consecuencias negativas.

El *chakra uno* o chakra raíz (Muladhara) es de color rojo, su elemento es la tierra y está relacionado con las funciones de seguridad, estabilidad, supervivencia y necesidades básicas; si el chakra permanece cerrado, provocará miedo, inseguridad, problemas con el dinero y la supervivencia física. El *chakra dos* (Svadhisthana) es de color naranja, su elemento es el agua y está conectado con la creatividad, la sexualidad y las emociones; si permanece cerrado aparecerán bloqueos sexuales, creativos y emociones reprimidas. El *chakra tres* (Manipura), a la altura del plexo solar, es de color amarillo, su elemento es el fuego y se relaciona con nuestro poder personal, la autoestima y la confianza; cerrado provocará problemas de autoestima y falta de autocontrol. El *chakra cuatro* del corazón (Anahata) es de color verde y su elemento es el aire; abierto nos conecta con el amor, la compasión y las relaciones saludables; cerrado provocará problemas en nuestras relaciones y falta de empatía. El *chakra cinco*, ubicado en la garganta (Vishuddha), es de color azul y su elemento es el éter; abierto nos conecta con la comunicación y expresión verdaderas, con la palabra de Dios; cerrado provocará dificultades para comunicarnos y bloqueos en la creatividad. El *chakra seis* del tercer ojo (Ajna) es de color índigo, su elemento es la luz; abierto nos conecta con la intuición, con la visión profética interior y la sabiduría universal; cerrado provoca confusión mental, falta de visión trascendental y problemas en la toma de decisiones. Por último, el *chakra siete* de la corona (Sahasrara) es de color violeta o blanco, su elemento es la conciencia divina; abierto nos conecta con la dimensión espiritual, la iluminación y la supraconciencia; cerrado provoca desconexión espiritual, cinismo y falta de sentido de vida.

Otra estructura que describe de forma muy precisa nuestra totalidad es el *Tarot de Marsella*, restaurado por el artista y psicomago Alejandro Jodorowsky. En él encontramos 78 arcanos (22 mayores y 56 menores) que describen el potencial completo realizado. Los arcanos mayores hacen referencia al desarrollo arquetípico (leyes y conductas del cielo, energías divinas), y los menores al desarrollo de nuestras cuatro energías humanas: intelecto, emociones, cuerpo-territorio-dinero y creatividad-sexualidad. El Tarot de Marsella es un mapa que nos señala cómo ir desarrollando nuestras tres grandes dimensiones —animal, humana y divina— para alcanzar la autorrealización.

La educación universal o de lo sagrado es toda estructura pedagógica que permite el despliegue de nuestro potencial completo; en ese sentido, es incluyente de todas aquellas teorías, sistemas y disciplinas que traten de explicar nuestra totalidad y enseñen a realizarla. Lograr el despliegue de todo nuestro potencial es un propósito sublime que debe ayudarnos a realizar la verdadera educación, brindándonos las herramientas correctas que lo hagan posible. Muchas teorías describen nuestro potencial desplegado, pero no advierten cómo lograrlo. Sus metodologías se quedan solo en teorías, sin describir una verdadera práctica que permita el despliegue de nuestro potencial completo. La educación universal es aquella que nos muestra el propósito fundamental de la existencia, a dónde tenemos que llegar (teoría), pero también nos enseñará cómo lograrlo (práctica). La educación universal nos debe enseñar las reglas del juego para ganarlo y cómo alcanzar la excelencia como jugadores.

A lo largo de este libro exploraremos a profundidad una nueva teoría psicopedagógica y un nuevo enfoque psicológico y espiritual, aún desconocidos por el mundo, que permitirán el desarrollo de nuestro potencial completo. Este nuevo paradigma se fundamenta en las grandes teorías, maestros, disciplinas y sistemas del pasado, extendiéndose más allá de todos ellos, dando lugar a lo que he denominado la *psicoespiritualidad* y *educación universal.* Juntas, estas innovadoras perspectivas nos ofrecen una visión transformadora para alcanzar la autorrealización. Además, estudiaremos las herramientas esenciales que permitirán el pleno despliegue de todo nuestro potencial a través de una práctica específica.

Las nueve esferas de nuestro potencial completo (la multidimensión)

Para alcanzar la excelencia como jugadores y ganar el juego de la vida se deberán desarrollar las nueve *esferas* del diagrama que muestro a continuación, el cual nos permitirá comprender la estructura de nuestro potencial completo. Cada una de las esferas que lo conforman son distintos *lenguajes* que se deberán desarrollar a través de múltiples herramientas, que son parte de la educación universal. Cuando todas estas esferas o lenguajes comienzan a ser desarrollados, conocemos nuestra *multidimensión*. El ser humano es multidimensional por naturaleza; su existencia y experiencia se manifiestan en múltiples dimensiones, niveles, esferas o lenguajes, cada una de las cuales contribuye a la totalidad del ser.

La educación universal, a fin de cuentas, permitirá el desarrollo de todas nuestras esferas. Cada uno de estos potenciales se desarrolla durante toda nuestra vida, siempre y cuando tengamos acceso a la educación universal, de lo contrario, muchos de ellos quedarán inhibidos. El no desarrollo de ciertas esferas de nuestro potencial completo afectará a las demás esferas y a la totalidad del mismo. Todas las esferas que conforman nuestro potencial completo se complementan, por lo que su desarrollo correcto dependerá del desarrollo de todas las demás. Por ejemplo, si solo desarrollamos el potencial cognitivo, dejando de lado a las demás esferas, la cognición se desarrollará incorrectamente. El desarrollo cognitivo debe ir conectado a la inteligencia emocional, corporal, espiritual, etc., para su buen funcionamiento, de lo contrario, se tornará en racionalismo venenoso, fe ciega, mente supersticiosa, etc. La acumulación de bienes materiales es un claro ejemplo de un excesivo desarrollo del potencial material, sin haberse incluido el potencial psicoespiritual, psicoemocional, psicosocial, etcétera.

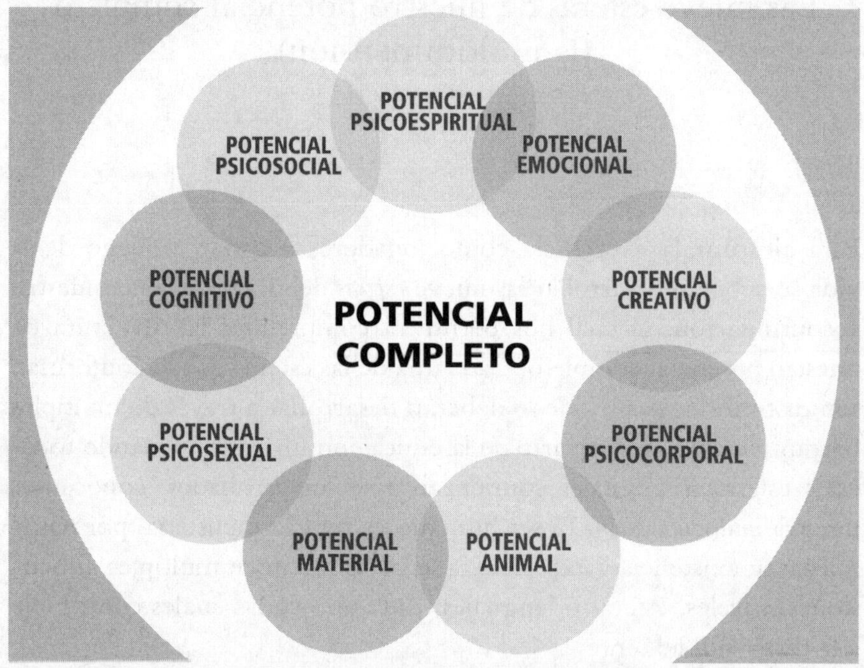

La educación parcial, proveniente de la familia, las escuelas y la religión, solo desarrolla algunas esferas o lenguajes de nuestro potencial completo, y al no incluirlos a todos, las partes que sí intenta desarrollar no podrán desplegarse correctamente. El *potencial psicoespiritual* desplegado nos permitirá conocer la dimensión espiritual, desarrollar trascendencia, libertad, desapego, conexión con nuestro centro más profundo; nos enseñará a ir más allá de la mente, el tiempo y la materia. El *potencial psicoemocional* es aquel que, desplegado, nos llevará al desarrollo correcto de la personalidad, a la autoestima, al amor incondicional, a la paz y compasión universales, al perdón, a la empatía, a la inteligencia emocional. El *potencial psicosocial* desarrollado nos llevará a la sociabilidad, al servicio, al éxito en el mundo, a coexistir en comunidad de una manera saludable, a una plena adaptabilidad de nuestro entorno. El *potencial creativo* desplegado nos llevará a la vocación, al arte, al emprendimiento, a la innovación, a lograr nuevos descubrimientos que beneficien a la sociedad y al mundo. El *potencial cognitivo* desplegado nos permitirá alcanzar el pensamiento crítico y complejo, el orden sagrado de las cosas, la comprensión de las leyes del cielo y de la tierra. El despliegue del *potencial psicocorporal* nos ayudará a comprender el lenguaje de las sensaciones, la relación entre la psique y el cuerpo, el origen real de las enfermedades, el desarrollo del deporte, la conexión con el espacio, etc. El *potencial psicosexual* desarrollado nos dejará aprender a relacionarnos sanamente con el mundo de la forma (sexo, dinero, poder, personas, lugares, comida, experiencias, tentaciones, etc.), gozando plenamente del juego de la realidad sin caer en los excesos, así como también procrear y tener descendencia (formación de una sagrada familia). El despliegue de nuestro *potencial material* nos permitirá alcanzar la libertad financiera, construir un patrimonio sólido y gestionar nuestros bienes de manera eficiente. Por último, el desarrollo correcto de nuestro *potencial animal* nos posibilitará utilizar toda la energía instintiva de supervivencia que está en nosotros, para el desarrollo de la resiliencia, la tenacidad, la fuerza y la perseverancia (el guerrero interior).

Cuando estas nueve esferas o lenguajes son plenamente desarrollados, logramos la autorrealización, alcanzando la excelencia como jugadores, ganando y trascendiendo el juego de la vida. Veamos a continuación este *nuevo modelo psicopedagógico* (la educación universal) y *nuevo enfoque psicológico y espiritual* (la psicoespiritualidad) que el mundo aún no contempla, con los cuales podremos comprender a fondo cómo lograr el despliegue de nuestro potencial completo, alcanzando la plenitud, el equilibrio y la libertad totales.

De la educación parcial a la educación universal

En nuestra cultura occidental, desde niños recibimos una educación parcial. Los errores de la educación parcial, como vimos anteriormente, fueron: la falta de psicología (clásica y avanzada), la falta de yoga y meditación (psicología oriental), la falta del arte y el desarrollo arquetípico, la falta de deporte y artes marciales, y la falta de un desarrollo en emprendimiento, inteligencia financiera y jurídica. Estos errores en la educación que recibimos no permitieron el despliegue de nuestro potencial completo. Veamos con más detalle cada uno de ellos.

La psicología debería de ser cultura general

Por falta de una cultura general en psicología no se comprenden las graves consecuencias que suceden cuando un ser humano no consigue desplegar su potencial. Entre más reprimido y dormido quede el potencial de un ser humano, peores consecuencias habrá. Veamos un esquema sobre esto.

La psicología es fundamental si queremos comprender las estructuras pedagógicas que permiten el despliegue de nuestro potencial completo, y también las estructuras pedagógicas tóxicas que reprimen y bloquean el despliegue del mismo. Por falta de cultura general en psicología, no se comprende cómo traer hijos al mundo y cómo criarlos correctamente de bebés, niños y adolescentes. Cada uno de los errores provocados por la familia, las escuelas y la religión que se cometan en la crianza, provocará bloqueos en el correcto despliegue de su potencial. Por lo mismo, se vuelve fundamental conocer las reglas del juego. La primera de estas reglas es que por cada error de crianza que hayamos recibido, aparecerá un bloqueo en alguna zona de nuestro potencial que repercutirá en toda nuestra vida.

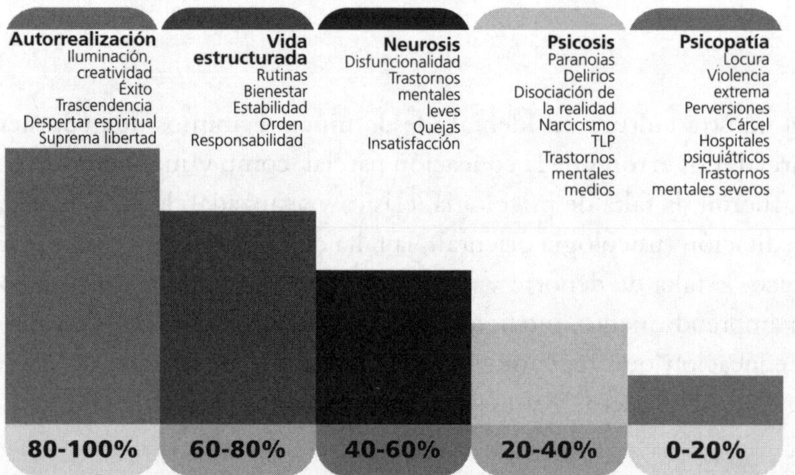

Lo que necesitamos todos desde bebés, niños y adolescentes para desplegar nuestro potencial completo es: *amor*, *atención* y *respeto*. En las escuelas le dan prioridad al conocimiento intelectual, en las iglesias a las creencias religiosas y en las familias al deber ser y a las luchas de poder. En general, la educación parcial se basa en enseñarles a los individuos la obediencia ciega a lo establecido. Si los padres, madres y educadores les imponen a los niños y adolescentes ser algo que no son, y con sus luchas de poder, a través del mal uso de su autoridad, los insultan, violentan y abusan de ellos, se formarán graves heridas psicológicas y traumas que les impedirán el despliegue natural de su potencial. Si dentro de las familias, en las escuelas y en las iglesias los niños y adolescentes no se sienten verdaderamente vistos, respetados, amados y escuchados, no podrán crecer con una sana identidad y no podrán desplegar correctamente su potencial.

Para ser verdaderamente vistos, amados, respetados y escuchados, se necesita que los padres, las madres y los educadores vivan realmente en amor incondicional, en creatividad, en paz y compasión, de lo contrario habrá juicios, maltrato y abusos de poder, no habrá atención plena ni escucha, no sabremos jugar con los niños ni apoyar a los adolescentes, habrá una constante necesidad de estarlos controlando, imponiéndoles cómo deberían de ser, faltándoles al respeto.

Los bebés, niños y adolescentes necesitan ser vistos, aceptados, reconocidos y amados por lo que son. Cuando el padre o la madre son ausentes, ya sea por muerte prematura, por abandono de hogar o simplemente por falta de interés o conciencia de cómo ejercer la maternidad o paternidad, los infantes crecerán sin obtener la atención, el respeto y el amor que necesitan para desplegar gran parte de su potencial. Crecerán con carencias afectivas, con heridas de abandono, con problemas de autoestima. En los primeros siete años de vida se estructuran las bases de todo nuestro psiquismo que determinarán gran parte de nuestra vida adulta y destino. La falta de atención, respeto y amor provoca intensos sentimientos de desvalorización que bloquearán el despliegue natural de nuestro potencial. Dejaremos de creer en lo que somos y sentiremos que lo que llevamos dentro está mal y no vale nada. Viviremos desconectados de nuestro ser verdadero y se formarán máscaras constituidas por mecanismos de defensa, que nos volverán pésimos jugadores en el juego de la vida. No podremos establecer relaciones saludables con los demás ni con el mundo y seremos incapaces de lograr el éxito y ser verdaderamente libres.

Cuando en las iglesias las creencias religiosas se vuelven más importantes que el "ser auténtico y verdadero" de cada uno de nosotros, gradualmente perdemos la conexión natural con la divinidad. Identificarnos con la mente, con las creencias, y vivir la vida apegados a las ideas y al pensamiento, no permite el flujo natural de nuestro ser verdadero. La identificación con la mente no permitirá el despliegue de todo nuestro potencial. La educación parcial que recibimos de la familia, la sociedad y la cultura relegó a un segundo plano nuestro ser, dándoles más importancia a la mente, al deber ser, a las creencias y a los conceptos. Ya veremos más adelante cómo la educación universal o en lo sagrado sabe muy bien cómo darle prioridad al ser, por encima de la mente, y de esta forma, aunque incorporemos nuevos conceptos y creencias, no perdamos la conexión con nuestro ser interno, que básicamente es uno con el Dios al que apuntan todas las religiones.

Por su parte, cuando en las escuelas la información de los libros se vuelve más importante que el "ser" de cada estudiante, se pierde el objetivo esencial de la educación. Desde la niñez todos los estudiantes deberían tener asignaturas de psicología que incluyesen la implementación de técnicas de terapia grupal, así como también acompañamiento psicológico de forma individual, para que los niños y adolescentes pudiesen trabajar con sus emociones y sus capacidades de comunicación psicoafectiva, a la par del desarrollo cognitivo. La educación parcial se ha dedicado a llenar de información conceptual a los niños y adolescentes, olvidándose del desarrollo de la inteligencia emocional, psicosocial y creativa.

Cuando el potencial natural y total de los niños y adolescentes no se desarrolla correctamente, comienzan a sentirse reprimidos, y, por lo tanto, no vistos, amados ni respetados por el sistema educativo y los profesores. Los niños quizá no comprendan esto al principio, porque son nobles, inocentes y obedientes, pero llegados a la adolescencia se volverán rebeldes y presentarán conductas de rechazo y apatía frente al sistema educativo. Ni ellos ni el sistema parcial educativo entenderán qué es lo que sucede, cuál es el trasfondo, sin embargo, la explicación a esta reacción general de los jóvenes es que el sistema educativo no comprende aún lo que significa educar a los niños y adolescentes desde una estructura pedagógica que esté fundamentada en el despliegue total de nuestro potencial y no solo parcial, por lo que esta incomprensión causará muchos daños psicológicos en los estudiantes conforme ellos vayan creciendo, y tarde o temprano las consecuencias comenzarán a notarse.

Psicología y pedagogía son dos caras de una misma moneda

El sistema educativo (SEP) y el gobierno de nuestro país, así como también los gobiernos y sistemas educativos de muchos otros países del mundo, aún no comprenden que la esencia de toda educación es el desarrollo psicológico, y, en definitiva, de todo nuestro potencial. Psicología y pedagogía son dos caras de una misma moneda. Cuando hablamos de desarrollo psicológico y pedagógico nos referimos a todas las funciones que debemos desarrollar en nosotros: las físicas e instintivas, las emocionales, las cognitivas, las sociales y morales, las artísticas y creativas, y las espirituales. Todas las asignaturas que ofrezca el sistema educativo deberían incluir el desarrollo de todas las funciones, no solo de algunas, como lo sigue haciendo hoy en día, pues al igual que la religión y las familias, solo ofrece una educación fragmentada y parcial.

El origen fundamental de que la pedagogía no incluya a la psicología, y que se eduque al ser humano de forma parcial y no total, proviene de siglos atrás. Como ya hemos dicho, desde siempre el mundo ha mirado al ser humano a través de prejuicios y filtros provenientes de la religión y recientemente también del paradigma de la ciencia. No hemos podido vislumbrar y comprender la totalidad del ser humano por razón de estos mismos *prejuicios*. El mito cristiano desde siglos atrás dejó dicho que la parte corporal, emocional, sexual e instintiva del ser humano debía ser reprimida, pues nos acercaba al diablo. Más adelante analizaremos a profundidad el mito cristiano, que está fundamentado en la lucha entre el bien y el mal, la luz y la oscuridad, Dios y el diablo; es una religión que ha sido cimentada a partir de un sistema de creencias tóxico que no comprende la complementariedad de los opuestos, la ley de la dualidad. Por su parte, la ciencia le ha dado siempre más importancia a la parte racional que a la afectiva, olvidándose del desarrollo psicoemocional del ser humano. La ciencia, influenciada sutilmente por la religión, cayó en sus mismos prejuicios, por lo que dejó en un segundo plano el desarrollo psicoafectivo del ser humano, priorizando únicamente al potencial cognitivo.

El paradigma de la ciencia y la religión terminaron por crear un modelo del ser humano completamente fragmentado e identificado con su mente, apegado a sus creencias, conceptos e ideas, supuestamente libre de las pasiones y emociones humanas. Sin embargo, lo que este doble paradigma (científico y religioso) no contempló es que, al reprimir estas partes fundamentales en el ser humano, se formaría una dicotomía en el interior del mismo, una escisión producto del desarrollo incompleto de todo su potencial. Tampoco la mente y las funciones cognitivas complejas pueden funcionar correctamente si las emociones y las pasiones no han sido desarrolladas y armonizadas con la cognición. La consecuencia de un desarrollo cognitivo que no contempla a la inteligencia emocional, creativa, sexual, etc., es el *racionalismo venenoso.* Este básicamente consiste en hacerles creer a las personas que porque leen libros y manejan conceptos, ya saben. No es lo mismo creer que saber. Podemos leer libros sobre psicología y desarrollo personal, pero a menos que vayamos varios años a terapia, no sabremos de qué se trata realmente. Podemos leer libros sobre el amor, la pareja y la crianza, pero, a menos que tengamos pareja e hijos, nunca sabremos qué es realmente el amor, la pareja y la crianza. El racionalismo venenoso le hace creer a la gente que sabe, solo por conocer los conceptos.

El camino de la represión de nuestro potencial completo es el opuesto al camino de la autorrealización y nos vuelve pésimos jugadores en el juego de la vida. El modelo pedagógico que ha sido articulado en el sistema educativo desde siglos atrás, así como la manera de criar a los hijos dentro de las familias, proviene de este paradigma fragmentado y represor que provocaron la religión y la ciencia. Por lo mismo, ni la familia, ni las escuelas, ni el Estado, ni la religión, pueden ofrecernos la educación universal, aquella que desplegará el potencial completo de lo que somos, permitiéndonos alcanzar nuestra autorrealización (libertad, equilibrio y plenitud). La psicología es la rama de la ciencia que sí atiende el desarrollo de nuestra parte afectiva e instintiva, incluso creativa y espiritual (psicología avanzada), ya que es capaz de comprender el significado profundo de la educación, el arte y de toda religión, sin los filtros de los prejuicios, la fe ciega y la mente supersticiosa. Sin embargo, aunque la psicología ha sido reconocida como una ciencia desde hace 150 años aproximadamente en Occidente, y desde hace 5000 años en Oriente, aún sigue estando excluida de los modelos educativos que orientan a la población. El paradigma represor y prejuicioso de la religión y de la misma ciencia sigue limitando su expansión y participación en la vida del ser humano.

La psicología ha sido excluida del paradigma de la educación parcial porque está íntimamente relacionada con lo emocional e instintivo, y también con todo aquello que el ser humano reprime y que la misma psicología contempla fundamental e importante desinhibir, para el desarrollo correcto de nuestro potencial, pues comprende que todo aquello reprimido le será dañino al ser humano y se pondrá en su contra. Por ende, la psicología se vuelve peligrosa para el paradigma fragmentado y represor de la religión y de la ciencia, puesto que la misma naturaleza de la psicología es la de investigar y cuestionar todo aquello que no permite un sano desarrollo en el ser humano, y eso incluye mirar los errores del paradigma de la religión y de la ciencia, que ha estado dominando desde siglos atrás en nuestra sociedad y cultura occidental. Es también gracias a la ciencia de la psicología, no solo clásica, sino avanzada y oriental, que podemos conocer cuál es el potencial completo del ser humano y cómo debemos desarrollarlo. Por lo mismo, deberá llegar el día en que la pedagogía se apoye plenamente de la psicología y viceversa, pues solo así la educación parcial que se ofrece en todas partes podrá ser transformada y perfeccionada hasta alcanzar el grado de educación universal, desde el kínder y la primaria, hasta la universidad y los estudios de posgrado (maestría, doctorado, posdoctorado).

Recapitulando, no hay cultura general sobre psicología porque esta es revolucionaria ante el paradigma de la religión y de la ciencia. Por lo mismo aún permanece relegada tanto de las religiones y los sistemas educativos, como dentro de las familias en el ejercicio de la crianza. Cuando el mundo permita la expansión de la psicología aparecerán universidades para padres y madres, de forma que las personas puedan conocer los lineamientos esenciales que deben tener para ejercer una maternidad y paternidad acorde al orden sagrado de las cosas, es decir, que el Estado ofrezca una educación que nos muestre el camino para saber criar a nuestros hijos con amor, atención y respeto. También, cuando el mundo esté listo para la expansión de la psicología, los contenidos pedagógicos que se ofrecen en las escuelas, así como las materias que se imparten y la forma en que los profesores dan sus clases, cambiarán radicalmente. La escuela será un espacio para desarrollar el potencial completo del ser humano; las asignaturas estarán enfocadas en el pleno desarrollo de todas y cada una de las facultades del ser humano, físicas e instintivas, emocionales, artísticas, creativas, sociales, morales, jurídicas, económicas, cognitivas y espirituales. Por último, cuando se permita la plena expansión de la psicología, la religión también podrá ser comprendida correctamente. Los sacerdotes tendrán un conocimiento preciso del ser humano y sabrán la importancia de permitir el despliegue completo de nuestro potencial, ya que es el único camino verdadero para conocer a Dios.

La psicología es medicina preventiva

Por los mismos prejuicios que han prevalecido en nuestra cultura occidental por parte de la religión y de la ciencia, la medicina tampoco incluye a la psicología. Aunque desde miles de años atrás las enfermedades se consideraban posesiones demoniacas y castigos divinos, hoy en día ya no se piensa así. La mayoría de la gente concibe a las enfermedades desde una perspectiva científica. Desde los tiempos antiguos la medicina siempre estuvo relacionada con la psique, incluso con el alma, pero en algún momento de la historia la concepción holística de que el cuerpo y la psique funcionaban en unidad, y las enfermedades estaban directamente relacionadas con nuestras emociones y experiencias psíquicas, desapareció.

Hipócrates, nacido en la isla de Cos, en la antigua Grecia, considerado el padre de la medicina moderna, propuso que las enfermedades tenían causas naturales en lugar de sobrenaturales. René Descartes, en el siglo XVII, propuso una clara separación entre la mente y el cuerpo. Según su visión, la mente era una entidad separada y no material, mientras que el cuerpo era una máquina física. Esta visión dualista tuvo una profunda influencia en el desarrollo de la ciencia moderna, incluyendo la medicina, y promovió la idea de que los problemas de salud mental y física debían ser tratados de manera separada.

A pesar de que Sigmund Freud, considerado el padre de la psicología clásica, era médico, la medicina moderna aún no comprende la necesidad fundamental de incluir a la psicología para poder ofrecer no solo un tratamiento y solución a las enfermedades del cuerpo, sino una *medicina preventiva* correcta. La medicina preventiva se basa solo en las vacunas. Al excluirse el trabajo emocional y psíquico los doctores no pueden ofrecer una verdadera medicina preventiva. Su trabajo queda reducido a resolver enfermedades y no a informar a la población cómo alcanzar una salud perfecta. Será a través de la psicología (clásica y avanzada) que se podrá ofrecer una medicina preventiva correcta, capaz de fortalecer el sistema inmunológico a niveles sorprendentes, ya que este se debilita por las heridas psicológicas y los traumas de nuestro pasado no resuelto, tanto personal como ancestral.

La relación entre la psique y el cuerpo es total; gran parte de las enfermedades son manifestaciones somáticas de conflictos psíquicos que no hemos logrado procesar. El cuerpo procesa aquello doloroso y traumático del pasado a través de enfermedades, y esto lo sabía la medicina antigua, incluso lo sabe la medicina ancestral, pero no la moderna. Existen sistemas ancestrales de salud holística en la cultura oriental, como la acupuntura y el ayurveda, y en la cultura occidental el chamanismo, que comprenden la relación intrínseca que hay entre el alma, la psique y el cuerpo. La medicina moderna tendrá que integrar algún día a la psicología para lograr ofrecer un tratamiento holístico en la resolución de las enfermedades, y también para brindar una medicina preventiva que permita a la población enfermarse menos.

MEDITACIÓN VS. MEDICACIÓN (LA PSICOESPIRITUALIDAD Y LA PSIQUIATRÍA)

El paradigma de la religión cristiana, que fundamenta a toda nuestra cultura occidental, se sostiene en la lucha entre Dios y el diablo, la luz y la oscuridad, el cielo y el infierno, lo alto y lo bajo, el alma y el cuerpo, etc. Este paradigma proviene de una visión dualista donde los opuestos no se complementan, lo que dio origen a la creencia separatista entre el cuerpo y el alma, el cuerpo y la psique, provocando una represión de nuestro potencial psicoemocional, psicocorporal y psicosexual, debido a que estos potenciales están relacionados con el diablo, con la oscuridad, con el inconsciente. El lenguaje esencial del inconsciente es simbólico, y un símbolo contiene ideas y pensamientos, pero también emociones y energía (libido). El lenguaje simbólico del inconsciente está cargado de cognición, emoción y energía.

El paradigma de la religión, al separar a la existencia entre las polaridades Dios-diablo, generó sistemas de creencia que provocaron una dicotomía en el ser humano; en vez de considerarlo como una totalidad, el paradigma de la religión dividió al ser humano en bueno y malo; por un lado, lo malo está relacionado con lo oscuro, con el cuerpo, con los instintos, con las pulsiones sexuales, con las emociones desbordadas, con las pasiones, con la creatividad, etc. A todas esas energías la religión las relacionó con el arquetipo del diablo. Por siglos los sacerdotes se laceraban el cuerpo si sentían deseo sexual por alguien, por siglos se condenaba a las mujeres que quedaban embarazadas fuera del matrimonio, las mujeres creativas eran catalogadas como brujas y quemadas en la hoguera, los negros debían de ser esclavos, etcétera.

Por otro lado, todo lo bueno del ser humano es lo que lo acerca a Dios; el razonamiento, los buenos modales, la virtud, la ciencia, las facultades cognitivas, la riqueza material, la piel blanca, etc. El dogma de la religión, bajo el yugo de la mente supersticiosa, nunca quiso averiguar el origen de todo lo oscuro dentro del ser humano y solamente culpabilizó al diablo, como si este fuera algo real. La fe ciega y la mente supersticiosa confunden el lenguaje simbólico con lo real.

El arquetipo del diablo es un símbolo del inconsciente congestionado, por lo que, a final de cuentas, lo que provocó el paradigma tóxico de la Iglesia es una incomprensión absoluta de cómo trabajar con las fuerzas oscuras de la psique, que, en otras palabras, es el inconsciente congestionado. La psicología clásica, la psiquiatría y la medicina, aunque son ciencias, también se han visto profundamente influenciadas por el dogma de la religión cristiana, que, aunque no lo reconozcan, sigue operando en la psique cultural de una manera radical. El paradigma de la ciencia es excluyente de las verdades emocionales, sexuales y creativas, y en general, de muchos otros lenguajes del potencial completo del ser. Al solo desarrollar el conocimiento cognitivo sobre la realidad, la ciencia no puede tener un saber integral sobre los procesos de la realidad, solo parcial.

El *verdadero saber* del mundo aparece cuando todos los potenciales son desarrollados: cognitivo, creativo, psicoespiritual, psicosexual, psicosocial, psicoemocional, psicocorporal, material y animal. Cuando todos estos lenguajes o esferas son desarrollados, pueden funcionar correctamente, porque todos forman parte de un todo; la falta de desarrollo de alguno o de varios afectará a los demás. Así, entonces, aunque el paradigma de la ciencia haya desarrollado al potencial cognitivo, este no podrá funcionar correctamente debido a la falta en el desarrollo de los demás. Esto es exactamente lo que sucedió con la psicología clásica, la psiquiatría y la medicina, al ser influenciadas por un paradigma que divide al cuerpo de la psique, al diablo (inconsciente) de Dios (supraconciencia), no pueden tener una comprensión correcta sobre los procesos psicológicos y espirituales del ser humano, que están relacionados con el cuerpo y con la realidad exterior. Cuando la psicología clásica no sabe cómo dar solución a los trastornos mentales, acude a la psiquiatría, y a esta no le queda más opción que utilizar medicamentos, porque tampoco sabe cómo resolver de raíz las problemáticas psicológicas (trastornos mentales), mucho menos las espirituales. Creen que modificando la química cerebral será suficiente, pero esto jamás podrá ser el camino correcto, porque no hay desarrollo de conciencia, y solo este puede resolver de raíz los trastornos mentales. La conciencia no es el intelecto, sino que se desarrolla a través de los nueve lenguajes o esferas del potencial completo.

Si el paradigma que rige a la cultura occidental comprendiera que los opuestos no son opuestos, sino complementarios, tal cual lo expresan las religiones orientales y las mitologías aborígenes, la ciencia de la psicología clásica, psiquiatría y medicina incorporaría de manera inmediata a la psicología avanzada y la meditación como parte de su estructura narrativa. Esto permitiría resolver los trastornos mentales de otro modo, sin la necesidad de medicamentos psiquiátricos. También la medicina preventiva se fortalecería, no solo a través de vacunas, sino por medio de una comprensión precisa sobre la somatización que genera el cuerpo cuando el inconsciente está congestionado, apoyándose de la psicoespiritualidad (psicología avanzada) para evitar muchas enfermedades.

La psicoespiritualidad (combinación de la psicología occidental y oriental) comprende que hay ciertos trastornos mentales severos, como lo son la psicopatía, la esquizofrenia, la psicosis y la bipolaridad, que necesariamente ocupan medicamento psiquiátrico, sin embargo, hay muchos otros trastornos mentales que no necesitan medicación, y, aun así, se han estado recetando masivamente a la población, que más que ayudar, la perjudican. Hay muchos trastornos mentales leves y medios que no deberían de tratarse con psiquiatría, pero como la psicología clásica no los puede resolver, por la falta de psicología avanzada y meditación (*mindfulness*) en sus procesos, no le queda otra opción que derivar a sus pacientes con los psiquiatras para ser medicados.

Es importante comprender que la química cerebral está completamente relacionada con la psique. El cerebro es el fundamento biológico de la misma, por lo que las alteraciones psicológicas modifican la química cerebral y viceversa. Un ejemplo de esto es que cuando hacemos ejercicio nuestro cuerpo produce una serie de sustancias químicas (endorfinas, dopamina, serotonina, adrenalina y noradrenalina, anandamida, miocinas, cortisol) que tienen efectos positivos tanto en el cuerpo como en la psique. La meditación, el yoga y la risoterapia, al igual que el ejercicio, tienen un impacto significativo en la química cerebral, el cuerpo y la psique. Los químicos que se producen en la práctica del yoga, la meditación y la risoterapia son: serotonina, dopamina, GABA, melatonina, endorfinas, cortisol, oxitocina, endocannabinoides, noradrenalina, entre otros.

Será fundamental que, algún día, tanto la psiquiatría como la medicina integren a la psicología avanzada y oriental para complementar sus tratamientos. Será muy interesante observar cómo muchos trastornos (quizá todos) podrán resolverse a través de la psicoespiritualidad (terapia y meditación) sin la necesidad de medicamentos. Algún día el paradigma religioso tóxico, que no comprende la complementariedad de los opuestos, dejará de ser una influencia en la cultura occidental y podremos vislumbrar un paradigma saludable, acorde con la realidad, donde se comprende que el cuerpo y la psique trabajan en unidad, y donde se sabe que en el correcto trabajo con el inconsciente es que la persona se puede desarrollar, sanando sus trastornos mentales, y también a la conciencia, alcanzando la ética universal.

LA ANDRAGOGÍA UNIVERSAL; LA CORRECTA EDUCACIÓN PARA ADULTOS

Al no existir una educación universal en las familias, escuelas y religión, todos y todas sin excepción, desde que fuimos concebidos, gestados y criados, hasta el día de hoy, ya de adultos, hemos estado padeciendo las graves consecuencias de la educación parcial que recibimos. Nuestro potencial no fue desplegado de forma total y eso nos volvió disfuncionales en una, en varias o en todas las dimensiones de nuestra vida. Los bloqueos en zonas de nuestro potencial manifiestan bloqueos en distintas áreas de nuestra realidad exterior e interior. Ya estudiaremos más adelante la relación que hay entre los grados de desarrollo de nuestra psique y lo que sucede tanto en nuestro interior (cuerpo, emociones, patrones de conducta, autoestima, motivación, etc.) como en el exterior (relaciones interpersonales, acción en el mundo, poder de atracción y de manifestación, etcétera).

Asumir las consecuencias de no haber recibido una educación universal desde pequeños significa buscar hacerlo de adultos. No sirve de nada permanecer siendo víctimas del sistema, es necesario tomar acción y acceder a la *andragogía universal*. La andragogía universal es la educación correcta para adultos, que terminará de desarrollar nuestro potencial completo siendo adultos. No se trata de buscar cursos y talleres que nos entretengan y nos ayuden a sentirnos menos cansados y aburridos de las rutinas de nuestra vida diaria. Se trata de encontrar la verdadera educación universal, aquella que nos faltó de bebés, niños y adolescentes, aquella que incluye a la psicología clásica y avanzada, el arte y la creatividad, el chamanismo (psicología indígena), el yoga y la meditación (psicología oriental), y el desarrollo del conocimiento jurídico y empresarial, para que realmente logremos desplegar de forma total nuestro potencial, alcanzando la maestría en el juego de la vida. No será suficiente tomar algunas clases o meternos a realizar alguna práctica deportiva. Tendremos que conocer primero la estructura pedagógica completa de la educación universal, para después buscar los lugares (instituciones, centros holísticos, maestros espirituales, psicólogos y psicoterapeutas) que ofrezcan las diferentes herramientas que se necesitan ejecutar, para darnos a nosotros mismos una andragogía universal que nos permitirá convertirnos en excelentes jugadores y ganar en el juego de la vida.

La andragogía universal consiste en darnos de adultos lo que no nos dieron de bebés, de niños y de adolescentes, y este ejercicio pasa por sanar y reprogramar todas las heridas psicológicas y los traumas, sistemas de creencia y patrones de conducta tóxicos que se formaron en nosotros por la educación parcial que recibimos. En ese sentido, la andragogía universal incluye necesariamente a la psicología clásica y avanzada para la reprogramación de nuestro pasado. Mientras no exista en el mundo una articulación de la educación universal en las familias, escuelas e iglesias, tendremos que buscarla por nuestra propia cuenta de adultos. El potencial inhibido deberá ser desplegado a través del apoyo de los especialistas y sus técnicas de intervención, no podremos realizarlo por cuenta propia.

Recordemos que la totalidad del potencial se desplegará a través de dos caminos que ocurren en paralelo, la educación universal y la vida misma como maestra, que establecerá pruebas, obstáculos y dificultades para hacernos salir de nuestra zona de confort y emplazarnos a desarrollar nuevos talentos y habilidades que permitan el despliegue de nuestro potencial. Sin embargo, nunca será suficiente la vida misma como maestra para el despliegue de todo nuestro potencial, será necesario pasar por el proceso de la educación universal para que logremos volvernos excelentes jugadores y ganar el juego. Recibir esta educación de adultos será una andragogía universal que permitirá corregir todos los errores de la educación parcial que recibimos (el pasado no resuelto), enseñándonos a desplegar todo nuestro potencial desde la vida adulta. Todo lo que no hicimos de niños, todo lo que no recibimos por parte de la familia, las escuelas y la Iglesia, nos lo daremos a nosotros mismos de adultos a través de la andragogía universal.

La andragogía universal es sinónimo de la educación universal, solo que hace referencia a su aplicación en la vida adulta. En general se piensa que la formación de los individuos termina después de los 20 o 25 años. Esto sería lo correcto si hubiésemos recibido la educación universal desde niños, pero como este cometido no sucedió, a dicha edad deberá comenzar la andragogía universal, la educación para adultos. De cualquier manera, aunque hubiésemos recibido la educación universal desde niños, será necesaria la andragogía universal de adultos, puesto que, en cada nueva etapa de la vida, se necesitará un acompañamiento educativo (psicopedagógico) de gran magnitud para lograr el éxito. En última instancia, nuestro potencial se irá desplegando durante toda nuestra vida, por lo que la vida deberá estar siempre acompañada por la educación universal. El problema aparece porque la cultura y la sociedad no comprenden lo fundamental de la andragogía. Se cree que es suficiente estudiar hasta los 20 años y después dejar que la vida nos siga educando. Sin duda este es un grave error que no permitirá el despliegue completo de nuestro potencial y nos impedirá ganar el juego de la vida.

La andragogía es esencial para todos los adultos, y en específico la andragogía universal, aquella que incluye todas las herramientas que permitirán el pleno despliegue de todo nuestro potencial. Será gracias a ella que podremos corregir todos los errores psicoeducativos que recibimos en el pasado, por la familia, la sociedad y la cultura, y así poder erigirnos como excelentes jugadores y ganar el juego de la vida.

La verdadera psicología: clásica y avanzada

Hemos descrito anteriormente las razones por las cuales la psicología aún sigue relegada del sistema educativo, las iglesias y la crianza dentro de las familias. También hemos dicho que uno de los pilares fundamentales de la educación universal es la psicología, y otro será la espiritualidad. Sin el ejercicio de la psicología en nuestra vida, desde pequeños y también como adultos, será imposible conocer la educación universal y, por ende, no lograremos desplegar plenamente todo nuestro potencial.

ESTRUCTURA PEDAGÓGICA	EDUCACIÓN UNIVERSAL	EDUCACIÓN PARCIAL
Psicología clásica	✓	✗
Psicología avanzada	✓	✗
Meditación y yoga	✓	✗
Teatro, música, danza	✓	✗
Escritura, poesía, literatura	✓	✗
Pintura, escultura	✓	✗
Desarrollo arquetípico	✓	✗
Yoga de los sueños	✓	✗
Risoterapia	✓	✗
Emprendimiento, finanzas	✓	✗
Derecho	✓	✗
Deporte y artes marciales	✓	✗
Historia y geografía	✓	✓
Matemáticas, biología	✓	✓

La *verdadera psicología* es aquella que combina los enfoques clásicos (psicoanálisis, humanismo, cognitivo conductual, indagación, etcétera) con los avanzados (terapias de grupo, constelaciones familiares, psicomagia, desarrollo arquetípico, terapia psicocorporal, Gestalt) y con la psicología oriental (hatha yoga, meditación, yoga de los sueños), pues será solo a través de esta combinación que la acción terapéutica estará realmente bien ejecutada y el potencial completo podrá ser desplegado plenamente. En este libro conoceremos la verdadera psicología, que he bautizado con el nombre de *la psicoespiritualidad*, la cual también nos permitirá conocer el orden sagrado que debe llevar cada una de las etapas del desarrollo humano, comprendiendo las reglas de la *crianza universal* que deberán ser aplicadas en los bebés, niños y adolescentes a través de los progenitores y educadores. Al no haber una cultura general en psicología, no bastará con leer libros, será necesario adentrarse en el mundo de la misma a través de la *acción terapéutica*, solo así podremos vislumbrar verdaderamente todos los beneficios que nos brinda.

Comúnmente la gente que tiene cierta cultura general sobre esta ciencia conoce la *psicología clásica*, aquella que se ejecuta en un consultorio, donde el psicólogo o psicoterapeuta platica con el paciente o consultante, durante un tiempo determinado, que puede ir desde algunas sesiones (terapia breve) hasta varios meses o años (enfoques psicodinámicos). La forma correcta en que la psicología clásica debe ejecutarse es por varios años, pero la misma falta de cultura general sobre psicología hace que hasta los mismos psicólogos y psicoterapeutas den de alta a pacientes después de algunas sesiones. La terapia breve funciona parcialmente.

La psicología clásica es aquella que debe durar varios años para recibir todos sus beneficios. No hay una comprensión real sobre la acción terapéutica en los mismos pseudoprofesionales de la salud, ni tampoco en las academias. Los psicólogos alcanzan el grado de licenciatura, pero esto no garantiza que estén bien preparados. Por lo mismo necesitan de una maestría, donde verán algunas herramientas de la psicología avanzada. La maestría les permitirá alcanzar cierto profesionalismo, aunque no del todo, porque faltará la comprensión de la psicología oriental, de la cual hablaremos más adelante, para alcanzar la verdadera psicología. Y también, si en la universidad o en el posgrado los servidores de la salud mental no pasan por un proceso personal de varios años en psicoterapia clásica (de tres a cinco años), tampoco estarán bien preparados aunque tengan posgrado.

En general, en las universidades y ciertas maestrías, la psicología ha quedado aprisionada por el racionalismo venenoso que provocó el paradigma de la ciencia; es lamentable ver que los psicólogos y psicoterapeutas solo reciben el conocimiento teórico sobre psicología, sin que pasen por un proceso de psicoterapia personal de tres a cinco años. Generalmente las carreras y los posgrados de psicología se vuelven exclusivamente teóricos; la mayoría de las instituciones no exige que los estudiantes se psicoanalicen. No se puede conocer la psicología de esa forma; será necesario sanarse a uno mismo para convertirse en un psicoterapeuta profesional.

La terapia no solo consiste en aplicar enfoques y técnicas, la salud mental y experiencia del terapeuta serán fundamentales para lograr ofrecer una correcta acción terapéutica. Los alumnos estudian los enfoques de la psicología clásica únicamente de forma intelectual, sin que se apliquen en ellos de manera experiencial a través de un largo proceso psicoanalítico. No es correcto ofrecerles a los pacientes técnicas de psicoterapia que los mismos servidores de la salud no saben si realmente funcionan. El mejor modo de sanar a otros es que los psicólogos y psicoterapeutas compartan las técnicas y los enfoques que les ayudaron a sanarse a ellos mismos. Este punto tan fundamental no lo contemplan en las universidades ni en muchas maestrías.

No se puede conocer a la psicología clásica y sus enfoques solo mediante la teoría, uno debe pasar por las técnicas de forma vivencial para comprenderla correctamente. Uno podrá leer todos los libros de Sigmund Freud, Carl Gustav Jung, Abraham Maslow, B. F. Skinner, Alfred Adler, Jean Piaget, Carl Rogers, Aaron T. Beck, Erich Fromm, Viktor Frankl, Jacques Lacan, etc., pero si no pasamos por el ejercicio de psicoanalizarnos durante varios años (de tres a cinco años o más), a través de los enfoques psicodinámicos, nunca conoceremos verdaderamente la psicología clásica. Es lamentable observar que en general en las universidades y maestrías esto no sucede, solo se basan en la lectura de los libros y en el conocimiento teórico de los enfoques de la psicología clásica. Es por eso que muchos psicólogos y psicoterapeutas que ya ejercen la profesión dentro de instituciones o de consultorios privados no tienen un conocimiento correcto de lo que es la psicología clásica (mucho menos la avanzada), y por lo mismo no pueden informar de manera correcta a sus pacientes y consultantes lo fundamental de darles seguimiento a sus procesos por varios años, así como del enfoque que ofrecen. Son miles de pacientes los que han pasado por consultorios sin tener conocimiento alguno sobre los enfoques psicológicos que recibieron. También es lamentable observar que ni los psicólogos ni los psicoterapeutas les enseñan a sus consultantes a desarrollar el hábito de escribir todos sus sueños en una libreta de manera rigurosa, a pesar de que Sigmund Freud, el padre de la psicología clásica, habló de la tremenda importancia de los sueños en los procesos terapéuticos.

Las personas que comienzan a tener cierta cultura general en psicología y acuden a psicoterapia o, bien, deciden llevar a sus hijos al psicólogo, tampoco logran los resultados que buscan, tanto en ellas mismas como en sus hijos. Esto se debe principalmente a que no están bien informadas sobre lo importante que es realizar la acción terapéutica de la psicología clásica por varios años, por lo que después de algunas semanas o meses de estar en tratamiento desisten de sus procesos terapéuticos, ya que no aparecen los resultados deseados. Esta desinformación sobre cómo se debe ejecutar la psicología clásica ha afectado enormemente la reputación de la misma. Mucha gente acaba alejándose de la psicología clásica y resignándose a vivir con sus dificultades o termina acudiendo a la psiquiatría para resolver problemáticas que podrían ser resueltas a través de un correcto tratamiento de psicología clásica, que necesitará inevitablemente, por su misma naturaleza, ser realizado por varios años.

Es solo gracias al compromiso en el tiempo que la psicología clásica podrá brindarnos todos sus beneficios. Es necesario saber que toda acción terapéutica que provenga de los enfoques de la psicología clásica, sea conductual, humanista, psicoanalítica, etc., necesitará varios años de tratamiento para que cumpla verdaderamente con todos sus objetivos, siempre y cuando se incluya la recordación e interpretación de los sueños de forma rigurosa. De cualquier manera, aunque se recorriese el camino correcto de la psicología clásica, será necesario combinarla con la psicología avanzada y la oriental, para que logremos el despliegue de nuestro potencial completo. La psicología clásica deberá realizarse por varios años, combinándose paralelamente con la psicología avanzada y oriental. Más adelante explicaremos la razón de esto.

Por otro lado, se encuentra la *psicología avanzada*. Esta surge de la psicología clásica pero su acción terapéutica debe ejecutarse de forma paralela al tratamiento de los enfoques clásicos. Estos últimos se fundamentan en el ejercicio de la palabra, entre el terapeuta y consultante dentro de un consultorio, al menos una sesión por semana, por varios años. La psicología avanzada, por su parte, se fundamenta en las terapias de grupo, los rituales personalizados (fuera del consultorio), las terapias energéticas, el trabajo con el dinero (psicodinero), el trabajo psicocorporal, la meditación y el yoga de los sueños.

La psicología avanzada no niega a la clásica, al contrario, la reconoce, y es gracias a ella que podemos comprender el lugar que ocupa la terapia clásica y su correcta ejecución. Sin la psicología avanzada no se comprende por qué la psicología clásica debe realizarse a través de un tratamiento por varios años. Muchas nuevas corrientes de pseudopsicología avanzada (terapias alternativas) proponen negar y olvidarse de los tratamientos tan largos de la psicología clásica, sin embargo, este es uno de los graves errores que presentan las terapias alternativas. Sin ningún conocimiento real, se alejan de los enfoques clásicos, pensando que sus metodologías son eficaces y se lograrán increíbles resultados en poco tiempo. Esta actitud de vender la pócima mágica no resuelve los problemas de raíz y no permitirá el despliegue correcto de nuestro potencial.

La metodología de la verdadera psicología avanzada, aquella que se fundamenta en la terapia de grupos, los rituales personalizados, la energía, el trabajo con el psicodinero y el trabajo psicocorporal, deberá ser ejecutada en paralelo con el tratamiento correcto de la psicología clásica, por varios años también. Estas herramientas de la psicología avanzada, como son el yoga y la meditación, las constelaciones familiares, el psicodrama, la biodanza, la psicomagia, el desarrollo arquetípico, el masaje terapéutico, la terapia psicocorporal, el chamanismo, el trabajo con el psicodinero y las terapias energéticas (expresión emocional, bioenergética, risoterapia, apertura de chakras, descodificación cuántica, etc.), las estudiaremos durante la lectura de este libro.

Es fundamental comprender que la psicología clásica se encargará del descongestionamiento de una parte del inconsciente (nivel uno: nuestra historia personal), mientras que la psicología avanzada se encargará del descongestionamiento del nivel dos (árbol genealógico) y nivel tres (inconsciente colectivo). Solo cuando la psicología avanzada (terapias de grupo) y la clásica (terapia individual) se combinan es que podemos llegar a la verdadera psicología, aquella que permitirá el despliegue de nuestro potencial completo a través del descongestionamiento total del inconsciente. La psicología clásica nunca ha podido acceder a una estructura completa y precisa del inconsciente (ni de la psique), por lo que necesitará invariablemente a la psicología avanzada para obtenerla. Necesariamente se deberán combinar, puesto que entre ellas se complementan y se potencializan. Juntas lograrán abordar todo el espectro de la verdadera acción terapéutica que nos llevará a la autorrealización.

La psicología oriental, podríamos decir, es parte de la psicología avanzada, sin embargo, la estudiaremos por separado más adelante. Esta combinación aún no ha sido contemplada en ningún lugar del mundo, mucho menos en nuestro país, por lo que uno de los grandes propósitos de este libro será darla a conocer, y explicar por qué solo cuando se logra esta combinación entre la psicología clásica, la avanzada y la oriental es que podemos alcanzar a la verdadera psicología, aquella que permitirá nuestra autorrealización. Cabe resaltar que la verdadera psicología no solo atenderá trastornos mentales y disfuncionalidades, sino el despliegue de todas nuestras potencialidades, para alcanzar una vida llena de éxito, plenitud y libertad.

Psicología infantil y psicología para adultos

La psicología infantil se enfoca principalmente en el acompañamiento saludable por parte de los educadores, psicólogos y progenitores hacia los niños y adolescentes. Debemos aprender a escucharlos para comprender su potencial auténtico y verdadero, y no el que nosotros creemos que es o quisiéramos que fuera. A menudo, por no saber escuchar las necesidades más profundas de los niños y adolescentes, les tratamos de imponer nuestros puntos de vista, deseos, frustraciones y necesidades propias, cometiendo graves errores en su crianza y educación. Realmente no sabemos cómo se va a desplegar el potencial intrínseco de los niños y adolescentes, por lo que hay que estar atentos y apoyar de forma proactiva este proceso. Si, por ejemplo, notamos que nuestros hijos muestran cierto interés y talentos por actividades específicas, será importante apoyarlos con clases y talleres extracurriculares para que puedan desarrollar su potencial. Este comúnmente estará relacionado con aquellas actividades que más les divierten y les apasionan. Lamentablemente, tanto los padres y las madres, como los educadores en general, muchas veces no tienen la conciencia y el compromiso necesarios para apoyarlos en la realización de sus talentos y sueños. La psicología infantil debe centrarse en guiar a los niños y adolescentes en el fortalecimiento de una identidad saludable, fomentando la confianza en sí mismos y en sus sueños.

Por su parte, la psicología para adultos se debe enfocar en todos los errores de crianza que recibimos de la familia, las escuelas y la religión, para corregirlos y permitir el pleno despliegue de nuestro potencial en la vida adulta. Como hemos estado revisando, la educación parcial que recibimos todos desde bebés, niños y adolescentes provocó heridas psicológicas y traumas, sistemas de creencia y patrones de conducta tóxicos que deberemos reprogramar para resolver nuestro pasado no resuelto y lograr desplegar todo nuestro potencial. La psicología para adultos (clásica y avanzada) será la protagonista que permitirá la realización de estos objetivos sublimes. No se pueden resolver nuestro pasado y las heridas que se suscitaron en él por cuenta propia; esta actitud es similar a querernos operar un tumor o una hernia sin la ayuda de los doctores. Se necesitan especialistas en el área de la salud mental para poder hacerlo. Si nuestro potencial ha quedado reprimido y cerrado, se necesitarán herramientas profesionales para poder desplegarlo. Es un grave error pensar que lo podremos hacer sin la ayuda de la educación universal.

La psicología oriental; el yoga, el masaje y la meditación

Desde tiempo atrás el mundo se ha ido globalizando. El internet, el libre mercado y los aviones han acelerado considerablemente este proceso. El movimiento de globalización en el mundo tiene sus pros y sus contras; ha sido gracias a este que los conocimientos de Oriente y Occidente se han ido entremezclando, y la psicología, entre muchas otras cosas, se ha beneficiado ampliamente gracias a este importante intercambio cultural. Nunca habría sido posible la aparición de la psicoespiritualidad (psicología clásica y avanzada) si la cultura occidental no se hubiera entremezclado con la oriental. En nuestra cultura occidental, la ciencia de la psicología clásica lleva aproximadamente 150 años desde que logró ser reconocida como una ciencia formal, mientras que la cultura oriental lleva 5 000 años desarrollando la ciencia de la psicología a través del yoga, el masaje y la meditación.

Estas herramientas milenarias han llegado a la cultura occidental gracias a una serie de maestros espirituales que han podido ayudar a millones de personas, dejando un legado fundamental en el mundo. Algunos de los maestros más importantes son: Maharishi Mahesh Yogi (1918-2008), proveniente de la India, su enseñanza principal fue la meditación trascendental, atrayendo a figuras culturales como los Beatles. Paramahansa Yogananda (1893-1952), originario de la India, su enseñanza principal era la autorrealización a través del Kriya Yoga. Yogananda introdujo el yoga y la meditación a una amplia audiencia en Occidente. Rajneesh Osho (1931-1990), de origen también indio, sus enseñanzas principales fueron la meditación, el desarrollo de la conciencia y la libertad individual; sus contribuciones permitieron comprender la importancia de unir a la psicoterapia con la meditación. Thich Nhat Hanh (1926-2022), originario de Vietnam, su enseñanza principal fue el budismo zen y el *mindfulness*. El dalái lama Tenzin Gyatso, originario del Tíbet, ha difundido el budismo tibetano por todo el mundo, enseñando la compasión, la paz interior y el altruismo. Swami Prabhupada (1896-1977), proveniente de la India, fundador de la Sociedad Internacional para la Conciencia de Krishna, llevó las enseñanzas del Bhagavad Gita a Occidente, promoviendo los mantras (Hare Krishna) y el camino de la devoción (Bhakti Yoga) como un camino hacia la realización espiritual; su influencia se extendió a través de sus templos y centros de estudio en todo el mundo. Jiddu Krishnamurti (1895-1986), también de la India, su enseñanza principal fue la filosofía de la libertad y transformación personal a través de la autoindagación. Krishnamurti es conocido por su enfoque único y radical hacia la espiritualidad, fomentando el autoconocimiento como camino hacia la verdad. Tenzin Wangyal Rinpoche (1961) es un importante maestro tibetano del yoga de los sueños, ha dedicado su vida a la enseñanza y difusión de esta práctica en Occidente.

El yoga, el masaje y la meditación son las herramientas por excelencia de la psicología oriental. Estas herramientas fundamentan a las grandes religiones y doctrinas de Oriente, como son: el hinduismo, el taoísmo, el budismo y el zen. En las filosofías y religiones orientales, aunque existen libros sagrados que expresan la ética universal y las verdades supremas del alma, saben que todo debe aterrizarse en la *práctica espiritual*. Su práctica espiritual es su acción terapéutica. Recibir constantemente masajes, practicar yoga (hatha yoga, yoga de los sueños) y meditación es para los orientales semejante (aunque no es lo mismo) al hecho de asistir a misa para un creyente occidental, o de asistir a terapia para un practicante de la psicología clásica y avanzada. Esta comparación no debe de tomarse literal, porque podríamos pensar que al recorrer uno de estos caminos recibiremos las mismas enseñanzas que nos brindan los demás, sin embargo, desde la amplia perspectiva de la educación universal, la psicología oriental (yoga, masajes y meditación) deberá combinarse con la psicología clásica y avanzada y, por qué no, con asistir a misa y aprender a comulgar (si es que nos gusta), desarrollándonos como verdaderos cristianos, en el sentido profundo del término.

La gran aportación de la educación universal reside en la combinación de distintos enfoques (psicología clásica, psicología avanzada y psicología oriental), dando nacimiento a una nueva teoría o enfoque, que expresa un concepto exacto del ser, de la vida y del cosmos, y que nos ayudará a desplegar y realizar nuestro potencial completo. Esta nueva teoría es la psicoespiritualidad y ha logrado nacer en estos tiempos modernos como una nueva ciencia, gracias al intercambio cultural que ha habido entre Oriente y Occidente. Hablaremos de la psicoespiritualidad con detalle más adelante.

La práctica del yoga, los masajes y la meditación deberán acompañarse de sus respectivos libros sagrados y lecturas, y también deberán ejecutarse por muchos años, de preferencia toda la vida. Son herramientas holísticas que permitirán el despliegue correcto de nuestro potencial, físico, mental, emocional, creativo y espiritual. Cuando se profundiza correctamente en la práctica del yoga, el masaje (terapéutico) y la meditación, los beneficios se vuelven sorprendentes. Se deberá combinar la psicología oriental con la psicología clásica y avanzada para lograr la excelencia como jugadores en el juego de la vida. Veamos algunos beneficios de estas herramientas, que se irán alcanzando conforme desarrollemos nuestra práctica a través de los años. Al igual que la psicología clásica y avanzada de Occidente, la psicología oriental debe practicarse por muchos años, solo así podremos conocer realmente de qué se trata y recibir todos sus beneficios.

Beneficios del hatha yoga:

- Mejoramiento de la salud física
- Mayor flexibilidad física, mental y emocional

- Reduce la presión arterial y el estrés
- Ayuda a la digestión y a dormir mejor
- Fortalece el sistema inmunológico
- Mejora la coordinación y la concentración
- Prepara al cuerpo para una mejor práctica en la meditación
- Fortalece el cuerpo, la mente y la conexión con el espíritu
- Desarrolla mayores niveles de relajación
- Abre el tercer ojo y los chakras
- Nos conecta con el gozo natural de ser y existir

Beneficios de la meditación:

- Nos abre a una perspectiva trascendental sobre la existencia
- Permite una nueva forma de gestionar sensaciones, emociones y pensamientos
- Ayuda a soltar apegos y cultivar desapego
- Desarrolla la atención plena
- Elimina lo mecánico de la acción
- Abre el tercer ojo y los chakras
- Desarrolla la responsabilidad y la acción creativa
- Mejora nuestras capacidades de comunicación
- Incrementa el sentido de unidad y doma al ego
- Despierta a la supraconciencia (conciencia divina)
- Nos ayuda a regresar al presente, a gozarlo
- Nos ayuda a comprender a la realidad cuántica; el eterno presente; todo es un "aquí y ahora"
- Nos ayuda a comprender a la muerte y el más allá
- Resuelve procesos de duelo por muertes o separaciones
- Aumenta nuestra paciencia y tolerancia
- Potencializa las capacidades cognitivas
- Despierta y desarrolla al tercer cerebro (neocórtex)
- Nos vuelve menos reactivos
- Nos ayuda a provocar el sueño lúcido
- Permite mayores niveles de relajación

- Reduce la ansiedad y el estrés
- Fortalece el sistema inmunológico
- Nos conecta con el gozo natural de ser y existir

En lo que respecta al *masaje terapéutico*, este no se considera una herramienta únicamente para la relajación y el entretenimiento, como ha sido visto en Occidente. En Oriente el masaje es una terapia corporal. La psicología oriental siempre ha contemplado la unidad mente-cuerpo, a diferencia de la cultura occidental, que desde siglos atrás dividió la relación intrínseca entre la mente y el cuerpo, con creencias tóxicas de que el cuerpo funciona separado de la mente y viceversa. Al ser la mente y el cuerpo dos caras de una misma moneda, podemos comprender que los problemas psicológicos, los bloqueos emocionales, los pensamientos negativos, la desmotivación, la insatisfacción, etc., se encuentran somatizados en el cuerpo, principalmente en los tejidos musculares. Será gracias al masaje terapéutico que podamos complementar los procesos de sanación. El masaje tiene una larga historia en los países orientales, donde se ha utilizado no solo como una técnica terapéutica, sino también como una práctica espiritual y de bienestar general.

A lo largo de los siglos, diversas formas de masaje se han desarrollado en culturas de Asia. Los principales países donde el masaje ha desempeñado un papel importante en la medicina tradicional y la psicoterapia son: China, Japón, Tailandia y Corea. Recientemente, la cultura occidental se ha comenzado a dar cuenta de los beneficios tan poderosos del masaje, sin embargo, es una práctica que sigue relegada debido al tabú que existe respecto al tacto. El tacto en nuestra cultura occidental ha quedado relacionado únicamente con la energía sexual, y no se comprende que a través del masaje terapéutico el tacto puede ser sanador y espiritual. El racionalismo venenoso de la ciencia y las creencias tóxicas de la religión no han permitido la integración del masaje terapéutico en nuestra cultura. Llegará un día en que sea incluido en todos los hospitales e instituciones de salud pública como una herramienta fundamental para la salud mental y física de los individuos.

El yoga de los sueños

El *yoga de los sueños* es una práctica milenaria proveniente del budismo tibetano que nos permitirá avanzar en nuestro camino hacia la libertad total, de una manera radical. Comprender que dormir no solo es una acción biológica para descansar, sino que debe ser aprovechada para el desarrollo espiritual, es algo que la psicología oriental conoce a la perfección. Una tercera parte del día dormimos, por lo que se vuelve fundamental desarrollar conciencia en los sueños. La cultura occidental ha perdido su conexión con la dimensión onírica, no comprende la importancia de hacerle caso, a pesar de que los grandes psicoanalistas como Freud y Jung hablaron tanto sobre la interpretación de los sueños. Será gracias a la psicología oriental que comprendamos la razón fundamental del dormir y del soñar, no solo desde una perspectiva biológica y psicológica, sino espiritual. Cuando soñamos en la noche, nos conectamos plenamente con el inconsciente.

Esta práctica deberá realizarse todos los días, al mismo tiempo que realicemos la acción terapéutica en la vigilia. Al principio, la *fase uno* del yoga de los sueños consistirá en que podamos recordar todos nuestros sueños y los anotemos en una libreta, aprendiendo a interpretarlos. En la *fase dos* lograremos hacernos conscientes de que estamos soñando (sueños lúcidos), y en la *fase tres* aprenderemos a manifestar sueños de claridad y sueños de luz divina, logrando alcanzar la iluminación o autorrealización, tanto en el sueño como en la vigilia. La psicología occidental solo conoce la fase uno en el yoga del soñar, mas no la segunda y tercera. El desarrollo de esta práctica será proporcional a nuestros avances con las técnicas de intervención de la psicoespiritualidad y la educación universal en la vigilia. Juntos, el yoga de los sueños y nuestra práctica psicoespiritual en la vigilia nos llevarán a la autorrealización. No hay manera de triunfar en el juego de la vida y lograr la excelencia como jugadores sin el pleno desarrollo en el yoga del soñar.

Psicología oriental y psicología occidental

Primero debemos mencionar que la psicología occidental lleva apenas 150 años desde que fue reconocida como una ciencia en nuestra cultura, mientras que Oriente lleva 5 000 años investigando y desarrollando la psicología. Por esto mismo se vuelve fundamental, desde la perspectiva de nuestra cultura occidental, adoptar una actitud humilde e indagadora ante las prácticas e investigaciones que ha hecho la cultura oriental en relación con la psique y los procesos del ser. A pesar de esta inmensa diferencia, muchos psicólogos y psicoterapeutas occidentales no han sido capaces de voltear a ver con interés a Oriente.

El paradigma de la ciencia en Occidente muchas veces cae en el pensamiento sectario, producto de un racionalismo venenoso que no permite la apertura a distintos enfoques y escuelas provenientes de otros lugares del mundo. La psicología occidental solo se asoma a los grandes filósofos y pensadores griegos, y los mira como si la cultura griega tuviera las verdades absolutas en relación con la psique y el alma, sin embargo, comete un grave error, porque es en la cultura oriental, en específico en los países donde se practica la meditación y el yoga, donde la psicología occidental debe poner especial atención, si quiere encontrar las verdades universales de la psique, el universo y el ser, y así logre alcanzar la perfección. Este libro tiene el objetivo, entre muchos otros, de informarle a la psicología occidental lo trascendental que se vuelve comprender a la psicología oriental, puesto que solo así podremos llegar al refinamiento de la ciencia de la psicología y lograremos comprender la profundidad de la educación universal y la psicoespiritualidad, que más adelante revisaremos con sumo detalle.

Las herramientas fundamentales que utiliza la psicología oriental para la sanación de la psique son el yoga y la meditación, mientras que la psicología occidental lo hace a través de la terapia clásica (hablar en un consultorio con el psicólogo o con el terapeuta durante meses o años), y mediante métodos de psicología avanzada, como las terapias grupales y el trabajo psicocorporal. La diferencia primordial entre la psicología oriental y la occidental reside en que, en la primera, a través de todos sus esfuerzos derivados de la meditación y el yoga, aprendemos a percibir, observar y reconocer, con todos los sentidos bien alerta, a la *naturaleza esencial del ser* (tanto en la vigilia como en el sueño), mientras que todos los esfuerzos de la psicología occidental se enfocan en tratar de comprender y mejorar a la personalidad, el carácter, el temperamento y la conducta, para un mejor desempeño y rendimiento en nuestra vida.

La personalidad, el carácter, el temperamento y la conducta son las *máscaras* con las que funcionamos en el mundo, puesto que siempre están en relación con situaciones externas, y siempre hay algo que mejorar de estas, pues son imperfectas por naturaleza, ya que se han formado por el encuentro con la familia, la sociedad y la cultura. Mientras que la naturaleza esencial del ser es libre de toda máscara, personalidad, carácter, temperamento, situación y conducta, está desidentificada de la materia, el tiempo y la mente y es perfecta en sí misma. A la naturaleza esencial del ser la cultura occidental le ha llamado Dios, y la contempla fuera del ser humano, mientras que la cultura oriental le ha llamado Buda o Budeidad, y la considera dentro del mismo ser humano. La psicología clásica occidental ha excluido a la naturaleza esencial del ser, llamándole metafísica, privándose de la posibilidad de encontrar aquello que está más allá de la personalidad y que está sano por naturaleza. La psicología occidental, por estar atrapada en los límites del pensamiento sectario y el racionalismo venenoso de la ciencia, aún no puede vislumbrar la búsqueda y el encuentro con la naturaleza esencial del ser, como parte de los objetivos sublimes que deberá adoptar la misma psicología, si quiere desplegar todo su potencial, volviéndose una *metapsicología* (psicoespiritualidad), capaz de llevarnos a nuestra autorrealización.

La psicología oriental se encarga de la reconexión con la naturaleza esencial del ser, que siempre es libre y sana (no padece trastornos mentales). Su planteamiento es muy simple: reconectándonos con la naturaleza esencial del ser, la personalidad, el carácter, el temperamento y la conducta se modifican y se alinean, conforme al orden sagrado de las cosas. Mientras la psicología occidental continúe excluyendo la reconexión con la naturaleza esencial del ser, aún estará muy lejos de poder ofrecernos la autorrealización, la iluminación, la sanación completa.

La corta edad de la psicología occidental aún no le ha permitido encontrar el conocimiento de la naturaleza esencial del ser, puesto que el pensamiento y la palabra, la que usa la psicología clásica para analizar a la psique, y en general las técnicas terapéuticas de cualquier enfoque psicológico occidental, solo exploran situaciones, personalidad, carácter, temperamento y conducta, y no pueden llevarnos a la naturaleza esencial del ser, que está más allá del tiempo, la mente y la materia. La razón fundamental de esto es que la psicología occidental no cuenta con las herramientas que le permitan conocer la naturaleza esencial del ser, y, por lo mismo, no tiene una conciencia de lo que significa realmente la salud mental, la salud universal, la iluminación, el potencial completo plenamente realizado. Por lo mismo, la psicología occidental y la psiquiatría se vuelven muy virtuosas a la hora de diagnosticar trastornos mentales (*DSM-5*), pero no tienen una visión amplificada de cómo resolverlos, ni tampoco de la parte sana de nosotros, aquella que no padece ningún trastorno mental. Mientras que la personalidad (persona, ego) siempre padecerá algún trastorno o conflicto, la naturaleza esencial del ser está libre de todo tipo de trastornos y conflictos. Por lo mismo, alcanzar la salud mental requiere inevitablemente del conocimiento de la naturaleza esencial del ser.

Las herramientas que nos dan acceso a la naturaleza esencial del ser (el yoga y la meditación), tan necesarias para que la psicología occidental alcance su perfección, son las que ha venido utilizando la psicología oriental desde hace más de 5 000 años y son las que la educación universal deliberadamente incluye para alcanzar todos sus objetivos. La psicología occidental, al no contar con estas herramientas, ha nombrado metafísica (en tono de juicio) a las prácticas orientales, y metafísicos a todos aquellos psicólogos, terapeutas y en general místicos y buscadores de la verdad que hablen de la naturaleza esencial del ser y busquen reconectarse con ella.

La psicología occidental se vuelve ignorante y arrogante ante el tema más importante que ella misma debería de atender y resolver: el de llevarnos a conocer y comprender la naturaleza esencial de nuestro ser; aquel que no padece ningún trastorno y no tiene personalidad, temperamento, carácter ni conducta. El simple hecho de hablar de esto podrá generar diferencias intelectuales entre las mentes que no conocen el yoga y la meditación. Será importante tener cuidado con el racionalismo venenoso y atrevernos a indagar de forma vivencial en estas herramientas que fundamentan a la psicología oriental, antes de exponer cualquier opinión o intentar generar algún debate.

Otra de las grandes diferencias entre la psicología occidental y la oriental es que la primera utiliza la interpretación de los sueños como una herramienta de apoyo para el psicoanálisis, mientras que la segunda no solo lo utiliza para la indagación psicológica, sino que busca desarrollar los *sueños lúcidos* a través del yoga de los sueños para alcanzar la suprema libertad. El sueño lúcido sucede cuando nos damos cuenta de que estamos soñando, pudiendo modificar situaciones y lugares dentro del mismo para sanar aspectos de nuestra psique, y en última instancia, para trascender los sueños y al soñador (trascendencia del yo), alcanzando la suprema verdad, más allá de la vida y de la muerte.

El objetivo de esta comparación que hacemos entre la psicología occidental y la oriental no es exhibir que una sea mejor que otra, sino describir la incompletitud de cada una de ellas por sí sola, y la importancia de aprender a combinarlas. Solo en su combinación está la posibilidad de alcanzar la verdadera psicología (psicoespiritualidad). Esa es la propuesta que necesitan estos tiempos modernos. La psicología occidental tiene que abrirse a conocer la psicología oriental y combinarse con ella a través de la práctica de la meditación y el yoga, porque esta es posiblemente la única manera para ir más allá de la mente, la materia y el tiempo a conocer nuestra verdadera naturaleza, la esencia de nuestro ser, nuestro lado siempre sano, la salud mental universal. La naturaleza esencial del ser es libre de la personalidad, el carácter, el temperamento, las situaciones y la conducta. Mientras que la psicología occidental centra todos sus estudios y esfuerzos en tratar de mejorar la personalidad y la conducta, la psicología oriental sabe que regresando a nuestro ser verdadero todo lo demás se corrige y se ordena por añadidura.

La psicología oriental también deberá abrirse a la psicología occidental para perfeccionar nuestra capacidad de funcionar en el mundo, porque la efectividad de su metodología sucede si los practicantes de meditación se aíslan por completo del mundo, en ashrams o monasterios, dedicándose únicamente a la práctica espiritual. El reto será funcionar en el mundo y al mismo tiempo trascenderlo, sin escapar de él. La psicología oriental deberá beneficiarse de las técnicas, enfoques, investigaciones y avances de la psicología occidental, puesto que es muy eficaz en el mejoramiento de las áreas de nuestra realidad externa (familia, amistades, dinero, vocación, trabajo), algo que muchas veces los yoguis y meditadores no logran vislumbrar, teniendo que alejarse de las actividades y placeres del mundo para no ser desconectados de la naturaleza esencial del ser. Por lo mismo, la psicología occidental y la oriental deberán de combinarse, alcanzando una nueva visión, un nuevo paradigma, llamado psicoespiritualidad.

El enfoque central de la psicología occidental es la personalidad (que incluye el temperamento, la conducta y el carácter). La personalidad es el personaje o persona que representamos en el juego de la vida, la máscara que nos ponemos para participar en el teatro o película del mundo. Esta máscara, personalidad, persona o personaje deberá evolucionar hasta alcanzar la excelencia en el juego. Para lograr ese sublime objetivo nos será muy útil, por un lado, la psicología occidental (clásica y avanzada), puesto que lo que no permite que alcancemos la perfección como jugadores en el juego de la vida son las heridas psicológicas y los traumas, sistemas de creencia y patrones de conducta tóxicos, provenientes de nuestro pasado no resuelto, tanto personal como ancestral. Por su parte, la psicología oriental complementará el proceso, permitiéndonos conocer lo que está más allá del teatro del mundo y sus personajes, lo que trasciende aquello que representamos en el día a día. Eso que está más allá de la mente, el tiempo y la materia, y que es eterno, puesto que está por encima de la vida y la muerte de los personajes que forman parte de la obra o película del mundo, es la naturaleza esencial del ser.

La personalidad deberá conocer a la naturaleza esencial del ser (Buda, Dios) para alcanzar su grado máximo de desarrollo. Esta no podrá conocerse de forma total, únicamente en la vigilia, sino también en la dimensión onírica, por lo mismo será fundamental el yoga de los sueños. Por tal motivo, la psicología occidental y la oriental deberán fusionarse para que logremos la máxima realización de nuestro potencial, que reside, por un lado, en aprender a jugar de manera brillante el juego de la vida, y por otro, en aprender a trascenderlo, comprendiendo que nuestra vida humana es una ilusión. Este doble camino se logrará realizar a través de la educación universal y la psicoespiritualidad, fundamentadas en la combinación de la psicología occidental y oriental, y sobre las cuales seguiremos profundizando a lo largo de este libro.

El arte y la creatividad

Desde siglos atrás la educación parcial no ha considerado al arte como un pilar fundamental en el desarrollo del ser humano. Esto sucedió debido a los prejuicios del paradigma de la religión y de la ciencia. El arte, al igual que la psicología, ha quedado relegado a un segundo plano. Aunque se admira mucho a los grandes artistas, a los actores de cine, a los directores de orquesta, a las estrellas de rock, a los escritores famosos, etc., no se comprende que el arte es un músculo que todos y todas debemos ejercitar para lograr el despliegue pleno de nuestro potencial. Desde siempre se ha creído que la creación artística es solo para aquellos que tienen el don, pero en realidad es una cuestión de práctica. Si el sistema educativo fuese consciente de la importancia del arte para nuestro óptimo desarrollo, desde niños habríamos tenido un acercamiento directo con este, y el arte sería un hábito natural en nuestra vida. Actualmente no lo es, porque la educación parcial que recibimos aún no vislumbra el poder del arte y la creatividad para el desarrollo pleno de todas nuestras facultades.

En los salones de clases, los niños y adolescentes en general tienen pánico de pasar al frente a exponer los temas que los profesores les piden desarrollar frente a los demás compañeros. Los alumnos, inhibidos, tratan con mucha impotencia y frustración de comunicarse, pero constantemente sufren por no saber cómo expresarse con libertad cuando tienen la mirada de un público frente a ellos. Una de las cualidades que desarrolla el *teatro* y el *arte del actor* es precisamente esa, la de aprender a comunicarse libremente frente al público, sin miedo a equivocarse. En todos los niveles educativos los niños, adolescentes y adultos deberían de recibir clases de actuación y teatro para aprender a abrir sus vasos comunicantes frente a los demás, perdiendo el miedo a exponerse verdaderamente frente a los otros.

Es necesario aprender a comunicarnos, incluyendo el lenguaje verbal y el no verbal, las emociones, el cuerpo y el alma. Sin el teatro y el arte de la actuación será muy difícil aprender a comunicarnos verdaderamente a través de todos nuestros lenguajes. Por lo mismo, algún día la educación parcial tendrá que darse cuenta de la importancia del teatro y deberá incluirla en todos sus niveles, desde primaria hasta los estudios universitarios y de posgrado. Es lamentable ver cómo hay personas que ejercen cargos importantes en nuestra sociedad, profesores, políticos, científicos, directores de empresas, etc., que sienten un intenso miedo y timidez a la hora de hablar en público, y que prefieren leer sus discursos frente a las cámaras o delegar sus conferencias a sus allegados, intimidados por la mirada del mundo, esclavizados por el pánico escénico que buscan disimular. A través de un entrenamiento en el arte del actor y el teatro, los individuos estarán preparados para poder comunicarse con los otros y con el mundo en general, de una manera mucho más fluida y espontánea.

Conforme dejamos de ser niños y adolescentes, y nos adentramos en la vida adulta, las virtudes creativas (espontaneidad, autenticidad, comunicación multidimensional) van quedando dormidas en nosotros, por la ausencia del arte en la educación parcial que recibimos. La vida transcurre a través de etapas que se deben ir experimentando y desarrollando de manera correcta, para lograr avanzar a las siguientes edades de forma saludable. Cuando las etapas no se vivieron como corresponde, se quedan inconclusas, parecido a los videojuegos, donde solo pasamos de nivel si se han resuelto todos los retos de la fase donde nos encontramos. Las etapas de la vida son: la niñez, la adolescencia, la adultez y la vejez. Avanzar de una etapa a otra no significa olvidar la anterior, sino haberla vivido de forma total, llevándola dentro de nosotros plenamente integrada; el éxito en el desarrollo de cada etapa apoyará las siguientes; los bloqueos que aparezcan en cada etapa perjudicarán las fases posteriores de nuestro desarrollo.

Dependiendo de la efectividad en la crianza, la etapa del bebé (prenatal, natal, infancia temprana) apoyará o perjudicará a la infancia media y tardía; la etapa completa del niño apoyará o perjudicará la etapa del adolescente; la etapa del adulto será apoyada o perjudicada por el niño y el adolescente interiores, y la vejez será apoyada o perjudicada por todas las anteriores. Aunque avancemos en el tiempo, llevamos dentro de nosotros (de forma simbólica en el inconsciente) al *bebé interior,* al *niño interior,* al *adolescente interior* y al *adulto interior,* con todas las fijaciones, bloqueos, heridas psicológicas y traumas no resueltos que se suscitaron en cada etapa. Cada una de estas fases tiene sus cualidades esenciales que debieron haberse desarrollado, en caso contrario, aunque el tiempo nos emplace a avanzar hacia las siguientes etapas, estaremos arrastrando aspectos no resueltos que no permitirán el despliegue de nuestro potencial en la etapa que nos está tocando vivir. Las cualidades esenciales en cada etapa son: en la niñez, el juego y la creatividad; en la adolescencia, la sensualidad y sexualidad (erotismo); en la adultez, la responsabilidad y el orden, y en la vejez, la soledad y la trascendencia.

Si llegamos a la adolescencia y de niños no recibimos el amor, el respeto y la atención necesarios para nuestro sano desarrollo, habremos perdido la capacidad de jugar y ser creativos, por lo que nuestra adolescencia se volverá un caos. Si en la adolescencia no se brinda una educación universal, se bloqueará el erotismo y llegados a la vida adulta estaremos bloqueados del juego y la creatividad (niño interior herido) y también de la sensualidad y la sexualidad (adolescente herido). Será imposible experimentar una vida adulta saludable teniendo bloqueos en las etapas anteriores. Un adulto debe apoyarse de las cualidades del niño y adolescente interiores para que le vaya muy bien en la vida, de lo contrario solo habrá caos y disfuncionalidad. La falta de un correcto desarrollo en cada etapa nos va volviendo pésimos jugadores en el juego de la vida. Tendremos que encontrar la andragogía universal de adultos, para recuperar las cualidades del niño y el adolescente que quedaron inhibidas por la educación parcial que recibimos.

El arte y sus diferentes expresiones nos permitirán desarrollar nuestras facultades creativas y sanar a nuestro niño y adolescente interiores. Estas facultades están relacionadas con la espontaneidad, la inocencia, el juego, la imaginación, el erotismo y la belleza. El arte va a apoyar enormemente el desarrollo de las cualidades esenciales de las etapas de la infancia y adolescencia, de forma que podamos llegar a la vida adulta acompañados de un niño interior que sabe jugar y es creativo, y un adolescente que sabe expresar su sensualidad y disfrutar de su sexualidad plenamente. Los adultos que no reciben una educación a través del arte terminan desconectados de su capacidad de jugar, volviéndose extremadamente serios y apáticos. La serenidad en la vida adulta (seriedad positiva) debe estar apoyada de una inmensa capacidad de diversión, juego y creatividad, de lo contrario es una seriedad negativa, apoyada del mal carácter y constante mal humor.

El desarrollo de la *música*, la *escultura*, la *danza* y la *pintura* permiten que el cerebro se conecte con la locura divina del universo, el juego, la imaginación, la sensualidad y la diversión. Por todos lados vemos personas adultas que ya no se divierten en la vida, han perdido la capacidad de celebración, han quedado atrapadas en las rutinas, en el racionalismo venenoso de la ciencia; el sistema las ha robotizado. Al no existir un desarrollo de nuestras facultades creativas, nos volvemos mecánicos, seres aburridos, nos apagamos. Si desde niños y adolescentes no recibimos una educación que incluya al arte, será necesario adentrarnos a él siendo adultos. Gradualmente iremos recuperando las cualidades que se fueron quedando dormidas en el camino, de nuestro niño y adolescente interiores. La danza nos permitirá recuperar la conexión con nuestro cuerpo y desbloquear la sensualidad y la sexualidad. La música, la pintura y la escultura ayudarán a que recuperemos nuestra capacidad de jugar, al conectarnos con la locura sagrada y el misterio divino del universo. Existe una locura que nos lleva al psiquiatra y al manicomio, y otra que cura. El arte permite el despertar de la locura divina que cura. La música tiene la capacidad de conectarnos con las dimensiones arquetípicas del universo, armonizando nuestro cuerpo, mente y emociones. Ciertas culturas orientales utilizan los mantras (sonidos sagrados) para el despertar y desarrollo espiritual. También el chamanismo utiliza la música y el canto para realizar el viaje extático del alma.

Las cualidades esenciales en la etapa adulta de orden y responsabilidad serán correctamente desarrolladas si se han apoyado del juego, la creatividad y una sexualidad sagrada bien asumida, de lo contrario, no serán verdaderas. En general, en la adolescencia nuestra sensualidad y sexualidad quedan reprimidas, principalmente por la falta de arte (danza, teatro) y también por la ausencia de la psicología y su acción terapéutica. Ya de adultos, en el matrimonio, nos sentimos profundamente insatisfechos porque no sabemos mantener el gozo y la diversión con nuestra pareja. También cuando la etapa de la adolescencia no se completa correctamente, a veces surge la necesidad de tener relaciones sexuales con otras personas fuera del matrimonio. Todos los bloqueos en el desarrollo psicosocial de los individuos están íntimamente relacionados con las problemáticas psicoafectivas y psicosexuales de la infancia y adolescencia.

En el siguiente diagrama podemos ver las cualidades esenciales de cada etapa de la vida, así como los bloqueos que aparecen si estas cualidades no se desarrollan. Los bloqueos de cada etapa están íntimamente ligados a los bloqueos de las etapas anteriores. Un adulto que no puede encontrar su vocación y trabajar en lo que más le gusta ha perdido la conexión con su niño interior y las facultades que lo acompañan: juego, creatividad, imaginación, diversión, etc. Por falta de arte y psicología en las escuelas, y por haber sido criado por unos progenitores que no le dieron amor, atención y respeto, y que, en definitiva, no jugaron con él ni tampoco le ayudaron a desarrollar su creatividad, ya en la vida adulta no sabrá cómo dedicarse a lo que más le gusta, cómo hacer de su trabajo y vocación la extensión de su juego.

ETAPAS DE LA VIDA

	CUALIDADES ESENCIALES	BLOQUEOS
NIÑEZ	JUEGO CREATIVIDAD	ABURRIMIENTO APATÍA
ADOLESCENCIA	SENSUALIDAD Y SEXUALIDAD	INHIBICIONES TIMIDEZ
ADULTEZ	ORDEN Y RESPONSABILIDAD	INCAPACIDAD PARA TRABAJAR EN LO QUE NOS GUSTA RELACIONES INTERPERSONALES INSANAS

Los grandes genios del mundo son adultos que no perdieron la conexión con su niño interior; las invenciones e investigaciones que lograron fueron gracias a la conexión con su creatividad e imaginación, cualidades que esencialmente forman parte de nuestra infancia. Ser adultos conectados con nuestro niño interior que sabe jugar y es creativo no significa ser adultos infantilizados, significa ser capaces de dedicarnos a lo que realmente nos gusta y generar abundancia a partir de nuestra creatividad e imaginación. Las grandes ideas de negocios y los emprendimientos más exitosos provienen de personas que no han perdido la conexión con sus facultades creativas.

Muchas veces también siendo adultos padecemos de excesiva timidez para desenvolvernos siendo nosotros mismos. Estas inhibiciones son producto de una infancia o adolescencia mal vivida, donde hubo *bullying* en la familia y escuelas, y donde no se recibió una educación a través del arte (danza, música, teatro) que nos permitiera trabajar con nuestra timidez. Las heridas psicológicas en nuestra infancia y adolescencia nos volverán antisociales, retraídos, y no nos permitirán tener relaciones interpersonales sanas. No sabremos salir con nuestra pareja a bailar y tener círculos de amistades saludables.

El arte y sus distintas expresiones van a permitir que el adulto integre las facultades del niño y del adolescente de manera correcta. De esta forma podremos alcanzar una maestría en el juego de la vida a través de la expansión de nuestro potencial. No podemos tener una vida exitosa si las facultades del niño y el adolescente interiores han quedado reprimidas. La educación universal, que también incluye al arte, permitirá que estas facultades puedan ser desarrolladas desde nuestros primeros años, y permanezcan abiertas durante nuestra vida adulta y en la vejez. Como la educación parcial que recibimos no incluyó al arte, tendremos que buscarlo en la vida adulta, para reconectarnos con las facultades que quedaron dormidas de nuestro niño y adolescente interiores.

El arte se vuelve fundamental para el despliegue de todo nuestro potencial y también para volvernos excelentes jugadores en el juego de la vida. Sin el arte, será imposible ganarlo. El verdadero arte es terapéutico; muchas herramientas de la psicología avanzada incluyen al arte; las constelaciones familiares, el psicodrama, la biodanza y la psicomagia se apoyan del teatro, la actuación, la danza, el ritual, el *performance* y el desarrollo arquetípico.

Existen metodologías terapéuticas sublimes que se apoyan en el arte, como lo es la *biodanza*, creada por el psicólogo y antropólogo chileno Rolando Toro, quien en la década de 1960 creó un sistema de integración humana a través de la danza, acompañada de música y situaciones de encuentro en grupo, para activar los procesos de transformación y desarrollo personal. El movimiento del *arte terapia* iniciado por la terapeuta Margaret Naumburg en Nueva York, a mediados del siglo XX, es otra gran aportación al mundo. La metodología del arte terapia implica el uso de diversas técnicas artísticas dentro de un marco terapéutico para ayudar a las personas a explorar sus emociones, desarrollar habilidades, reducir el estrés y mejorar su bienestar general. El enfoque está en el proceso de creación artística, no en el producto final. Incluso la psicología clásica a veces se llega a apoyar del arte a través de la *escritura* como medio para sublimar experiencias traumáticas de nuestro pasado.

El psicólogo humanista Abraham Maslow habló de la *personalidad creadora*, describiendo la conexión que esta tiene con la autorrealización. Maslow expresó que la personalidad creadora es una consecuencia de las personas que alcanzan un alto nivel de desarrollo. Las características de esta personalidad son: espontaneidad, flexibilidad, curiosidad, exploración, autenticidad, capacidad para integrar contradicciones, tolerancia a la ambigüedad, independencia de juicios externos, y el desarrollo de talentos y habilidades múltiples.

El gobierno de nuestro país y muchos otros gobiernos del mundo aún no conocen el inmenso potencial terapéutico y educativo del arte, y la importancia que tiene para el despliegue de nuestro potencial completo. El desarrollo de las nueve inteligencias de Howard Gardner, el desarrollo de los tres cerebros (cerebro triuno) en la teoría de Paul MacLean, el buen funcionamiento de los dos hemisferios en la teoría de Roger Sperry y la posibilidad de cubrir nuestras necesidades más elevadas (autoestima, autorrealización) en la teoría de la pirámide de Abraham Maslow, entre muchas otras teorías, nos lo puede ofrecer una psicopedagogía (y un enfoque psicológico) que incluya también al arte. Así de importante se vuelve el arte, y, sin embargo, aún no ha sido contemplado, al igual que la psicología, en el sistema educativo que se encarga de educar a la población entera.

Al igual que la psicología, el arte ha sido relegado a un segundo plano, por consecuencia del paradigma científico (racionalismo venenoso) y religioso (fe ciega, mente supersticiosa) que aún sigue influyendo en nuestra cultura y sociedad. Algún día los gobiernos tendrán que incorporarlo en todos los niveles educativos y sectores de la población, logrando articular un modelo pedagógico donde las materias de arte (pintura, danza, teatro, música, escultura y escritura) sean igual de significativas que las demás asignaturas (geografía, historia, matemáticas, español, biología, etc.), sin olvidar incluir, por supuesto, a la psicología (clásica y avanzada), al yoga y la meditación (psicología oriental). Solo así podremos ayudar a que los estudiantes de todos los niveles y estratos sociales puedan desplegar plenamente su potencial, trayendo como resultado una sociedad menos violenta y más consciente.

Será únicamente a través de la articulación de la educación universal que podremos resolver los graves problemas de racismo, clasismo, corrupción, inseguridad, desigualdad y violencia que vive el mundo entero. El hecho de no tener un sistema educativo, tanto en las familias como en las escuelas e iglesias, que permita el pleno despliegue de nuestro potencial es la razón principal de las graves problemáticas que suceden a nivel social. Es por eso que se vuelve tan fundamental comprender los errores de la educación parcial que hemos recibido, y que aún siguen operando en el sistema. También es necesario conocer y estudiar a fondo la educación universal, aquella que sí desarrolla el potencial completo del ser humano y que permitirá construir individuos, familias y sociedades libres y sanas.

El desarrollo arquetípico

El *desarrollo arquetípico* es la utilización correcta del simbolismo religioso y mitológico para el pleno desarrollo de nuestro potencial. Por la misma falta de cultura general en psicología, no se entiende qué son realmente todas las imágenes, personajes, parábolas y alegorías que conforman los libros y rituales de las religiones y mitologías, considerándolos únicamente como hechos históricos, y no como lenguaje simbólico. Al no haber una conciencia psicológica que permita adentrarse en la religión y los mitos, aparece la fe ciega y la mente supersticiosa como consecuencia del mal uso que el cerebro hace del simbolismo arquetípico que conforma la estructura de la religión y de los mitos. El tema del desarrollo arquetípico es complejo y requerirá de la lectura completa de todo este libro para que podamos alcanzar una óptima comprensión del mismo.

La educación parcial que recibimos no sabe del desarrollo arquetípico, puesto que se necesita una conciencia ampliamente desarrollada (supraconciencia) en el juego de la vida para poder enseñarlo. El desarrollo arquetípico es la verdadera religión, es el verdadero catecismo, que no está relacionado con adoptar sistemas de creencia sino en aprender a *encarnar* en nosotros mismos las energías transpersonales a las que apunta el simbolismo religioso.

En el simbolismo religioso y mitológico están contenidos los grandes *valores universales* que la conciencia deberá reconocer no de forma intelectual, sino a través del desarrollo arquetípico, para que la persona humana alcance su máximo desarrollo. Este trabajo necesitará del arte del actor, el teatro, el yoga de los sueños, la meditación, la psicología (clásica y avanzada) y los principios generales del chamanismo (ritual, transfiguración). Algún día se podrá enseñar en las universidades como parte de los niveles más avanzados de la educación universal, puesto que, para lograr el correcto desarrollo arquetípico, los estudiantes deberán haber adquirido previamente las habilidades y herramientas que acabamos de mencionar.

Se necesita de una preparación en el arte, la psicología, el yoga y la meditación para poder acercarnos de forma correcta al desarrollo arquetípico. De lo contrario no podremos encarnar el simbolismo universal, y nos quedaremos atrapados en la dimensión intelectual, donde el mito y la religión son reducidos a creencias y hechos históricos. Así es como la educación parcial que recibimos enseña el simbolismo religioso a través de creencias.

La educación universal, en cambio, comprende que la estructura de toda religión (y mito) es un *mapa psicoespiritual* que está conformado por personajes arquetípicos, rituales, símbolos, parábolas, metáforas y alegorías, que cuando son correctamente utilizadas y comprendidas conectan a nuestro cerebro y psique con las frecuencias energéticas y vibratorias transpersonales que conforman al mundo divino, a la arquitectura del alma universal. Estas frecuencias energéticas, expresadas a través de los arquetipos, están cargadas de valores universales (leyes del cielo) que la conciencia aprenderá a encarnar, transformando por completo al resto de la psique, a la persona y al inconsciente.

El desarrollo arquetípico permite, por añadidura, el desarrollo de todas nuestras facultades, tanto físicas como emocionales, mentales y espirituales. Si queremos alcanzar el desarrollo de nuestro potencial completo, el desarrollo arquetípico será necesario, pero tendremos que llegar a él después de haber asimilado otras herramientas, de las cuales hablaremos más adelante, de lo contrario, corremos el riesgo de reducir a los arquetipos a creencias y quedar atrapados dentro de estas. El desarrollo arquetípico es parecido a los objetos y utensilios que los personajes deben ir ganando en los videojuegos para obtener superpoderes y habilidades especiales. De la misma forma, el desarrollo arquetípico le permitirá a nuestro personaje humano alcanzar los niveles más avanzados en el juego de la realidad.

Deporte y artes marciales

En general, en la educación parcial que ofrece el sistema sí hay clases de educación física, pero no de artes marciales. De cualquier manera, el deporte se enseña vagamente, sin darle demasiada atención e importancia. En otros países sí lo consideran primordial para la formación de los estudiantes, pero en México la educación física sigue estando relegada a un segundo plano. Las artes marciales simplemente no forman parte del tronco común en ningún nivel educativo, e indudablemente son fundamentales, así como el deporte, para el despliegue de nuestro potencial.

El país y el mundo serían menos violentos si en todas las escuelas, desde que somos niños, se enseñaran de manera profesional las artes marciales. Las más conocidas en Occidente son: el karate, el judo, el aikido, el kendo, el jiu-jitsu, el kung fu y el taekwondo, entre otras. Con que se eligiera una de estas, y se desarrollara por varios años, a la par de todos los demás criterios de la educación universal, nuestro potencial podría desplegarse plenamente. Lamentablemente no se conocen los inmensos beneficios de las artes marciales para el desarrollo de nuestras facultades. Estas no solo desarrollan nuestra fuerza física, sino también nuestra fuerza mental, emocional y espiritual. Las artes marciales desarrollan al guerrero interior, y a menos que lo desarrollemos, será imposible ganar el juego de la vida. El guerrero interior es un arquetipo fundamental que se necesita desarrollar para alcanzar el éxito en todas las áreas de la vida. Nos permite salirnos del papel de la víctima y adoptar una actitud correcta que nos hace mejores jugadores, desarrollando nuestra autonomía. Será necesario pasar por un entrenamiento profesional en el deporte y las artes marciales como parte de la educación universal para alcanzar el despliegue de nuestro potencial completo.

La risoterapia

Hace miles de años en China y en la India existían templos donde las personas se reunían a reír, con la finalidad de equilibrar su salud física, mental, emocional y espiritual. Eran lugares sagrados a los que se asistía a practicar la risa. La gente llegaba a cualquier hora del día, y de forma grupal se dejaban tomar por la risa y las carcajadas colectivas. Este ejercicio de reír en grupo, está confirmado, trae beneficios sorprendentes a la vida de las personas. La filosofía hindú asegura que cinco minutos de reír sin detenernos tiene efectos más beneficiosos en el cuerpo y el cerebro que una hora de deporte o yoga. En general no se conocen los increíbles beneficios de la risa, que además de equilibrar la salud del cuerpo nos permite sanar emociones, conductas, y conectarnos con la dimensión espiritual. Lamentablemente la tradición de la risa se perdió. Hoy en día es raro encontrar algún lugar en el mundo donde se pueda ir a reír.

La cultura occidental, influenciada por el paradigma represor de la religión y la ciencia, reprimió la risa. Según diversas investigaciones científicas, los niños ríen de 300 a 400 veces al día, mientras que los adultos lo hacen entre 15 y 30 veces. El filósofo griego Aristóteles

(384-322 a.C.) escribió un libro sobre la risa, que la Iglesia durante la Edad Media decidió ocultarle al mundo. En ese libro Aristóteles explicaba la importancia de la risa para acercarnos a lo sublime, a lo divino, sin embargo, la Iglesia consideraba la risa como algo subversivo, capaz de debilitar la autoridad de la misma, de modo que la prohibió y la relacionó con el diablo, justificando así sus abusos de poder sobre los pueblos, así como el racionalismo venenoso de la ciencia reprimió las emociones y nos volvió excesivamente racionales. Es por eso que en las escuelas los alumnos deben estar sentados y callados, llenando su cabeza de información, durante varias horas al día. Sin embargo, cuando la educación universal sea articulada en todas partes, habrá momentos en que los profesores y alumnos, jefes y trabajadores de las empresas e instituciones del mundo, realicen la práctica de la risoterapia para liberar el estrés académico-laboral y fomentar la sinergia de grupo. Llegará el día en que los sistemas educativos y gobiernos del mundo se percaten de la importancia de la risa, tanto para las familias como para los trabajadores y estudiantes, pues esta incrementa los niveles de vitalidad, productividad, entusiasmo, atención, amor y alegría.

La manera correcta de practicar la risoterapia es hacerla en grupo, combinándola con la meditación. La risa tiene muchos niveles, desde reírnos de un chiste o de algo chistoso, pasando por aprender a reírnos de nosotros mismos, hasta contactar con la risa cósmica del universo. La esencia de la existencia es alegría incondicional. Uno debe aprender a contactar con ella, para comprender que la naturaleza de la vida es un juego. Sin la risoterapia, será imposible conocer la esencia de la realidad. Sin la risa tampoco será posible alcanzar la excelencia como jugadores y ganar el juego de la vida. La verdadera psicología no solo deberá tratar de resolver nuestros trastornos mentales, sino ayudarnos a fortalecer nuestro lado sano. Para lograr este doble procedimiento la risoterapia será una de las grandes herramientas.

Beneficios de la risoterapia:

- Relaja cuerpo, mente y corazón
- Mejora el sistema circulatorio
- Mejora la función respiratoria y aumenta la oxigenación
- Fortalece el sistema inmunológico
- Libera endorfinas y oxitocinas
- Reduce la ansiedad y el estrés
- Alivia los síntomas de depresión
- Disuelve las preocupaciones y los pensamientos negativos
- Desarrolla autoestima
- Ayuda a afrontar positivamente los problemas cotidianos
- Descontrae el cuerpo emocional
- Desarrolla empatía, confianza, amistad y amor
- Mejora la comunicación entre las personas
- Ayuda a prevenir conflictos
- Disminuye los niveles de agresividad
- Desarrolla la sinergia entre las personas
- Eleva los niveles de vitalidad, productividad y alegría
- Ayuda a trascender nuestra historia personal y al ego
- Cultiva el desapego

Emprendimiento, finanzas y derecho

Así como la psicología debe ser cultura general, también el emprendimiento, las finanzas y el derecho tendrán que serlo si queremos alcanzar nuestra autorrealización. El mundo está articulado de tal forma que todo se mueve a través del sistema económico y las leyes de la Suprema Corte de Justicia. Una vez que terminamos nuestros estudios, todo se vuelve dinero y leyes. Hay un tremendo desfase entre el mundo de los estudios y la dimensión del trabajo, principalmente porque el sistema educativo no nos enseña a emprender, ni tampoco enseña sobre finanzas y derecho. Estas materias deberían de formar parte del tronco común, desde la secundaria, pasando por la preparatoria, hasta la universidad. Es lamentable que el sistema educativo no ofrezca este conocimiento más que de forma especializada; solo si nos vamos a dedicar a los negocios, a las empresas, a las finanzas o a la abogacía, entonces tenemos acceso a él. Por este grave error, la mayor parte de la población sufre a la hora de querer alcanzar una estabilidad económica, asirse a un patrimonio y ascender en la escalera social. Son millones de familias hundidas en la pobreza que no saben cómo salir adelante en cuanto al dinero se refiere, y también son miles de personas las que, por no saber de derecho ni de leyes, terminan enredándose en problemas, engaños, traiciones, injusticias, etc., con los demás, principalmente por el desconocimiento que tienen sobre el emprendimiento, las finanzas y el derecho.

Por no recibir un conocimiento profundo en las escuelas y carreras universitarias sobre *emprendimiento*, la gente solo conoce la opción de emplearse. En el mundo laboral existen dos grandes dimensiones: la del empleado y la del emprendedor. En general el sistema educativo nos prepara para ser empleados, para ser esclavos del capitalismo, para trabajar muchas horas por un sueldo miserable. El sistema educativo moderno hunde sus bases en las necesidades de la industria, que necesita mano de obra barata. El emprendimiento no se enseña porque entonces todos buscarían ser dueños de negocios y empresas, y no habría gente que pudiera ser explotada y robotizada a través de intensas jornadas laborales y salarios mínimos. El conocimiento del emprendimiento está excluido de la educación parcial que ofrece el mundo, y es un conocimiento que deberemos encontrar por nuestra propia cuenta, al igual que gran parte de las herramientas de la educación universal. El emprendimiento nos desarrollará la creatividad en los negocios, nos ayudará a despertar al empresario que llevamos dentro, permitirá darnos trabajo a nosotros mismos sin la necesidad de que otros lo hagan. Esto nos hará mejores jugadores en el juego de la vida. Aprender sobre emprendimiento, finanzas, derecho y negocios nos permitirá alcanzar una estabilidad económica e incluso lograr la libertad financiera.

No hay que pensar que solo estudiando estas herramientas lo conseguiremos, cuando vayamos comprendiendo a profundidad la educación universal nos daremos cuenta de que cada una de sus herramientas apoya a las demás y conforma una totalidad. Para alcanzar la libertad financiera y asirnos de un patrimonio, logrando el éxito laboral, tendremos que pasar por todo un proceso de sanación psicológica, meditación y desarrollo del arte y la creatividad, entre muchas otras cosas que iremos desmenuzando a lo largo de este libro. Las leyes del dinero obedecen también a las creencias arraigadas en nuestro cerebro inconsciente sobre el mismo por la familia, la sociedad y la cultura, por lo que tendremos que conocer, cuando estudiemos más adelante la psicología avanzada, el trabajo con el psicodinero, que también nos permitirá ampliar nuestros horizontes en cuanto a emprendimiento, administración y finanzas se refiere. En muchos lugares se enseña emprendimiento y finanzas, sin considerar los elementos psicológicos y espirituales que tienen, por lo mismo solo la educación universal será capaz de mostrarnos el verdadero conocimiento sobre los negocios, el dinero y las finanzas, ya que se deberá comprender desde distintos ángulos, incluido el psicológico y espiritual.

En lo relacionado con el *derecho*, este es un conjunto de normas y principios que rigen la conducta de las personas en la sociedad, estableciendo las bases para la convivencia pacífica y ordenada. Al no incluirse en el tronco común de todos los niveles educativos, llegados a la vida adulta no sabemos cómo apoyarnos en los abogados cuando aparecen dificultades que no logramos resolver con los demás. A veces será necesario hacer uso de la psicología para la resolución de las mismas, pero en muchas otras se necesitará de un buen abogado.

Si conociésemos con profundidad las leyes de la Suprema Corte de Justicia y cómo utilizarlas, la vida en sociedad sería más ordenada y no se cometerían tantos errores que aparecen por el desconocimiento de las leyes y el derecho. Muchas veces uno contrae matrimonio, abre una empresa, compra una casa, trae hijos al mundo, etc., sin comprender a fondo todos los lineamientos a nivel jurídico que acompañan estos procesos de la vida adulta y esto puede provocar fuertes desequilibrios en nuestra vida. El sistema educativo debería encargarse de ofrecernos este conocimiento, sobre todo en los niveles de preparatoria y universidad, de forma que, al término de estas, pudiéramos tener un conocimiento muy preciso sobre las leyes e implicaciones jurídicas que rigen todos los procesos de la familia, el dinero, la salud y el trabajo. Lamentablemente la educación parcial que recibimos no lo hace. Tendremos que buscar por nuestra propia cuenta este conocimiento, que muchas veces aparece cuando ya se cometieron errores y tuvimos que buscar un buen abogado que nos defienda, ya sea para recuperar un hijo que no podemos ver, divorciarnos, resolver nuestros problemas de impuestos con el SAT (Servicio de Administración Tributaria), demandar a alguien que nos extorsionó, etc., o cualquier otra complicación que se haya presentado en nuestra vida, muchas veces producto del mismo desconocimiento previo de la ley y el derecho.

En general, la ley y el derecho nos enseñarán a establecer los límites necesarios para la sana convivencia y la resolución de problemas con los demás. Nos ahorraríamos muchas complicaciones y nuestra vida social adulta sería más ordenada y equilibrada si en las escuelas y universidades se enseñara el derecho como parte del tronco común. Es por eso que la educación universal considera fundamental incluirlo en su estructura psicopedagógica, ya que gracias a su comprensión podremos volvernos mejores jugadores en el juego de la vida, alcanzando una maestría en nuestra relación con la sociedad y con el mundo.

Recapitulando lo visto hasta el momento, hemos revisado con más detalle cuáles han sido los errores de la educación parcial que recibimos, y que lastimosamente no permitieron que nuestro potencial completo haya podido ser desarrollado plenamente hasta ahora. Esto ha provocado que no alcancemos un óptimo rendimiento como jugadores en el juego de la vida y que muchas de las áreas de la misma se hayan visto afectadas. Afortunadamente el juego aún no está perdido, ya que la educación universal se puede recibir de adultos (andragogía universal). Debemos atrevernos a buscarla por nuestra propia cuenta. Será necesario hacerlo si queremos alcanzar la excelencia como jugadores y ganar el juego de la vida.

DESARROLLO DEL POTENCIAL COMPLETO

	PSICOLOGÍA CLÁSICA / PSIQUIATRÍA	PSICOLOGÍA AVANZADA	PSICOLOGÍA ORIENTAL	EDUCACIÓN UNIVERSAL / PSICOESPIRITUALIDAD
Potencial psicoespiritual	✗	✓	✓	✓
Potencial psicoemocional	✗	✓	✓	✓
Potencial psicosocial	✓	✓	✓	✓
Potencial creativo	✗	✓	✓	✓
Potencial cognitivo	✓	✓	✗	✓
Potencial psicocorporal	✗	✓	✓	✓
Potencial psicosexual	✗	✗	✓	✓
Potencial material	✗	✓	✗	✓
Potencial animal	✗	✗	✓	✓
PORCENTAJE	20	80	40	100

La vida misma como maestra

Anteriormente dijimos que se necesitan dos principales condiciones para lograr desplegar todo nuestro potencial y ganar el juego de la vida. Esos dos requisitos son, por un lado, desarrollarnos a través de la educación universal (y la psicoespiritualidad) y, por otro, aprender a utilizar los obstáculos y dificultades (pruebas de vida) a nuestro favor. Ya hemos revisado las pautas de la educación universal, ahora hablaremos de las pruebas de vida. La primera prueba de vida por la que todos debemos pasar es nacer, salir del vientre de nuestra madre. Después, cada etapa de la vida nos va presentando distintas pruebas. La vida en sí misma es una maestra. Un lado de la moneda es nuestra transformación a través de la psicología (clásica y avanzada), la meditación, el yoga, el arte, las finanzas, el emprendimiento, el derecho, las artes marciales, el deporte, etc., y el otro lado de la moneda es la vida misma, con sus luces y sombras. A la vida la podemos ver como una maestra y aprender de todo lo que nos ofrece, o bien, podemos experimentarla en calidad de víctimas, lamentándonos, quejándonos y sufriendo por su naturaleza dual.

No todos pueden comprender que la vida es una maestra y que todo lo que sucede en ella es para nuestro más alto bien. Para alcanzar este supremo entendimiento se necesitará no solo a la vida misma, sino también la otra cara de la moneda: la educación universal o en lo sagrado. A través de la educación universal podremos conocer las reglas del juego. También podremos comprender nuestra estructura psíquica y la dimensión espiritual del alma, y cómo estas se articulan con nuestra realidad externa. También será necesario conocer y comprender la ley de causa y efecto, las leyes del pecado y el karma, el árbol genealógico (metagenealogía), los arquetipos y, en general, cómo se despliega nuestro destino en relación con el pasado no resuelto.

Debemos conocer una serie de premisas para poder asimilar a profundidad a la vida como maestra, que conlleva al poder que sabe el camino y a la fuerza del destino. La educación universal nos permitirá comprender por qué (y para qué) la vida se despliega a través de la luz y la oscuridad, y no importa lo que esté pasando, ella siempre está enseñándonos algo. Podemos leer libros sobre la dualidad y adoptar la creencia de que la vida es una maestra, y a la menor provocación, cuando suceden dramas y tragedias, cuando suceden situaciones que nos sacan de nuestra zona de confort o se salen de nuestro control, nos comenzamos a quejar y a lamentarnos, desarrollando una actitud pesimista ante las circunstancias que se presentaron, sin entender por qué y para qué suceden los dramas y las tragedias.

Comprender que la vida es una maestra y que de todo se aprende no puede ser una filosofía, ni tampoco una creencia que debamos adoptar. La vida como maestra es una ley, es una de las reglas del juego. La ley de la gravedad no es una creencia: si uno se avienta de un edificio de 40 pisos sin paracaídas morirá. Hay una enorme diferencia entre leyes y creencias, y en general, por la falta de la educación universal, no somos conscientes de muchas leyes de la existencia. Estas leyes son las reglas del juego que tendremos que conocer y asimilar para poder volvernos excelentes jugadores y algún día lograr ganar el juego de la vida. Como ya se ha dicho, sin el conocimiento de las reglas del juego será imposible alcanzar la perfección como jugadores y ganar el juego.

Las reglas del juego

1) La vida es un juego divino que debemos aprender a jugar, conociendo sus reglas, para después aplicarlas, alcanzar la excelencia como jugadores y triunfar.
2) No se puede ganar (y trascender) el juego de la vida sin el despliegue de nuestro potencial completo.
3) No se puede desplegar nuestro potencial completo y ganar el juego de la vida sin la educación universal y la psicoespiritualidad.
4) No se puede desplegar nuestro potencial completo y ganar el juego de la vida sin aprender a utilizar los obstáculos y dificultades a nuestro favor. Es la ley de que lo que es afuera es adentro.
5) Todo en el universo funciona por opuestos que se complementan: noche-día, luz-oscuridad, materia-espíritu, ciencia-religión, éxito-fracaso, salud-enfermedad, sueño-vigilia, Dios-ego, etc. Ley de la dualidad.
6) La educación universal incluye necesariamente a la psicología clásica y avanzada.
7) La educación universal incluye necesariamente a la psicología oriental (yoga y meditación).
8) La educación universal incluye necesariamente al arte y la creación artística.

9) La educación universal incluye necesariamente el desarrollo arquetípico.
10) La educación universal incluye necesariamente a la risoterapia.
11) La educación universal incluye necesariamente el yoga de los sueños.
12) La educación universal incluye necesariamente a las artes marciales, el deporte, el emprendimiento, las finanzas y el derecho.
13) Se deberá resolver el pasado no resuelto (personal, ancestral y de vidas pasadas) para el despliegue de nuestro potencial completo. Ley de causa y efecto.
14) Se deberá desarrollar a la persona humana o ego hasta alcanzar la excelencia como jugador.
15) Se deberán desarrollar los sueños lúcidos para iluminar completamente al inconsciente.
16) Se deberá desarrollar la conciencia hasta alcanzar la supraconciencia (conciencia divina) para el despliegue de nuestro potencial completo.
17) Todo en nuestra vida deberá ser articulado a través del orden de lo sagrado para ganar el juego.
18) El potencial deberá ser desplegado hacia adentro y hacia afuera para ganar el juego de la vida.
19) El éxito deberá lograrse tanto internamente (salud, libertad, creatividad, trascendencia) como externamente (familia, amistades, territorio, dinero, vocación) para alcanzar la excelencia como jugadores y ganar el juego de la vida.
20) En última instancia, no importa lo que suceda dentro del juego, puesto que nada dentro del mismo es real.
21) En nuestro centro más profundo se encuentra la verdad, más allá del juego y el jugador, el sueño y el soñador.
22) Realizar a la verdad será trascender el juego y al jugador (en la vigilia), y al sueño y al soñador (en el mundo onírico).

La estructura de la realidad

El terreno donde se desarrolla el juego de la vida es la *realidad.* Esta se conforma de dos grandes dimensiones: la espiritual (no dual) y la material (dual). Todo lo creado está hecho de una combinación entre materia y espíritu. Lo queramos o no, lo sepamos o no. En el momento de nuestra concepción, el espíritu eterno del universo se encarna a través del personaje o persona que seremos nosotros. Toda vez que el espíritu inmortal e inmaterial se encarna, comenzará a experimentar el juego de la vida a través del cerebro, el cuerpo y los sentidos. El espíritu se olvidará de él mismo, producto de la educación parcial que recibimos por la familia, las escuelas y la religión.

Durante el periodo de gestación, nacimiento, niñez y adolescencia, el cerebro, el cuerpo y los sentidos se estarán desarrollando a través del encuentro con la realidad y sus componentes: la mente, el tiempo, la materia, el sonido, el color, las emociones, las sensaciones, las necesidades, los deseos, la otredad, el espacio y la forma. La relación entre el cerebro, el cuerpo y los sentidos con los demás elementos de la realidad también dará lugar al personaje de nosotros mismos, a la persona, a la personalidad, al carácter y al temperamento. Todos estos elementos (personalidad, personaje, carácter, temperamento) se pueden agrupar en una misma entidad, también conocida como la *identidad material*, la *persona* o el *ego.* La palabra *persona* significa máscara y es la que se colocará el espíritu infinito del universo, también conocido como Dios, para encarnarse y experimentar el juego de la realidad a través de trillones de personajes e historias humanas, animales, minerales, plantas y todo lo creado.

Toda vez que las personas mueren, cuando el cuerpo y el cerebro llegan a su fin, Dios se quitará la máscara que le permitía jugar dentro de su propia obra de teatro o película que es el mundo, para seguir siendo él mismo, infinito y eterno, siempre más allá del juego de la realidad y en todas partes. En la muerte de la persona o personaje, el espíritu infinito deja de jugar aquello que estuvo representando, dentro de una determinada época y circunstancias. Cuando el espíritu despierta del sueño del olvido, la identidad material se vuelve consciente de que es un personaje dentro de la obra de teatro o película del mundo. Cuando el personaje o ego se percata de esto, lo llamaremos el *jugador*, ya que será capaz de percibir la naturaleza esencial de la realidad. Cuando aún no es consciente de ello, lo llamaremos la persona, personalidad o ego.

Por la educación parcial articulada en el mundo, el espíritu inmortal del universo o Dios se olvidará de sí mismo a través de la persona y su historia en el tiempo. Este olvido de sí mismo será el primer evento donde nuestro potencial psicoespiritual comenzará a reprimirse y cerrarse. Para lograr evitar que esto suceda, la educación universal con todas sus herramientas (psicología, yoga, meditación, desarrollo arquetípico, etc.) deberá estar articulada en todas partes: en la familia, en las escuelas, en la religión, etc. Como esto no sucedió, el espíritu divino e inmortal, nuestro ser verdadero, que está más allá de aquello que representamos en el mundo, se olvidará de sí mismo, a través de nuestra persona o ego.

La función esencial del jugador, personaje o persona es experimentar el juego de la realidad (experimentador), pero al olvidarse el espíritu divino de sí mismo, a través de aquello que representa, la realidad dejará de ser un juego impersonal, cósmico y divino, para convertirse en un fenómeno reducido a lo personal y a lo profano. Que Dios se olvide de sí mismo a través del personaje humano que representa es parecido a lo que les sucede a los actores y actrices cuando se fusionan completamente con el personaje que van a interpretar en una obra de teatro o película; al no respetarse la distancia que siempre debe existir entre el actor y el personaje, la identidad del actor corre peligro.

En muchas escuelas de actuación no enseñan el correcto arte del actor, donde siempre debe existir una sutil y sana distancia entre el actor y el personaje. Esta incorrecta educación en el arte de la actuación ha llevado a muchos actores al desequilibrio, incluso a la muerte, cuando la dimensión del personaje (ficción) se termina entremezclando con la realidad del actor. A nivel espiritual, sucede lo mismo cuando Dios se olvida de sí mismo a través del personaje humano que representa; la persona se volverá disfuncional por el sueño de separación con lo divino (primer trastorno mental). La vida se desordena y se vuelve un caos cuando Dios se olvida de sí mismo por el personaje humano que representa. Será a través de la educación universal que podamos evitarlo, y si ya sucedió, que podamos repararlo.

El primer error que cometió la familia, las escuelas y la religión, al no existir una educación universal en ellas, fue precisamente este: hacer que Dios se olvidara de sí mismo, entremezclándose con la realidad del personaje humano. Que el personaje humano se sienta Dios (trastorno delirante) no es el despertar espiritual al cual hacemos referencia. La educación universal será la encargada de mostrarnos cómo mantener una sana distancia entre nuestra naturaleza divina y verdadera (espíritu), y el personaje que representamos en el teatro o película del mundo (ego). Al no existir esta educación en lo sagrado, la distancia se rompe y por añadidura surgen dos grandes desórdenes: por un lado, el olvido de nuestra naturaleza esencial y, por otro, que el personaje humano caiga en la ilusión de creer que la obra de teatro o película que representa es real, confundiendo la ficción con la realidad, la ilusión con la verdad, perdiendo la conciencia de que es un juego. Esto mismo pasa en el mundo onírico; el soñador no sabe que los sueños, sueños son. Cuando deja de haber una sana distancia entre el actor que mueve la máscara (el ser verdadero, Dios) y la máscara (personaje, persona), la realidad deja de ser un juego maravilloso que experimentar, distorsionándose en otra cosa.

Una de las primeras filmaciones en la historia del cine ocurrió en 1896, llamada *La llegada de un tren a la estación de La Ciotat*, dirigida por los hermanos Lumière. En ella hay una escena donde el tren avanza directo al público. Como el cine acababa de surgir, muchos de los espectadores que presenciaban aquella escena se levantaban aterrorizados de sus asientos y comenzaban a correr para tratar de salir de la sala. Hoy en día nos podría dar risa pensar en eso, pero en su momento tuvo que ser impactante presenciar aquellas escenas del tren, ya que el cerebro de los espectadores, al no conocer el cine, no podía distinguir la realidad de la ficción. Utilizando esta situación como una metáfora, lo mismo le pasa al cerebro humano cuando aún no conoce las reglas del juego de la realidad y no ha sido desarrollado a través de la educación universal o en lo sagrado.

La persona que somos, y que se formó por la relación entre el cuerpo, el cerebro y los sentidos, con los demás componentes de la realidad, se olvidará de que ella misma es un personaje dentro del juego divino de la realidad. Que Dios se olvide de sí mismo dentro de su propia creación también provoca que el personaje humano se olvide de su naturaleza ilusoria y temporal. Este doble olvido, tanto del ser verdadero como del personaje humano, es el primer gran error que ocasionó la educación parcial que recibimos, y deberá ser considerado como el primer trastorno mental que se forma en todos y todas: *trastorno por identificación con la personalidad o ego.* Por lo mismo se vuelve fundamental articular en el mundo a la educación universal, para que podamos regresar a la naturaleza esencial del ser, a la verdad que está detrás de todas las ilusiones de la vida.

La caída

La religión cristiana explica de forma metafórica la desconexión que sucedió con nuestro ser verdadero (el olvido de Dios) a través del mito de Adán y Eva. El problema de la religión no es la religión en sí misma, sino cómo utilizamos su simbolismo. Cuando nos adentremos en el tema del desarrollo arquetípico comprenderemos con detalle la correcta utilización de las alegorías religiosas. Por ahora tratemos de comprender que las parábolas en los libros sagrados de cualquier religión son estructuras psicológicas y espirituales que reflejan la experiencia humana universal de cada uno de nosotros. Tomar las historias bíblicas o de cualquier religión como hechos históricos es fe ciega e ignorancia. El mito de Adán y Eva es una gran metáfora para entender lo que le sucede al espíritu o alma cuando entra en la encarnación. La psicoespiritualidad nos permitirá comprender a las religiones y los mitos de forma científica.

El mito describe a Adán y Eva felices en el paraíso. Dios les había advertido previamente que no comieran las manzanas del árbol del conocimiento. Un día lo desobedecieron y fue así que perdieron el paraíso, volviéndose mortales. Comer el fruto del árbol de la ciencia del bien y el mal es lo que significa el *pecado original*, que ahora toda la humanidad padece, según el mito cristiano. Por eso mismo, cuando nacemos, la tradición religiosa nos bautiza, con el objetivo de liberarnos de este pecado primordial. Sin embargo, no va a ser suficiente un poco de agua bendita en la cabeza y en la frente para resolver el trastorno por identificación con la persona o ego. La educación parcial, aquella que no comprende cómo desplegar verdaderamente nuestro potencial, también está articulada en muchas religiones, incluida la católica cristiana. Los rituales que se implementan en esta religión no van a ser suficientes para el pleno desarrollo de nuestro potencial.

Lo que está queriendo decir la religión a través del mito de la *caída* es que el cerebro, el cuerpo y los sentidos, cuando se comienzan a relacionar con la realidad y todos sus componentes (mente, tiempo, materia, sonido, color, emociones, sensaciones, necesidades, deseos, otredad, espacio y forma), desde que estamos en el vientre materno, provocará el nacimiento de la identidad material (persona, personalidad, carácter, temperamento, personaje, ego) y naturalmente sucederá el olvido de nuestro origen espiritual. En ese sentido, el pecado original es inherente a la encarnación, a menos que desde pequeños practicásemos meditación, como lo hacen en ciertos monasterios de Oriente. Dios, para entrar en el juego humano, deberá fundirse con la realidad y todos sus componentes. Este olvido natural deberá ser contrarrestado con la educación universal (muchos años de acción terapéutica y meditación), no con agua bendita en la cabeza. Psicológicamente hablando, el mito de la caída es una metáfora que explica el nacimiento de la personalidad, de la persona, olvidándonos de nuestro ser espiritual verdadero.

El árbol del conocimiento o de la ciencia del bien y el mal representa todas las funciones del cerebro sapiens, de nuestra especie pensante, que a través de su saber (experiencia del cuerpo, el cerebro y los sentidos con los demás componentes de la realidad) formará a la persona o personalidad, como una máscara o disfraz que nos permitirá funcionar dentro del teatro o película del mundo. La complejidad del cerebro sapiens es lo que hace que se forme la persona humana, que se va a separar de su creador, creyendo que tiene libre albedrío. Esta situación es equivalente a que el personaje dentro de una obra de teatro o película termine ocupando el lugar de la identidad real del actor fuera de escena o del set, haciendo que el intérprete confunda la ficción con su vida personal.

El conocimiento que se desarrolla dentro del cerebro sapiens, a través de la experiencia con la realidad, durante todas las etapas de la vida, desde que estamos siendo gestados, hasta la vejez y la muerte, va a dormir al espíritu divino (mientras no haya educación universal), nuestro ser verdadero, y eso significará simbólicamente comer la manzana prohibida. Comer el fruto prohibido es lo mismo que volvernos personas, identificados con nuestra historia y la historia del mundo en el tiempo, olvidándonos de la naturaleza esencial del ser, que es inmutable y eterna. Este fenómeno ocurre naturalmente en el cerebro sapiens, por lo que, a menos que pasemos por la educación universal, que permitirá revelar al actor (Dios, Buda, ser verdadero) que está detrás de la máscara (personalidad), viviremos la vida con el velo de ser personas.

En el momento en que sucede el despertar a nuestro ser verdadero, el personaje que somos se convertirá en jugador (sanándose el trastorno por identificación con la persona o ego), puesto que se percatará de la naturaleza ilusoria tanto de él mismo como de la realidad. En el mundo onírico esto se reflejará a través de los sueños lúcidos (el yo onírico sabrá que está soñando). Mientras no suceda el despertar espiritual, seguiremos siendo personas engañadas por la ilusión que llamamos realidad (el yo y su historia).

Como podemos darnos cuenta, la Iglesia y su educación parcial no fue capaz de explicarnos el mito de Adán y Eva de esta manera, ni muchas de sus alegorías, debido a que considera las historias bíblicas como hechos históricos. Al no comprenderse la naturaleza metafórica del simbolismo religioso, no se puede interpretar de manera correcta. El pecado original no es ningún error que cometió el ser humano, es parte de la estructura del juego de la realidad. Es natural que Dios, al entrar en el cuerpo y cerebro sapiens, se olvide de sí mismo a través del personaje humano con el que funcionará en el teatro o película del mundo, por lo mismo, el pecado primordial tendrá que ser contrarrestado con la educación universal, a través de una práctica constante en la meditación, el yoga, la terapia, el arte, etc., para poder ayudarle al cerebro sapiens a recordar su origen divino y no perderlo durante sus etapas de desarrollo. Lamentablemente la educación parcial que recibimos no supo cómo hacerle frente a esta situación. Tanto la ciencia como la religión en nuestra cultura occidental aún están muy lejos de comprender este tema, pues, como mencionamos anteriormente, todos los esfuerzos de la psicología clásica están centrados en la personalidad, no en comprender cómo ir más allá de ella, por lo que aún no ha sido capaz de abrirse a descubrir a la naturaleza esencial del ser.

Mientras el cerebro y la psique no se reconecten a la dimensión transpersonal, la persona o ego será disfuncional. La religión, por su parte, con sus pseudorrituales, tampoco puede darnos una verdadera solución. El pecado original es sinónimo de la *no distancia, identificación o apego* entre la identidad material (persona, ego) y la identidad espiritual, nuestro ser verdadero, por lo que, al no existir una sana distancia, Dios se olvidará de sí mismo dentro de su propio juego y la persona permanecerá engañada, creyendo que el teatro o película del mundo es real, dando lugar a desórdenes en el cerebro y la psique, tanto internos (trastornos mentales) como externos (disfuncionalidad en la familia, trabajo, dinero y sociedad).

Entre más identificación ocurre dentro del cerebro sapiens con el *saber* que va acumulando a través de los años, producto del encuentro constante con la realidad y sus componentes, más profunda se vuelve la caída. Entre más profunda se vuelve la caída, más nos alejamos de comprender que la vida es un juego y más disfuncionalidad aparece en el personaje. La vida se convierte en un problema a resolver, en un drama, e incluso en los niveles más profundos de la caída se sentirá como el infierno mismo. A continuación veremos con más detalle la no distancia, identificación o apego (pecado original), comprendiendo la caída (desconexión con nuestro ser verdadero) a través del enfoque budista.

La identificación y el apego

El budismo, más que una religión, es una ciencia psicoespiritual. Su manera de explicar los procesos universales de la realidad es muy útil, puesto que no se expresan desde la fe o la mente supersticiosa, sino desde una comprensión profunda de la psique humana. Para el budismo, la caída en el mito cristiano es la *identificación y apego* que el cuerpo y el cerebro, a través de los sentidos, van a generar al relacionarse y proyectarse con los demás componentes de la realidad: mente, tiempo, materia, sonido, color, emociones, sensaciones, necesidades, deseos, otredad, espacio y forma. Esto sucede de manera natural, puesto que los componentes de la realidad son muy atractivos para nuestros sentidos, por lo que el cerebro perseguirá constantemente los estímulos sensoriales que le den gratificación, alejándose de los que le hacen sentir incómodo y desdichado. Así es como sucede la formación de deseos y miedos, y también la identificación y el apego.

En la metáfora de la caída del mito cristiano, este impulso del cerebro y los sentidos a la identificación y apego, que se expresa como enganche o aversión hacia los componentes de la realidad, por considerarlos atractivos o repulsivos, está representado por la *tentación* que Dios siembra en Adán y Eva cuando les prohíbe comer del árbol de la ciencia del bien y el mal. La prohibición es la otra cara de la tentación. En el budismo (psicología oriental), la metáfora de la tentación se expresa como los deseos y miedos naturales que se forman en el cerebro y los sentidos cuando se relacionan con los demás componentes del mundo material.

Estos procesos de identificación y apego (deseos y miedos) se intensificarán por nuestro pasado (personal y ancestral) no resuelto, a los cuales el budismo les llama *karmas* o *huellas kármicas*. Esta actividad psíquica, fundamentada en el deseo y el miedo, enganche o aversión, proyectada hacia los componentes de la realidad, es la personalidad, persona, personaje o ego. La personalidad está conectada con todo el pasado no resuelto y con la identificación natural del cerebro y los sentidos a los demás componentes de la realidad. Sin una educación universal, el cerebro y los sentidos vivirán proyectándose constantemente hacia el exterior, a través de esta actividad de enganche y aversión, deseos y miedos, desconectándonos de nuestro ser interno y verdadero (nuestro centro más profundo), aquel que no tiene deseos ni miedos, y que no está enganchado ni tiene aversión a los componentes de la realidad. Cuando el enganche o proyección hacia el exterior es menor, le llamaremos identificación, cuando es mayor, le llamaremos apego.

La gran diferencia entre el budismo y el mito cristiano es que el primero sí tiene herramientas que permiten la solución al pecado original o caída (identificación y apego), mientras que la Iglesia, con su ritual del bautismo, aborda la problemática de una manera superficial, sin posibilidad de resolverla. Las herramientas del budismo, que también fundamentan a toda la psicología oriental y que nos permiten solucionar esta problemática existencial que sucede en el cerebro sapiens, por causa de la encarnación (apego primordial) y del pasado no resuelto (karmas), son el *yoga* y la *meditación*. Ya estaremos hablando de ellas más adelante, puesto que son pilares fundamentales en la educación universal y la psicoespiritualidad.

La psicología occidental, por su parte, como ya hemos mencionado, no contempla que la personalidad, personaje o persona es un subproducto del cuerpo, el cerebro y los sentidos, proyectados e identificados hacia los componentes de la realidad. Al no concebir tan importante cuestión, todos sus fundamentos se centran en resolver los trastornos de la personalidad, del carácter, del temperamento y la conducta, para intentar llevarnos a una vida plena. Sin embargo, a la psicología occidental, como aún se conoce hoy en día, no le quedará más que fallar en sus esfuerzos, porque a menos que logremos reconectarnos con la naturaleza esencial del ser y aprendamos a mantener una sana distancia entre nuestra esencia divina y el personaje humano que nos tocó representar, no se podrá alcanzar la plenitud, equilibrio y libertad tan añorados. Por lo mismo es necesario asomarnos a las teorías y prácticas de la psicología oriental para entender cómo resolver el problema del pecado original (identificación y apego) realmente, no de forma supersticiosa, como lo pretende hacer el mito cristiano, sino de manera formal y científica, como lo plantea el budismo, y también la ciencia de la psicoespiritualidad, en la cual profundizaremos más adelante.

Para entender con más precisión el proceso de identificación del cerebro y los sentidos hacia los demás componentes de la realidad, pongamos el ejemplo de dos amigos que asisten a un partido de futbol donde jugará el equipo preferido de cada uno. Durante el partido, comienzan las tensiones entre ellos, y dejan de disfrutar el juego porque cada uno quiere ganar. Al término de la competición, uno de ellos, el que le va al equipo que perdió el partido, queda tan enojado que no vuelve a buscar nunca más a su amigo, alejándose para siempre de él. Esta persona presenta apego a su equipo de futbol. Recordemos que el apego es el proceso de identificación pero de forma más intensa. Así como estas personas del ejemplo estaban identificadas con sus equipos, y una de ellas incluso estaba apegada a su equipo, el cerebro y los sentidos se proyectan constantemente a los diferentes componentes de la realidad.

A veces la identificación y el apego es a situaciones, paisajes, hábitos, lugares, personas, pensamientos, creencias, emociones, sensaciones, autoimagen, sueños, pesadillas, etc. Estamos tan acostumbrados a vivir identificados y apegados a los componentes de la realidad que consideramos normal vivir así. Cuando el cerebro y los sentidos se identifican o se apegan a los componentes de la realidad, surge nuestra personalidad o persona, y percibimos la realidad desde el falso yo.

El proceso de identificación y apego nos hace perder la conexión con nuestro ser verdadero, el Buda. La conciencia cósmica y divina (supraconciencia) queda reducida a percibir y experimentar la vida desde el ego, por causa de la identificación y apego a los componentes de la realidad. Este proceso de enganche es lo que significa la caída, la pérdida del paraíso en el mito cristiano. Toda vez que logremos desenganchar al cerebro de estos procesos de identificación y apego, que también se intensificarán por el pasado no resuelto, podremos reconectarnos con nuestra naturaleza divina y verdadera, y ser libres.

Psicología y religión

Todas las teorías y los enfoques de la psicología clásica expresan la importancia de las primeras relaciones interpersonales, particularmente aquellas entre el niño y sus cuidadores, y cómo estas influyen en el desarrollo de la personalidad y en la capacidad de formar relaciones saludables en la vida adulta. A estas teorías también se les conoce como *teorías de las relaciones objetales* y fueron desarrolladas en un inicio por discípulos y seguidores de Sigmund Freud (padre de la psicología clásica), como Melanie Klein, Donald Winnicott y Ronald Fairbairn, entre otros. Ellos ampliaron el enfoque freudiano al poner un mayor énfasis en la influencia de las relaciones interpersonales tempranas y menos en la sexualidad como fuerza motivadora central. El término *objeto* en este contexto no se refiere a un objeto físico, sino a una persona que satisface una necesidad o deseo emocional.

Dependiendo de cómo hayan sido estas primeras relaciones objetales, habrá distintas implicaciones psíquicas. Melanie Klein, una de las principales figuras en el desarrollo de estas teorías, argumentó que los bebés y los niños pasan por dos posiciones fundamentales en sus relaciones objetales (generalmente es la madre la figura cuidadora); la posición esquizo-paranoide, en la que el hijo divide sus experiencias en buenas y malas, y la posición depresiva, en la que el bebé comienza a integrar estas experiencias y a reconocer que el objeto (la madre) es una figura dual con aspectos positivos y negativos.

Por su parte, el psicoanalista británico John Bowlby desarrolló la *teoría del apego*, donde definió diferentes estilos de apego (seguro, ansioso, evitativo y desorganizado) para explicar el impacto duradero de las relaciones interpersonales tempranas a lo largo de toda la vida. Los estilos de apego son patrones de relación que se desarrollan durante la infancia, a partir de las interacciones con los cuidadores principales, y que influyen en cómo las personas se relacionan en la vida adulta. Estos estilos de apego no solo afectan las relaciones románticas, sino también las amistades, las relaciones laborales y la manera en que las personas crían a sus propios hijos. La psicóloga Mary Ainsworth también jugó un papel crucial para la expansión y profundización de la teoría del apego.

Los niños con *apego seguro* sienten confianza en que sus cuidadores estarán disponibles y responderán a sus necesidades. Estos niños exploran su entorno con confianza, buscando consuelo y seguridad en sus cuidadores cuando se sienten angustiados. Los adultos con apego seguro suelen tener relaciones saludables, basadas en la confianza, la intimidad y la reciprocidad. Suelen tener una visión positiva de sí mismos y de los demás, y suelen ser capaces de manejar los conflictos de manera constructiva. Los niños con *apego ansioso* muestran ansiedad excesiva ante la separación del cuidador y no se consuelan fácilmente cuando el cuidador regresa. Estos niños a menudo son inseguros acerca de la disponibilidad y la respuesta de su cuidador. Los adultos con este estilo de apego pueden ser dependientes y buscar constante reafirmación en sus relaciones. Temen el rechazo y son percibidos como necesitados o demasiado intensos emocionalmente. Suelen tener una visión negativa de sí mismos, pero positiva de los demás. Los niños con *apego evitativo* tienden a no mostrar ansiedad cuando se separan del cuidador y tampoco buscan consuelo en su regreso. Aprendieron a reprimir su necesidad de proximidad porque sus cuidadores han sido emocionalmente inaccesibles o insensibles. Los adultos con apego evitativo suelen ser independientes y tienden a evitar la intimidad emocional. Pueden ser percibidos como distantes o poco afectuosos. Tienen una visión positiva de sí mismos, pero negativa de los demás. Evitan depender de otros y de permitir que otros dependan de ellos. Por último, los niños con *apego desorganizado* muestran comportamientos contradictorios o confusos en presencia del cuidador. Pueden parecer desorientados o asustados, y a menudo tienen una fuente de seguridad que también es una fuente de miedo. Este estilo de apego suele desarrollarse en contextos de abuso, violencia intrafamiliar y traumas severos. Los adultos con apego desorganizado pueden tener dificultades significativas en sus relaciones, a menudo mostrando patrones caóticos o impredecibles de apego. Luchan con sentimientos de miedo, desconfianza y paranoia hacia los demás, presentando fuertes problemas de regulación emocional y autoimagen.

A partir de los estilos de apego, se formarán distintos trastornos mentales en la vida adulta. Sin embargo, lo que no contemplaron John Bowlby y Mary Ainsworth en su teoría del apego es que los tipos de apego no solo están vinculados con las relaciones interpersonales tempranas, sino también con las memorias traumáticas ancestrales. Una persona pudo haber sido criada correctamente por sus progenitores o cuidadores, pero si alguno de sus padres, abuelos o bisabuelos hubiese perdido a alguno de sus progenitores (de niños o adolescentes) por abandono de hogar o muerte prematura, el trauma de abandono se transmitirá a las siguientes generaciones, provocando apego ansioso, evitativo o desorganizado en los descendientes.

El tipo de apego y su intensidad estará determinado por el número de ancestros que hubiesen padecido trauma de abandono, violencia intrafamiliar, abuso sexual, etc. En general los árboles genealógicos presentan varios lutos no resueltos por abandono de hogar o muerte prematura, varios abusos y casos de violencia intrafamiliar. Uno de los grandes errores de la psicología clásica ha sido creer que toda la disfuncionalidad en nuestra vida adulta proviene de la infancia, ignorando la influencia psicogenética de nuestros ancestros. Ya hablaremos del árbol genealógico más adelante. También a la teoría de Bowlby le faltó incluir el *apego enfermizo*, aquel que aparece cuando el número de traumas personales y ancestrales lleva a los individuos a la psicopatía (disfuncionalidad extrema).

En lo que respecta a la *religión*, es necesario comprender que sus estructuras simbólicas, aquellas que conforman sus libros sagrados y rituales, son esquemas de desarrollo psicológico y espiritual. Al igual que las teorías y los enfoques de la psicología, la religión plantea a través de sus conocimientos, expresados por medio de maestros espirituales, mitos, parábolas, alegorías y arquetipos, un camino de desarrollo humano y espiritual. El médico, psiquiatra y psicólogo suizo Carl Gustav Jung, alumno también de Freud, veía a la religión y la espiritualidad como expresiones importantes de la psique humana. Consideraba que los símbolos religiosos y los ritos espirituales tenían una función psicológica, ayudando a las personas a desarrollarse y facilitar el despligue de su potencial. No es fácil comprender la relación que hay entre religión y psicología, pero será necesario profundizar en ello para poder vislumbrar una correcta estructura de la psique y de la realidad, que nos permitirá también comprender los fundamentos de la psicoespiritualidad y la educación universal o de lo sagrado.

El mito de Adán y Eva expresa la pérdida del paraíso. A nivel psicológico, el paraíso es la fusión que teníamos con la madre en el proceso de gestación y primeros meses posteriores al nacimiento, siempre y cuando hayamos sido deseados por nuestros padres, de lo contrario la pérdida del paraíso comenzará desde los primeros días de nuestra gestación. Conforme nos vamos separando de la madre y dejamos de ser uno con ella, para comenzar a percibirnos separados de ella, vamos perdiendo el paraíso. A través de la alegoría religiosa de la caída de Adán y Eva se está representando este proceso psicológico de separación con *Dios Madre*. Si en los siguientes años de relación con ella, y, en general, con los cuidadores del niño no hay una relación de amor, atención y respeto, la caída será más profunda. La profundidad de la caída será directamente proporcional a los distintos estilos de apego propuestos por el psicoanalista John Bowlby, de forma que los grados de disfuncionaldad en nuestra vida adulta estarán determinados por la profundidad de la caída en la infancia y el pasado ancestral no resuelto (karmas). En ese sentido, si los cuidadores logran ofrecerle al niño una crianza basada en el amor, la atención y el respeto, será más probable que el niño desarrolle apego saludable, seguro, y aunque interiormente se separe de manera gradual de la madre y de sus cuidadores, lo hará de forma saludable, sin que se forme una herida psicológica o trauma.

El budismo, por su parte, plantea que el cerebro y los sentidos, al relacionarse con el mundo material (el mundo de la forma), comenzarán a proyectarse y engancharse a los objetos (a las formas), ya sea por enganche (deseo) o aversión (miedo). Estos objetos a los que hace alusión el budismo incluyen a los cuidadores (teoría de las relaciones objetales), pero también a los demás componentes de la realidad: mente, tiempo, materia, sonido, color, emociones, sensaciones, necesidades, deseos, otredad, espacio y forma.

Lo que plantea sabiamente la psicología oriental es que se deberá educar al cerebro y los sentidos a través de los cuidadores en un primer momento (crianza con amor, atención y respeto), pero también deberá realizarse la práctica constante de la meditación y el yoga, para enseñarle a la psique a relacionarse sanamente con el mundo de la forma, logrando poco a poco un apego seguro o saludable, que el budismo conoce como *desapego*, lográndose como consecuencia una vida plena.

No será suficiente tener un apego seguro o saludable, como lo plantea la psicología, para alcanzar la libertad y plenitud, puesto que estas incluyen necesariamente el desarrollo psicoespiritual, y, para lograrlo, será necesario reorientar al cerebro y los sentidos hacia adentro, a través de la meditación y el yoga, enseñándole a desengancharse (apego saludable) no solo de los objetos primarios (los cuidadores), sino del mundo material y todos sus componentes (materia, tiempo, mente, etc.). El cerebro y los sentidos, proyectados y enganchados hacia las formas, crearán patrones de conducta y distintos tipos de personalidad, que, en el fondo, también están relacionados con los distintos estilos de apego.

Los grados de apego en el budismo son los karmas, las distintas esferas en la rueda del samsara. Los grados de apego en el cristianismo serán los pecados (original y capitales) que no permiten la conexión con el reino de los cielos. Desde una perspectiva cristiana, cuando Jesús menciona en el padrenuestro la frase "no nos dejes caer en la tentación", en realidad lo que está expresando es que debemos aprender a vivir la vida conectados a nuestro ser divino y verdadero (reino de los cielos), que desde una perspectiva budista es sinónimo de vivir en el nirvana (desapego), y desde una perspectiva psicológica profunda significaría, por un lado, alcanzar un apego seguro (sanación del pasado personal y ancestral) y, por otro, la trascendencia del yo. Sin embargo, la psicología clásica, al no concebir la dimensión espiritual, ha caído en el engaño de pensar que lograr el apego seguro (personalidad funcional) será suficiente para llevarnos a una plenitud de vida, pero esto no será así, puesto que también será necesario conocer lo que está más allá de la personalidad y sus estilos de apego; aquello que por naturaleza divina no está apegado a nada (Dios, Buda). En términos generales, alcanzar el desapego (budismo), el apego seguro-saludable (psicología) y vivir sin caer en la tentación (cristianismo) significará haber conseguido una sana personalidad, una excelencia como jugadores en el juego de la vida y, al mismo tiempo, un despertar espiritual (trascendencia).

TIPOS DE APEGO

TIPO DE APEGO	TRAUMAS RECIBIDOS	DISFUNCIONALIDAD	TRASTORNOS MENTALES	CONEXIÓN ESPIRITUAL
Apego saludable	Heridas psicológicas y traumas resueltos	Funcionalidad Éxito	No existen	Reino de los cielos Nirvana No dualidad
Apego ansioso	Uno personal + Uno ancestral	Necesidad de aprobación Miedo al abandono	Ansiedad Fobias Obsesiones Control	La caída Tentaciones
Apego evitativo	Dos personales + Dos ancestrales	Desconexión emocional extrema	Narcisismo Depresión	Miedo a Dios
Apego des-organizado	Tres personales + Tres ancestrales	Inmoralidad	Paranoias	Extrema dualidad Moral tóxica
Apego enfermizo	Cuatro o más personales + Cuatro o más ancestrales	Conducta anti-social	Delirios TLP Bipolaridad	Psicología diabólica Infiernos

Nuestro centro más profundo (el ascenso)

Al resolver la situación del apego primordial (pecado original) y los traumas personales y ancestrales de nuestro pasado no resuelto (karmas, pecados capitales), podemos reconectarnos con nuestro centro más profundo permanentemente. Esa conexión la teníamos de recién nacidos y en la niñez temprana, pero se fue perdiendo por la educación parcial que recibimos, por la familia, sociedad y cultura, y también porque sin la educación universal el cerebro se fue proyectando y enganchando hacia los componentes de la realidad, conforme fue experimentando la vida. Este impulso natural del cerebro hacia el enganche o aversión es lo que en el mito cristiano se conoce como la *tentación*. Cuando Cristo dice en el padrenuestro "no nos dejes caer en la tentación" no se refiere a una situación sexual, sino a la desconexión que sucede con nuestro interior, producto del cerebro y los sentidos proyectados e identificados hacia cualquier componente de la realidad.

Permanecer conectados a nuestro centro más profundo es el equivalente a que el cerebro y los sentidos queden reorientados hacia el interior a través de la práctica de la meditación. Eso provoca naturalmente el ascenso, el desapego natural, la no identificación con los componentes de la realidad ni con el saber del cerebro sapiens. También Cristo dijo: "El reino de los cielos está dentro de nosotros". Cuando logramos regresar a nuestro centro más profundo sucede la recordación del ser divino y verdadero, el conocimiento de nuestra naturaleza esencial, el despertar espiritual. En el mundo onírico se reflejará como el sueño lúcido.

Desde el enfoque budista, el concepto cristiano de tentación son los deseos y miedos que se forman en nosotros por un cerebro que está proyectado hacia el exterior, identificado con los componentes de la realidad (dualidad). La proyección hacia el exterior forma al espejismo de la persona, personalidad, personaje o ego. Disolviendo esa proyección, a través de la meditación, es como se aclara el espejo y uno puede despertar a la realidad trascendental (no dual), donde todo es reconocido como el juego divino. El paraíso está en todo, pues todo es sagrado. Es la identificación o apego con la persona que somos y los demás componentes de la realidad lo que no permite que podamos vivir conectados con nuestro centro más profundo. No caer en la tentación significaría primero reconocer nuestro centro más profundo y después aprender a vivir sin desconectarnos de él.

Mientras no recibamos una educación universal, que incluye necesariamente a la terapia, el yoga (hatha, bhakti, yoga de los sueños) y la meditación, el cerebro se seguirá proyectando hacia el exterior, creando identificación con los componentes de la realidad. Mientras los procesos de identificación y apego estén sucediendo en el cerebro, no habrá una sana distancia entre la persona o ego que nos tocó representar y nuestro ser verdadero; esta *no distancia* estará creando confusión y desorden en el cerebro, en la psique y en todas las áreas de nuestra realidad externa. En otras palabras, viviremos constantemente cayendo en la tentación, incapaces de experimentar a nuestro ser verdadero. La caída en el mito cristiano es precisamente la metáfora de la desconexión con nuestro centro más profundo; el ascenso significará el regreso a lo más profundo de nuestro interior, a la conciencia divina.

El primer trastorno mental que aparece en todos y todas, y que la educación (y la psicología) deberá atender inevitablemente, si quiere ayudarnos a desplegar todo nuestro potencial, es justamente el de haber quedado desconectados de nuestro centro más profundo, por la relación que sucede entre el cuerpo, el cerebro y los sentidos, con los demás componentes de la realidad. A este trastorno le he llamado *trastorno por identificación con la personalidad o ego*, simbolizado en el mito cristiano por el pecado original. La psicología occidental no considera esta desconexión, porque no contempla lo que está más allá de la personalidad y del teatro del mundo (situaciones y conductas), permaneciendo ciega ante el aspecto trascendental de la psique y la existencia. Por su parte, la psicología oriental ha centrado todos sus esfuerzos, desde miles de años atrás, en enseñarnos a permanecer conectados con nuestro centro más profundo, sin caer en la tentación (enganche, identificación, apego) hacia el mundo de las formas (componentes de la realidad). En nuestro centro más profundo se encuentra lo divino, y fuera de este, la personalidad o persona humana, la mente, el tiempo, la materia, etcétera.

Hablar de Dios o de lo divino es hacer referencia al espíritu inmortal del universo, a la energía cósmica y divina que anima todo lo creado. Nuestro centro más profundo es de naturaleza espiritual y no tiene ningún trastorno mental, nunca lo tendrá, es la salud universal. Los trastornos mentales forman parte de la dimensión material, no de la espiritual. Se vuelve fundamental que tanto la pedagogía como la psicología occidental incluyan una metodología que sea capaz de ayudarnos a permanecer en contacto con nuestro centro más profundo en todas las etapas de nuestro desarrollo. Lamentablemente ni los gobiernos, ni las instituciones, ni las iglesias, ni las familias se han percatado de lo peligroso que es ofrecer una educación que desconecte a los individuos de su centro más profundo. La desconexión con nuestro interior va a provocar todos los trastornos mentales que se conocen hoy en día, y, también en un nivel más amplio, todas las problemáticas sociales que padecemos, como consecuencia de millones de individuos desconectados de su centro más profundo. Conectarnos con nuestro centro más profundo es permitirle al cerebro sapiens conocer gran parte de su potencial psicoespiritual, aquel que después tendremos que aprender a desplegar hacia el exterior, si queremos lograr la autorrealización y triunfar en el juego de la vida.

En nuestro centro más profundo se encuentra el espíritu de Dios, libre de todos los demás componentes de la realidad, incluido el juego y el jugador, los sueños y el soñador, por lo que será esencial la reconexión con el mismo, tanto en la vigilia como en el mundo onírico, si queremos triunfar como jugadores y ganar el juego. Solo cuando la persona reconoce lo que está más allá de ella, puede volverse plenamente funcional.

Recordemos que la no distancia entre el actor y el personaje no es el verdadero arte de la actuación y trae como consecuencia que el actor confunda la ficción con la realidad, peligrando su identidad y su vida. De la misma forma, vivir conectados con nuestro centro más profundo, nuestro ser verdadero, permitirá que nuestra persona o ego sea capaz de convertirse en un excelente jugador. La desconexión con nuestro centro más profundo nos hará pésimos jugadores en el juego de la vida, porque viviremos el juego de la realidad con enganche y apego, miedo y aversión, cayendo constantemente en la tentación. Al contrario, aprender a vivir conectados con nuestro centro más profundo nos permitirá una soltura y funcionalidad frente al juego de la realidad, que nos permitirá alcanzar la excelencia como jugadores y triunfar en el mismo.

El desarrollo de la persona humana hasta alcanzar la excelencia como jugador será un proceso que se deberá realizar en paralelo al proceso de reconexión con nuestro centro más profundo. Este doble proceso es toda la metodología que fundamenta a la psicoespiritualidad y en gran medida también a la educación universal.

La caída de Adán y Eva expresa de forma metafórica lo que significa la separación con nuestro centro más profundo. La educación parcial que recibimos, al permitir únicamente el desarrollo de algunas de nuestras facultades, principalmente las cognitivas, nos fue desconectando de nuestro interior, de forma que nos fuimos identificando gradualmente con la identidad material, el falso yo. Al no haber distancia entre nuestra esencia divina y el personaje humano que representamos en la película del mundo, perdimos la conciencia de que la vida es un juego, perdimos la capacidad de jugar, la libertad, la fuerza natural, la paz trascendental, la compasión universal y el amor incondicional, cualidades inherentes de vivir conectados con nuestro centro más profundo.

Los procesos de identificación y apego a los componentes de la realidad provocan un desvanecimiento de las cualidades de libertad, equilibrio y plenitud, provenientes de la conexión con nuestro centro más profundo. Conectados a nuestra verdad interior, sucede un desapego natural con la realidad, que le permite a la persona ego comprender que ella misma es de naturaleza ilusoria y pasajera; la persona ego no es ilusoria, como la inteligencia artificial, ni tampoco es un robot, es un *ser humano*.

El ser humano es el personaje que Dios va a representar dentro del juego divino que es su obra. La persona humana funciona dentro del teatro o película del mundo de la misma forma en que los personajes del teatro o cine se desenvuelven. Si el actor de teatro o cine pierde de vista que está actuando, aparecerá la locura, los trastornos mentales en el intérprete. Lo mismo le sucede al cerebro y la psique cuando la persona humana, personaje o personalidad nos desconecta de nuestro centro más profundo (el Buda, nuestro ser verdadero), sucederá un olvido de nuestra naturaleza trascendental espiritual y aparecerán desórdenes en la psique, originando distintos trastornos mentales y bloqueos en las áreas de nuestra realidad externa.

Desde la visión de la psicoespiritualidad, todos los trastornos mentales que buscan resolver la psicología y psiquiatría en la cultura occidental son procesos de identificación y apego, producto del deseo y el miedo que manifiesta el cerebro irremediablemente, cuando no se incluye la práctica de la meditación y yoga. Para la psicología oriental, el ego es una formación cerebral que aparece por la falta de meditación y yoga. Por lo mismo, la psicología oriental no concibe el camino de la vida sin la meditación y el yoga. Estas herramientas serán el alimento del cerebro (y la psique) para permanecer libre de sus proyecciones, identificaciones y apegos, por lo que deberán convertirse en un hábito cotidiano, como comer y trabajar.

Desde la visión cristiana, el ser humano vivirá en pecado hasta que pueda ser salvado por Dios. La salvación entonces sería, vista desde una perspectiva correcta, el regreso a nuestro centro más profundo: el lugar dentro de nosotros más allá del tiempo, la mente y la materia. Toda vez que podamos ser reconectados con nuestro centro más profundo, estaremos naturalmente desenganchados y desidentificados de todos los componentes de la realidad, libres de caer en tentaciones, y eso es la *salvación*. Por siglos la educación parcial que articula a la religión cristiana ha estado sosteniendo que la salvación sucederá después de la muerte, pero esas creencias provienen de la identificación con el pensamiento, con la mente y el tiempo.

Cada vez que hay identificación con algún componente de la realidad perdemos la conexión con nuestro centro más profundo, donde no existe el apego al tiempo, ni a la mente, ni a la materia, ni a nada. Por lo mismo, toda vez que podamos regresar a nuestro centro más profundo, será muy sencillo comprender que la muerte es una proyección mental del futuro; la salvación ya es aquí y ahora en tanto que podamos regresar a nuestro interior, desidentificados de la mente y sus proyecciones, del tiempo y la materia, desapegados incluso del personaje que nos tocó representar en el teatro o película del mundo.

Para regresar a nuestro interior, a nuestro centro más profundo, y resolver el problema de raíz del apego primordial o pecado original, se necesitará la práctica del yoga (hatha yoga y yoga de los sueños), la meditación, la terapia, el arte y el desarrollo arquetípico, entre muchas otras estrategias. La psicoespiritualidad y la educación universal, en las cuales seguiremos profundizando, nos explicarán con sumo detalle el camino que debemos seguir para alcanzar este objetivo sublime.

A través del siguiente diagrama podemos comprender de mejor manera lo que significa *nuestro centro más profundo*, que es donde se encuentra la nada divina, el vacío espiritual, la naturaleza esencial del ser. Fuera de él, en el exterior, se encuentran todos los demás componentes de la realidad: mente, tiempo, materia, sonido, color, emociones, sensaciones, necesidades, deseos, otredad, espacio y forma.

Podríamos decir que en nuestro centro más profundo, donde se encuentra Dios o el espíritu, se encuentra el *no componente*, y se puede conceptualizar de la siguiente manera: el no concepto, la no materia, la no mente, la no imagen, la no forma, la no persona, el no tiempo, el no color, el no sonido, la no dualidad. Por lo mismo, se puede hablar y describir a la naturaleza esencial del ser, pero en última instancia, solo podremos conocerla cuando nos movamos a lo más profundo de nosotros mismos a través de la meditación y el yoga.

El místico y sabio Lao Tsé dijo: "El Tao (la Verdad) que puede ser nombrado, no es el Tao Eterno". Esta frase expresa la idea de que la realidad última es indescriptible e inefable. Cualquier intento de definirlo o nombrarlo lo limita y lo separa de su verdadera naturaleza. Por lo mismo, ni las palabras, ni los conceptos, ni las creencias, ni la mente son nuestro centro más profundo. Es por esta razón que la psicología occidental, al no tener herramientas (meditación, yoga) que le permitan ir más allá de la mente, más allá de los procesos cognitivos, más allá de los sueños y pesadillas (sueño lúcido), no podrá descubrir la naturaleza esencial del ser, y tampoco comprender lo fundamental que es para la salud mental y la consecución del bienestar general. Tampoco la religión cristiana lo ha podido hacer, puesto que por siglos le ha hecho creer al ser humano que Dios está fuera de él, separándolo aún más, a través de creencias tóxicas, de su centro más profundo.

Caer en la tentación será desconectarnos de nuestro centro más profundo (pecados); los procesos de identificación y apego con alguno o todos los componentes de la realidad significará desconectarnos de nuestro centro más profundo (karmas). Ser personas que viven en el tiempo y que se olvidaron de la esencia espiritual será habernos desconectado de nuestro centro más profundo (ego). Sentir que algo nos falta, que algo está mal, vivir preocupados por el "qué dirán", presionados por los pendientes del día a día, teniendo que controlar a los objetos dentro de la realidad dual, será habernos desconectado de nuestro centro más profundo. Vivir con trastornos mentales, volviéndonos disfuncionales en una o varias áreas de nuestra vida, será estar desconectados de nuestro centro más profundo. Tener una baja autoestima, no saber poner límites y no creer en nosotros mismos, será sinónimo de estar desconectados de nuestro centro más profundo. No poder ser auténticos y vivir imitando a otros personajes significará estar desconectados de nuestro centro más profundo. Ser falsos, no saber amar incondicionalmente y no poder ser verdaderos, será estar desconectados de nuestro centro más profundo. Dormir y no ser conscientes de que estamos soñando, alcanzando la lucidez en la dimensión onírica, significará dormir desconectados de nuestro centro más profundo.

El despliegue de nuestro potencial completo inicia con la reconexión de nuestro centro más profundo. Desde niños gradualmente nos fuimos desconectando de nosotros mismos por la identificación y apego a los distintos componentes de la realidad, y también por la educación incompleta y llena de errores (heridas psicológicas, traumas) que recibimos, tanto nosotros como nuestros ancestros. Fue así como nuestro potencial completo se fue reprimiendo y cerrando, imposibilitando nuestra autorrealización.

El todo en todo (la todeidad)

Otra manera de comprender a la naturaleza esencial del ser, a la dimensión espiritual, a nuestro centro más profundo, de una forma más moderna, es comprender que cuando nos conectamos con nuestro centro más profundo en realidad nos estamos sintonizando con el todo en todo. Tenemos acceso a nuestra totalidad cuando quedamos libres de los procesos de identificación y apego, cuando dejamos de engancharnos con el exterior, con el "qué dirán", con la necesidad de control, afirmación y aceptación del entorno, con la autoimagen, con los deseos y necesidades, con nuestras emociones, pensamientos y sensaciones, con la forma, la mente y el tiempo. Conocemos nuestra totalidad en el momento en que el cerebro y los sentidos dejan de proyectarse hacia el exterior. Nuestra totalidad florece en el momento en que tomamos distancia con todo aquello que se encuentra en la periferia del círculo.

En el centro del círculo se encuentra nuestra esencia y en la periferia del mismo están todos los componentes de la realidad: mente, materia, tiempo, forma, pensamientos, emociones, sensaciones, tentaciones, etc. Movernos de la periferia al centro del círculo es vibrar nuestra totalidad. Ser verdaderamente nosotros mismos significa ser totales. Cuando alcanzamos nuestra *todeidad* nos conectamos con la verdad universal que vive dentro de nosotros y que también se encuentra en todas partes y al mismo tiempo. Toda vez que nos conectamos a ella, aparecen por añadidura las cualidades universales del amor incondicional, la paz trascendental, la fuerza natural, la dicha, la creatividad, la claridad, la humildad y la compasión. Toda vez que vibramos nuestra todeidad podemos percibir al todo en todo, no solo en nosotros mismos sino en todo; desde una hormiga, una hoja que cae de un árbol o un pájaro que vuela, hasta en un pordiosero, un millonario, la explosión de una galaxia o el nacimiento de un hoyo negro por la muerte de una estrella. En todo está el todo. Regresar a nosotros mismos, a nuestra esencia divina y verdadera, es regresar al todo. Este todo sin fragmentos es el sí mismo (el ser verdadero), la unidad, libre de la persona humana que vive atrapada en un sueño de separación y sus historias en el tiempo. La unidad que está en todo y es libre de la mente, la forma y el tiempo, y de todas las historias que suceden dentro del teatro o película del mundo, y de todos los personajes que forman parte de ellas. Sentir al todo en todo es percibir que todo está conectado y que la vida es un eterno presente, donde no hay nadie, más que Dios. Ya hablaremos a fondo del despertar espiritual más adelante. Primero será necesario comprender todo aquello que nos separa de nuestro centro más profundo y cómo a través de la psicoespiritualidad y la educación universal es que podremos ir recuperando nuestra todeidad, para manifestarla en el mundo y alcanzar el éxito en todas las áreas de nuestra vida.

Resumiendo, la cultura occidental no sabe que en nuestro centro más profundo se encuentra la verdad trascendental, la plenitud y libertad totales, exenta de disfuncionalidad y trastornos mentales, libre de pecados, de karmas, de historias en el tiempo y del mismo juego humano de la realidad. La educación que recibimos por la familia, la sociedad y la cultura se enfoca en buscar afuera de nosotros la plenitud, el éxito y la felicidad. Todo ha sido articulado para que nos desconectemos de nuestro interior y a ese fenómeno la Iglesia le ha llamado la caída, y el budismo, la rueda del samsara (procesos de identificación y apego).

La psicología y la psiquiatría occidentales (*DSM-5*) lamentablemente no incluyen el tema de la desconexión con nuestro centro más profundo (trastorno por identificación con la persona o ego), porque no lo contemplan; han quedado enredadas en los procesos mentales, en el saber del sapiens, en la idea de que el personaje que representamos (personalidad, ego) y el teatro del mundo (situaciones, necesidades, motivaciones, conductas) son todo lo que existe.

La psicología occidental aún no ha logrado comprender las realidades supremas del alma y cómo estas coexisten con la psique humana. Dios o el Buda (nuestro ser verdadero) y la personalidad (persona, ego) son dos caras de una misma moneda, son aparentes opuestos que en realidad se complementan. Será necesario conocer una nueva psicología, un nuevo modelo metapsicológico capaz de mostrarnos la estructura completa de nuestra psique en relación con el universo, y que al mismo tiempo pueda ofrecernos un camino certero hacia nuestra autorrealización. Precisamente uno de los propósitos esenciales de este libro será el de mostrarnos con sumo detalle este nuevo enfoque psicológico llamado la *psicoespiritualidad*.

La psicoespiritualidad: hacia una metapsicología o psicología holística

Si queremos lograr el despliegue de nuestro potencial completo y alcanzar nuestra autorrealización, obteniendo el éxito tanto interno como externo, conquistando el juego de la vida, tendremos que desarrollar dos grandes procesos de forma paralela. Este *doble camino* deberá ser transitado para lograr nuestra plenitud, equilibrio y libertad. Estos dos magnos procedimientos que debemos realizar de manera paralela y que conforman a la psicoespiritualidad son, por un lado, la reconexión con nuestro centro más profundo, y, por otro, el desarrollo de nuestra persona humana (personalidad, ego) hasta alcanzar la excelencia en el juego de la vida. Estos dos procesos también se pueden entender como el *despertar espiritual* y el *proceso de individuación.* Juntos representan nuestro potencial completo desplegado, la autorrealización. El desarrollo de cada uno de estos procesos complementará al otro.

Todos los esfuerzos para alcanzar nuestro centro más profundo se centrarán en la práctica de la meditación, el hatha yoga, el yoga de los sueños, el desarrollo arquetípico y en todo aquello que le permita al cerebro ser reorientado al eterno presente. Por lo mismo, la psicoespiritualidad se asoma en las religiones para comprenderlas verdaderamente, ya que estas presentan arquetipos, símbolos, parábolas y alegorías que cuando son utilizados de forma correcta nos ayudarán en la consecución del proceso de individuación y el despertar espiritual. Cabe resaltar que la psicoespiritualidad no pertenece a ningún dogma religioso. Por su parte, todos los esfuerzos para lograr el desarrollo de nuestra persona humana hasta alcanzar la excelencia en el juego de la realidad o teatro del mundo estarán dirigidos hacia la resolución del pasado no resuelto, tanto personal como ancestral, así como también en saber utilizar las dificultades y los obstáculos a nuestro favor, comprendiendo el poder de manifestación-atracción de nuestra psique para la realización del éxito en el mundo.

Las escuelas y los enfoques de psicología clásica de Occidente plantean que para alcanzar el pleno desarrollo de nuestro potencial debemos únicamente desarrollar a la persona humana hasta alcanzar la excelencia en el juego (necesidades cubiertas, motivación, funcionalidad en el entorno), perdiendo de vista el despertar espiritual. La psicología clásica busca la funcionalidad de nuestro personaje humano, intentando adaptarlo a su entorno, y considera que eso es la salud mental y la plenitud. Sin embargo, esto solo será la mitad del camino. La otra mitad consistirá en enseñarle al cerebro sapiens que la persona humana y su historia de vida en el tiempo (la película del mundo) son de naturaleza dual e imperfecta, y en última instancia son ilusorias. Esto podrá suceder al ser reconectados con nuestro centro más profundo y descubrir al actor (Buda, Dios, ser verdadero) que está detrás del personaje que representamos en el juego de la realidad.

El actor no es alguien, es la energía espiritual que anima a todo lo creado; el todo en todo. La psicología clásica no contempla aquello que está más allá de la personalidad, de la persona, por lo que solo nos puede mostrar la mitad del camino. Por su parte, la religión en Occidente (el mito cristiano), que sí contempla aquello que está más allá de lo humano, busca que sus seguidores logren la comunión con Dios (lo trascendental), pero lo hace a través de la mente y las creencias, por lo que tampoco podrá lograrlo.

Desde el momento en que Dios es imaginado como una entidad fuera de nosotros, se vuelve un Dios pensado, provocando la identificación con la mente. La religión en Occidente no cuenta con la herramienta de la meditación, solo con la oración. En la oración se sigue utilizando el pensamiento, la mente. Mientras siga habiendo identificación con la mente o con algún otro componente de la realidad, no tendremos acceso directo a nuestro centro más profundo, al Dios interior. Sin el contacto con nuestro más profundo centro no podemos tener una experiencia verdadera de lo que es Dios o lo divino.

La persona humana podrá volverse religiosa, podrá llenarse de creencias y buenas intenciones, pero no podrá comprender la naturaleza ilusoria de ella misma y del teatro o película del mundo. Hasta que no contactemos con nuestro centro más profundo, donde la persona y su historia en el tiempo desaparecen, el Dios verdadero seguirá dormido a través del personaje humano que representa, en este caso, seguirá dormido a través de un personaje humano religioso. El personaje podrá adoptar distintas formas (tipos de personalidad) dependiendo de sus circunstancias (oficio, edad, nacionalidad, etc.), pero solo trascendiéndolo podremos conocer a Dios.

La religión cristiana reafirma el engaño primordial que lleva intrínseca nuestra naturaleza humana (el ego) desde su nacimiento, cuando sucedió la caída, cuando el cerebro y los sentidos comenzaron a proyectarse hacia el mundo de las formas y perdimos la conexión con nuestro centro más profundo. La persona humana seguidora del mito cristiano cree que ella misma es real y que el teatro o película del mundo también lo es, y que Dios va a venir a salvarla algún día y la llevará al cielo eterno junto a Él. Este sutil engaño provocado por un Dios pensado (identificación con la mente), que vendrá a salvarnos en el futuro (identificación con el tiempo), es parte de la ilusoria historia en el tiempo del personaje humano y no permite que la psique tenga acceso a su centro más profundo, donde no existe el tiempo, ni la mente, ni la materia.

Toda vez que regresemos a nuestro centro más profundo, la persona humana junto con su historia en el tiempo será profundamente liberada del engaño primordial, de creer que el sueño del mundo y ella misma son reales. Lo mismo sucederá a través del yoga de los sueños mientras dormimos; el soñador aprenderá a darse cuenta de que está soñando, logrando despertar dentro del sueño (sueño lúcido). En el momento en que el cerebro deja de proyectar al personaje humano con su historia en el tiempo y los sueños dejan de sentirse reales, despertamos a la suprema realidad y quedamos liberados.

La religión cristiana no puede ofrecernos el verdadero despertar espiritual ni tampoco la psicología clásica occidental, por el desconocimiento de la práctica de la meditación y el yoga. El mito cristiano, al igual que la psicología clásica, pueden ayudarnos hasta cierto punto en el proceso de desarrollo de nuestro personaje humano; la religión plantea seguir altos valores, como el amor, la paz y el respeto, que le serán muy útiles a nuestra persona humana para participar de mejor manera en el teatro o película del mundo, pero ni la psicología clásica ni el mito cristiano serán capaces de llevarnos a la máxima excelencia como jugadores (personalidad creadora), puesto que este sublime objetivo solo podrá suceder en el verdadero despertar y desarrollo psicoespiritual (reconexión y permanencia con nuestro centro más profundo, tanto en el sueño como en la vigilia). La psicología clásica, que busca la salud mental, no podrá dárnosla porque se necesita el despertar espiritual para alcanzarla. Y la religión, por su parte, que busca la comunión con Dios, tampoco podrá dárnosla, porque se necesita ir más allá de la mente, el tiempo y la materia, a través de la práctica de la meditación, para movernos hacia lo más profundo de nosotros mismos y así realizarla.

Tanto a la psicología clásica occidental como a la religión cristiana les ha hecho falta incorporar la meditación y el yoga, las grandiosas herramientas que utiliza la psicología oriental para alcanzar la salud mental y la autorrealización. La incorporación de estas herramientas a la psicología occidental (tanto clásica como avanzada) ha dado origen a un nuevo paradigma de desarrollo integral y holístico llamado psicoespiritualidad. Este reciente descubrimiento provocado por el intercambio cultural entre Oriente y Occidente ha dado a luz a una nueva ciencia, una nueva psicología, un nuevo modelo metapsicológico que plantea la realización de este doble procedimiento; por un lado, el despertar espiritual, a través de la meditación y el yoga, y, por otro, el desarrollo de nuestra persona humana (personalidad, ego) hasta alcanzar la excelencia en el juego de la realidad, a través de la psicología clásica y avanzada, el arte y las demás estrategias planteadas por la educación universal.

La psicología occidental, por su parte, se ha ido desarrollando en las últimas décadas a través de nuevos enfoques y escuelas que se han ido alejando de los modelos clásicos y tradicionales, donde la terapia ocurre dentro de un consultorio, a través de la conversación entre el terapeuta y el consultante. Estos nuevos enfoques, que se han logrado desprender de las escuelas clásicas, y que se fundamentan en las terapias de grupo (constelaciones familiares, psicodrama, biodanza, desarrollo arquetípico), en los rituales y actos metafóricos (psicomagia, chamanismo, psicochamanismo) y también en las terapias energéticas y el trabajo psicocorporal (bioenergética, masajes, descodificación, etc.), han originado lo que he denominado *psicología avanzada*. Podríamos decir que la meditación, el hatha yoga y el yoga de los sueños también se consideran parte de la psicología avanzada. Gracias a la combinación de la psicología clásica, avanzada y oriental, pudo nacer una metapsicología o psicología holística: la *psicoespiritualidad*. Esta combinación también permitió que hoy día contemos con una estructura perfecta y precisa sobre nuestra psique, que estudiaremos con detalle a continuación, pues forma parte de la educación universal y la psicoespiritualidad. En general, los distintos enfoques y escuelas siempre han competido entre ellos, sin darse cuenta de que al complementarse se potencializan.

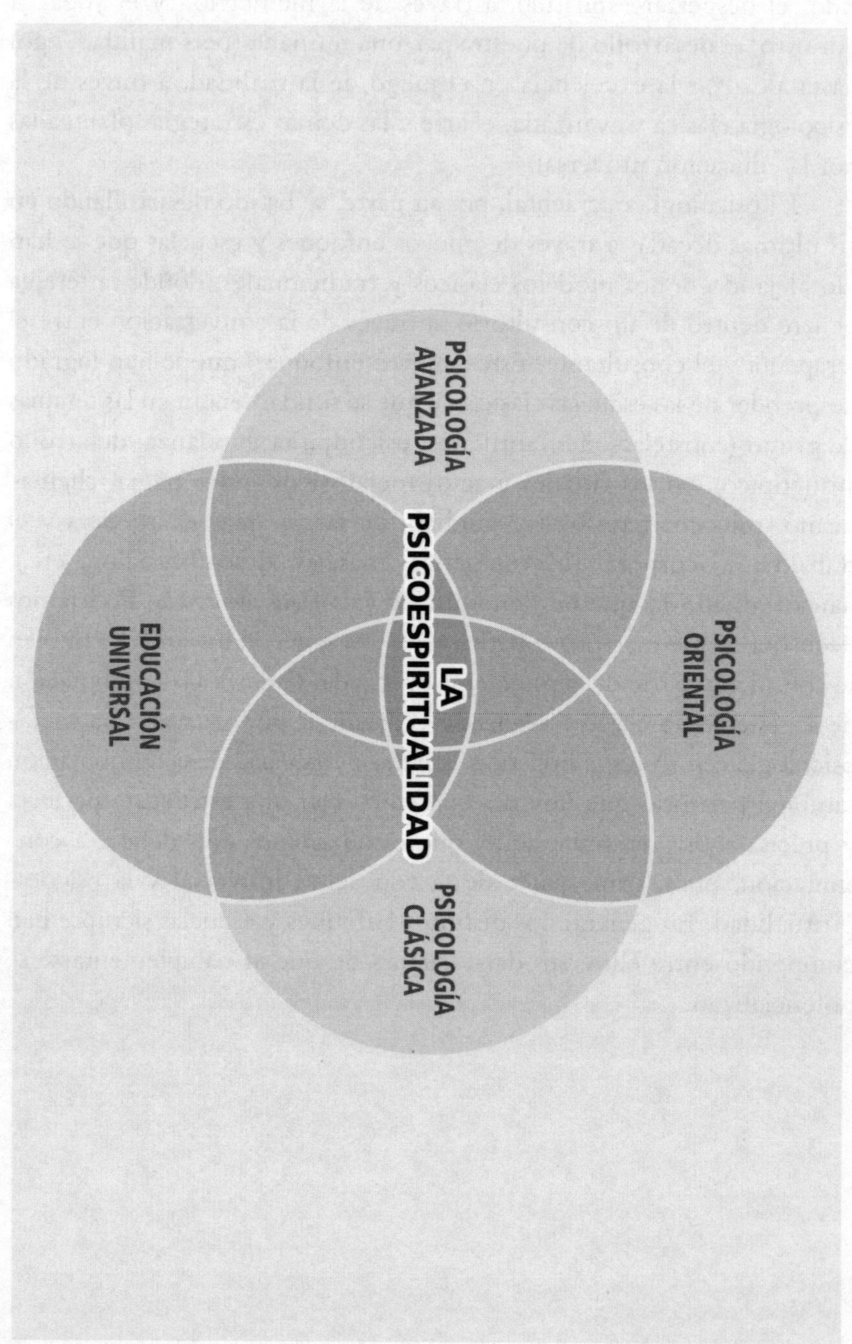
PSICOLOGÍA AVANZADA
EDUCACIÓN UNIVERSAL
LA PSICOESPIRITUALIDAD
PSICOLOGÍA ORIENTAL
PSICOLOGÍA CLÁSICA

La psique

La *psique* es una entidad conformada por la persona, el inconsciente y la conciencia, que nos permitirá comprender la complejidad del personaje humano que Dios decidió crear, para jugar dentro de su propia obra de teatro o película que es el mundo. El conocimiento preciso de la psique será clave para ganar el juego de la vida. La psique juega un papel fundamental para alcanzar nuestra funcionalidad, plenitud y autorrealización. Si la psique está sana, permitirá el despliegue de todo nuestro potencial. Por un lado, consentirá la conexión natural con nuestro centro más profundo (despertar al ser divino) y, por otro, apoyará el desarrollo de nuestra persona humana hacia la excelencia, conquistando el juego de la realidad en cada una de sus etapas.

Si la psique es insana, bloqueará el desarrollo de nuestro potencial y nos volverá pésimos jugadores en el juego de la realidad, dejándonos atorados en los primeros niveles del juego. En general, la educación parcial que recibimos por la familia, la sociedad y la cultura afectó profundamente a la psique, dejándola insana, bloqueando nuestra posibilidad de alcanzar el éxito y la autorrealización. El cerebro es la base biológica de la psique y la psique es la base energética y psicoespiritual del cerebro.

Juntos, cerebro y psique conforman una misma unidad, dos caras de una misma moneda. Los pensamientos, emociones y comportamientos están mediados por la actividad de las neuronas, y las conexiones entre ellas también cambian si re-estructuramos al psiquismo; modificando estructuras psíquicas, damos lugar a nuevas conexiones neuronales. La psique afecta la química cerebral y la química cerebral afecta a la psique. El cerebro es el fundamento biológico de la psique y la psique es el fundamento psicológico y espiritual del cerebro.

La estructura de la psique

La psique es una entidad que hace referencia al conjunto de procesos mentales, emocionales y espirituales dentro del cerebro sapiens. Su funcionamiento está en interrelación con todo lo existente: espacio, cuerpo, tiempo, pensamientos, emociones, necesidades, deseos, motivaciones, percepciones, memoria, personalidad, conciencia, otredad, factores ambientales, familiares, sociales y culturales, espíritu o alma.

El padre de la psicología clásica fue el médico y neurólogo Sigmund Freud (1865-1939), quien fue el fundador del *psicoanálisis*, una de las metodologías más importantes de la psicología clásica en Occidente. Freud propuso una teoría sobre la estructura de la psique, la cual es fundamental mencionar, ya que fue el punto de partida para la evolución que vendría después, a través de las investigaciones de los maestros espirituales, psicólogos y psicoterapeutas, posteriores a Freud, y hasta hoy día, con el intercambio cultural entre Oriente y Occidente, donde por fin logramos llegar a una estructura exacta de la psique, con el nacimiento de la psicoespiritualidad.

En su teoría, Freud divide la estructura de la psique en tres componentes principales: el ello (el inconsciente), el yo (la personalidad) y el superyó (la conciencia). Freud está considerado como el primer científico en Occidente en hablar del inconsciente, aunque también antes de él filósofos como Nietzsche y Schopenhauer ya habían explorado ideas relacionadas con la mente inconsciente y los deseos reprimidos.

Nietzsche sugirió que gran parte de la conducta humana estaba gobernada por fuerzas inconscientes. Criticó la racionalidad occidental, argumentando que detrás de las decisiones conscientes y racionales hay impulsos irracionales y deseos ocultos. Mientras que la psicología clásica y los filósofos occidentales comenzaron a descubrir al inconsciente hace aproximadamente 150 años, las tradiciones místicas orientales lo descubrieron desde miles de años atrás, al igual que las culturas indígenas en Occidente; los chamanes tienen un conocimiento muy profundo sobre el inconsciente que la ciencia hasta ahora ha comenzado a reconocer.

El inconsciente (el ello)

El *inconsciente* es una parte fundamental de la psique que contiene deseos, impulsos, recuerdos y experiencias reprimidas que influyen significativamente en el cuerpo, el cerebro, la personalidad, la conducta y en nuestro poder de manifestación sobre la realidad externa. El inconsciente se expresa de distintas maneras: a través del cuerpo, de mecanismos de defensa, de conductas, en sueños y actos fallidos.

A partir de Freud, muchos psicólogos, psicoterapeutas y maestros espirituales han colaborado en investigaciones para tratar de describir la estructura del inconsciente. El psicólogo suizo Carl G. Jung (1875-1961), discípulo de Freud, amplió el concepto del inconsciente, introduciendo el concepto del *inconsciente colectivo*, que es compartido por toda la humanidad. En él se encuentran los arquetipos, que son patrones y valores universales que expresan la arquitectura del alma, de la psique y de la vida humana en el planeta y el universo. Los arquetipos se manifiestan principalmente en los sueños, en el arte, en los mitos y en el simbolismo que estructura a las religiones. Ya hablaremos más adelante sobre los mismos.

Alfred Adler (1870-1937), médico y psicoterapeuta austriaco, colega de Freud, veía el inconsciente como una serie de impulsos provenientes de la necesidad de superar la inferioridad y alcanzar el alto carácter, lo que él llamó la voluntad de poder. Adler destacó la importancia de la influencia social y cultural en la formación del inconsciente. También Erich Fromm (1900-1980) destacaría la estructura social y las ideologías de la época como determinantes para la comprensión del inconsciente. Por su parte, el psiquiatra y psicoanalista austriaco Wilhelm Reich (1897-1957) puso énfasis en la relación entre el inconsciente y el cuerpo, algo que el budismo conoce desde miles de años atrás.

A finales del siglo XX se pudo reconocer al *inconsciente familiar* gracias a las investigaciones y descubrimientos de Bert Hellinger, creador de las constelaciones familiares, de Alejandro Jodorowsky, creador de la psicomagia y la metagenealogía, y de Anne Ancelin Schutzenberger, creadora de la psicogenealogía. Tanto la psicogenealogía como la metagenealogía son disciplinas que estudian cómo los eventos, traumas y patrones del pasado ancestral no resuelto afectan la vida, el comportamiento y el destino de los descendientes. Estos patrones y traumas familiares se transmiten entre las generaciones a través del inconsciente familiar.

Las constelaciones familiares y la psicomagia son las herramientas terapéuticas por excelencia para resolver las lealtades familiares y guiones preestablecidos (memorias traumáticas ancestrales) que están codificados en el inconsciente familiar. El inconsciente familiar se conoce desde miles de años atrás en las culturas índigenas. Los chamanes saben de la importancia de honrar a los ancestros, considerando las enfermedades físicas y mentales, como enredos energéticos con los ancestros, tanto vivos como muertos.

La ciencia de la psicología occidental pudo reconocer al inconsciente familiar hace apenas algunas décadas y fue gracias a este descubrimiento que se pudo obtener la pieza del rompecabezas que faltaba, para tener una estructura exacta del inconsciente, que ni Sigmund Freud, ni Alfred Adler, ni Carl G. Jung, ni Jacques Lacan, ni Carl Rogers, ni Abraham Maslow, etc., pudieron descifrar, puesto que les faltó vislumbrar cómo el árbol genealógico influye considerablemente en las demás instancias de la psique (en el yo y el superyó) y es una parte fundamental del inconsciente. Sin embargo, fue también gracias a las investigaciones y descubrimientos de todos ellos que se pudo llegar a la estructura completa del inconsciente que hoy conocemos.

La estructura del inconsciente

La *estructura del inconsciente* más precisa que se ha logrado descifrar hasta el día de hoy es una estructura de tres niveles; el primer nivel, conformado por el inconsciente individual (desde nuestra concepción hasta hoy); el segundo nivel, el inconsciente familiar, estructurado por las tres generaciones detrás de la nuestra, y el tercer nivel, el inconsciente colectivo, compuesto por el inconsciente social (tradiciones), cultural (religiones y mitologías) y arquetípico (inconsciente cósmico y divino). Los tres niveles del inconsciente influyen determinantemente al ego (persona, personalidad) y al superego (conciencia).

ESTRUCTURA DEL INCONSCIENTE
TRES NIVELES
INCONSCIENTE COLECTIVO
Inconsciente divino
Inconsciente cósmico
Inconsciente planetario
Religiones
Mitos
Arquetipos
Tabúes
INCONSCIENTE FAMILIAR
Memorias traumáticas ancestrales
Bisabuelos y bisabuelas
Abuelos y abuelas
Padre y madre
Árbol genealógico
Tres a cuatro generaciones atrás
INCONSCIENTE INDIVIDUAL
Vejez
Adultez
Adolescencia
Infancia
Gestación
Concepción

El yo (la persona humana o personalidad)

El yo, ego o personalidad es la instancia de la psique que hace referencia a la persona que somos. Su función dentro de la psique es la de ser un intermediario entre los impulsos e instintos del inconsciente (que busca la gratificación inmediata de los deseos y necesidades), y las demandas morales y éticas del superyó, que representa las normas y los valores internalizados a través de la educación y la sociedad. La formación del "yo" comienza en los primeros años, entre los 18 meses y los tres años de edad. Antes, seguimos fusionados con nuestra madre; ella representa el paraíso (Diosa Madre). Con la aparición y formación del yo, sucede la caída de Adán y Eva. Separarnos de nuestra madre significará perder el paraíso, significará el nacimiento del yo.

La naturaleza esencial del yo es la *traducción* que hace nuestra psique, cuando el cuerpo, el cerebro y los sentidos experimentan la vida, el mundo material, adquiriendo conocimiento (el saber del sapiens). La psique construye a la persona que somos a partir del conocimiento que va acumulando mediante la experiencia con la existencia y sus elementos: mente, tiempo, materia, sonido, color, emociones, sensaciones, necesidades, deseos, otredad, espacio y forma. Esta experiencia (conocimiento) va a ser adquirida a través del cuerpo, el cerebro y los sentidos. El yo o ego (personalidad) es la entidad que surge de esa relación, entre el cuerpo, el cerebro y los sentidos con la realidad.

El conocimiento que el cerebro sapiens adquiere a través del cuerpo y los sentidos está simbolizado en el mito de Adán y Eva por el árbol del conocimiento del bien y el mal, plantado en el centro del jardín del Edén. La aparición del yo (comer el fruto prohibido) sucede cuando el cerebro sapiens comienza a adoptar y acumular conocimiento a través de su propia experiencia con el mundo material (separado de la madre). El yo es el personaje, la persona humana que vive dentro de su propia historia en el tiempo, que se entremezcla con la historia del mundo y será el protagonista del juego humano de la realidad. Siempre estará siendo influenciado por las otras instancias de la psique: inconsciente y conciencia. El yo deberá pasar por un largo proceso y desarrollo (proceso de individuación), del cual hablaremos más adelante, para alcanzar la excelencia como jugador en el juego de la realidad.

El superego o superyó (la conciencia, los ideales, la ética y la moral)

El superyó se desarrolla principalmente durante la infancia, cuando el niño internaliza las reglas y prohibiciones impuestas por los padres y la sociedad, pero se seguirá desarrollando, al igual que las demás instancias de la psique, durante toda la vida. El superego se conforma de dos partes: la *conciencia*, que castiga al yo a través de sentimientos de culpa cuando viola las normas morales, y el *ideal del yo*, que representa la imagen ideal de uno mismo y del mundo, basada en lo que se considera como un comportamiento adecuado o virtuoso.

El superyó busca controlar los impulsos del inconsciente, obligando al yo a actuar de acuerdo con los principios morales. Es la instancia de la psique que nos permitirá tener una conciencia sobre lo que está bien y lo que está mal. Cuando no está bien desarrollado, el superego se convierte en un juez severo que impondrá una *moral tóxica*, tanto a nosotros mismos como a los demás, o bien surgirá la *amoralidad* (psicopatía). Cuando se logra desarrollar correctamente florecerá en una *ética universal*, a través del desarrollo de *valores universales* (desarrollo arquetípico) que le permitirán, a la persona humana, conocer las leyes del cielo y las conductas sagradas de la dimensión espiritual, así alcanzará la excelencia como jugador en el juego de la realidad.

Cuando el superego no está bien desarrollado, los ideales que adopta la conciencia provocarán intensos sentimientos de impotencia, frustración e inferioridad en el yo (lucha entre el yo ideal y el yo real). El superyó se relacionará con el yo de forma tóxica, imponiéndole juicios, autoexigencias y expectativas, provocando delirios de perfección que le impedirán desarrollarse naturalmente.

ESTRUCTURA DE LA CREACIÓN

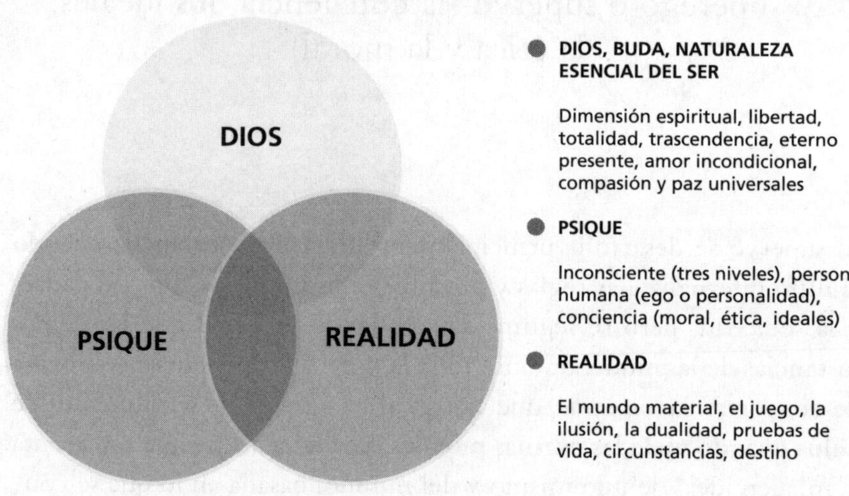

El doble camino

La psicoespiritualidad y la educación universal nos van a permitir desenvolver todo nuestro potencial a través de un *doble camino* o *proceso*, el cual ya hemos estado mencionando: por un lado, reconectarnos con la naturaleza esencial del ser (trascendencia) y, por otro, desarrollar nuestra persona humana para volvernos excelentes jugadores (éxito en el mundo). Este doble camino nos llevará a la autorrealización y a ganar el juego de la realidad. En la combinación del despertar espiritual (conexión con nuestro ser divino y verdadero) y el óptimo desarrollo de nuestra persona humana está la posibilidad de triunfar en el juego.

En general todas las escuelas, religiones, disciplinas y enfoques del mundo entero desarrollan un camino u otro, impidiendo el despliegue de nuestro potencial completo (humano y espiritual). El desarrollo de cada uno de estos procesos complementará al otro; conforme vayamos alcanzando la conexión trascendental, la persona humana se irá desarrollando correctamente; conforme vayamos evolucionando a la persona humana, podremos incrementar nuestra capacidad para permanecer conectados a lo divino y a sus cualidades de amor incondicional, libertad esencial, fuerza natural, paz y compasión universales.

La consumación de estos dos procesos nos llevará a la autorrealización, a ganar el juego de la vida, por lo que será necesario estudiarlos con sumo detalle. Por un lado, la conexión con nuestro centro más profundo (despertar espiritual) y, por otro, el desarrollo de la persona humana, hasta alcanzar la excelencia en el juego de la realidad (proceso de individuación). Juntos permitirán el pleno despliegue de nuestro potencial completo. A continuación veremos cómo realizar cada uno de estos dos procedimientos o caminos, que conforman a la psicoespiritualidad y a la educación universal.

El proceso de individuación (el viaje del héroe)

El proceso de individuación o viaje del héroe hace referencia al proceso universal por el cual la persona humana se va a desarrollar hasta convertirse en un ser autónomo, auténtico y completo, integrando todos los aspectos del inconsciente, desarrollando actitudes y conductas sagradas, evolucionando la conciencia, y en último término, fusionándose con la totalidad. El proceso de individuación es el viaje que deberá realizar nuestro personaje humano, dentro de la obra de teatro o película que es el mundo, hacia la integración de todos los aspectos de la psique (inconsciente, personalidad, conciencia) y su contexto, alcanzando el despertar espiritual y la funcionalidad sagrada en todas las áreas de la vida. Esto implicará confrontar y aceptar la sombra (inconsciente congestionado), desarrollar a la conciencia (de la moral tóxica a la ética universal) y descubrir a la totalidad, fundiéndose con ella (desarrollo arquetípico, Dios interior). El proceso de individuación es un proceso continuo y esencial para alcanzar la madurez psicológica, la autenticidad, la individuación (ser uno mismo) y la autorrealización (trascendencia y libertad).

Fue el psicólogo y psiquiatra Carl Gustav Jung quien acuñó el concepto de *individuación*, y el escritor y mitólogo Joseph Campbell (1904-1987) fue el primero en hablar del viaje del héroe, como la estructura esencial que abraza todas las historias humanas habidas y por haber. La estructura esencial del viaje del héroe está representada en todas las religiones y mitologías del mundo, es la estructura esencial de la obra de teatro o película del mundo, y a menos que logremos pasar por todas las etapas del viaje del héroe, nuestra vida no podrá alcanzar un final feliz.

Al ser el proceso de individuación la esencia del juego de la realidad, todos los mitos y religiones del mundo entero también describen este proceso de diferentes maneras. Aunque lo hacen desde enfoques y perspectivas diferentes, todas ellas tienen algo en común: el ser humano en búsqueda de su plenitud. La plenitud como personas solo puede ser alcanzada si logramos el *despertar espiritual* (conocimiento de la naturaleza esencial del ser), y, por otro lado, la *funcionalidad sagrada* en todas las áreas de la vida: familia, amistades, trabajo, dinero y salud. Para alcanzar el éxito tanto interno como externo, la persona humana deberá realizar el proceso de individuación o viaje del héroe, integrando todos los aspectos del inconsciente, así como desarrollar a la conciencia. Es por eso que se vuelve tan importante conocer la estructura de la psique, puesto que el proceso de individuación se estructura a través de ella y sus diferentes instancias. Para alcanzar el óptimo desarrollo del yo (persona humana) se deberá trabajar con el inconsciente (integración de la sombra) y la conciencia (realización de la supraconciencia). El trabajo con las tres instancias de la psique será la clave para poder llevar a la persona humana a su máximo desarrollo, y también para lograr la plenitud, el equilibrio y la libertad totales, despertando a lo divino.

No todos los seres humanos lograrán realizar su proceso de individuación. En realidad, la mayoría de las personas se queda atascada en algún estadio del viaje del héroe, por miedo a salir de su zona de confort y también por no encontrar lugares donde se ofrezca la educación universal. Recordemos que será solo a través de la educación universal y la psicoespiritualidad que podremos lograr la autorrealización. Se requieren profesionales de la salud mental, herramientas avanzadas y maestros espirituales para trabajar correctamente con las diferentes instancias de nuestra psique.

Hay muchísima gente que piensa que podrá lograr su proceso de individuación sola, o que la vida misma se lo enseñará, cometiendo un gravísimo error. En el inconsciente llevamos cargando tumores psicológicos del pasado no resuelto (traumas, apegos, pecados, karmas) que deberán ser operados por especialistas. Pensar que nosotros solos podemos hacerlo o que la vida misma lo hará es el equivalente a que un día nos diagnostiquen un cáncer avanzado y decidamos que nosotros mismos nos vamos a operar, sin ayuda de doctores, o decidamos no hacer nada, pensando que se quitará algún día de forma mágica. Como no hay cultura general en psicología, la gente no tiene una comprensión correcta de los procesos psicológicos y espirituales, y cómo trabajar en ellos, por lo mismo no busca la educación universal; esta decisión será la razón de que no logren alcanzar la autorrealización y ganar el juego de la vida.

El proceso de individuación es un requisito sustancial que no debemos evitar si queremos alcanzar tanto el pleno despertar espiritual como el éxito en todas las áreas de la vida humana: familia, amistades, trabajo, dinero y salud. Si la educación universal estuviera articulada en el mundo, ir a la escuela significaría, entre muchas otras cosas, aprender a trabajar con todas las instancias de nuestra psique, comprendiendo los pasos a seguir para lograr el proceso de individuación. Como este conocimiento no se nos enseñó ni en la familia, ni en las escuelas, ni en la iglesia, será necesario aprenderlo de adultos (andragogía universal).

El proceso de individuación se configura a través de *tres pasos* que estudiaremos a continuación. Cada uno de estos pasos está fundamentado por ciertas leyes universales que debemos conocer y seguir para realizarlo correctamente. Estas leyes, aunque están expresadas en diversas tradiciones místicas y espirituales como el budismo, la psicología profunda, el hermetismo (conjunto de enseñanzas psicoespirituales que se originaron en el Egipto helenístico y que fueron atribuidas a Hermes Trismegisto) y el Kybalion, en realidad son leyes divinas y principios universales que estructuran la vida, el universo y los procesos existenciales.

Los pasos en el proceso de individuación con sus respectivas leyes divinas son los siguientes:

1. La persona humana (personalidad, ego) y la conciencia (superego) se desarrollan integrando todos los aspectos del inconsciente y sus tres niveles. Ley de causa y efecto: resolución del pasado no resuelto. Ley de la conciencia onírica: recordación e interpretación de los sueños y práctica del sueño lúcido.
2. La persona humana y la conciencia se desarrollan a través de las circunstancias, pruebas y dificultades que la vida misma presenta. Ley de que lo que es adentro es afuera; ley de la dualidad; ley de atracción y manifestación.
3. La persona humana y la conciencia se desarrollan conociendo las leyes del cielo y los arquetipos, dando origen al orden sagrado de las cosas. Ley de que lo que es arriba es abajo.

El pasado no resuelto (la ley de causa y efecto)

Como bien se ha descrito anteriormente, la educación universal o en lo sagrado aún no ha sido articulada en los sistemas educativos del mundo, y por lo mismo, todos y todas llegamos a la edad adulta cargando el cúmulo de errores que provocaron tanto la familia en nuestra crianza como las escuelas y la religión en nuestra educación, dando origen a heridas psicológicas y traumas, sistemas de creencias y patrones de conducta tóxicos, que quedaron codificados en el inconsciente, afectando también la estructura de la personalidad y el desarrollo de la conciencia. De esta forma, muchos de los elementos de nuestro potencial fueron quedando reprimidos y cerrados en el camino.

Ya de adultos, las consecuencias de tener zonas de nuestro potencial sin desarrollar provocarán la incapacidad de lograr el éxito y la autorrealización, manifestando *disfuncionalidad* en distintas áreas de nuestra vida, tanto internas como externas. Para corregir todos los errores que se suscitaron en nosotros por la familia, las escuelas y la religión (educación parcial), tendremos que realizar un arduo trabajo de reeducación sobre nosotros mismos a través de la andragogía universal (educación universal para adultos), que podríamos resumirlo, por un lado, como la resolución del *pasado no resuelto* que afecta nuestro presente y nuestro destino y, por otro lado, la articulación del *orden sagrado de las cosas* en toda nuestra realidad (interna y externa).

Para comprender cómo es que algo que sucedió en el pasado nos sigue afectando ahora y también determina nuestro destino, será necesario comprender la *ley de causa y efecto* en el universo, ley que fundamenta a toda la ciencia de la psicología (occidental y oriental), a la ciencia del pecado y el karma, y, en general, a todos los fenómenos que ocurren en la vida de todas las especies en su relación con el tiempo. Lo que pasó afecta lo que está pasando y lo que pasará.

Hasta cierto punto esta ley es lógica para todos y se comprende de forma natural por sentido común. Si unos días atrás nos mudamos de ciudad, es obvio que ya no viviremos donde residíamos. Si nos despidieron del trabajo, es lógico ya no presentarnos a trabajar en donde laborábamos. Si no limpiamos nuestra casa, se llena de polvo; si alguien muere, ya nunca más regresará a la vida, etc. Situaciones que pasan en la vida y decisiones que tomamos afectan nuestro presente y nuestro destino, perdurando sus efectos en el tiempo. A eso se refiere la ley de causa y efecto en el universo. Se vuelve obvio comprender esta ley, sin embargo, cuando hace referencia a los fenómenos psicológicos, no necesariamente es tan sencillo comprenderla.

Por siglos se ha creído que es mejor olvidar y enterrar las experiencias dolorosas y traumáticas que experimentamos en la vida; lo que pasó ya pasó y es mejor no pensar en ello. Esta actitud ha permanecido todavía hasta el día de hoy, en la mayor parte de la población, provocando graves consecuencias en nuestra vida. Querer olvidar las experiencias dolorosas y traumáticas no ha permitido comprender a la ley de causa y efecto en los fenómenos psicológicos, y cómo las alteraciones psicológicas como las carencias afectivas, los traumas y el hecho de haber recibido una educación parcial que no haya permitido el óptimo desarrollo de nuestro potencial afectan considerablemente nuestra vida presente y nuestro destino. Al no existir una cultura general sobre psicología, tampoco hay un conocimiento de la ley de causa y efecto en los fenómenos psicológicos. La población en general no es consciente de cómo las experiencias dolorosas de nuestro pasado afectan nuestra vida presente, y cómo estas son las causas principales de nuestra incapacidad para alcanzar el éxito y la autorrealización.

Al ser los fenómenos psicológicos intangibles, se vuelve más difícil comprender la ley de causa y efecto que hay en ellos. Sin embargo, las investigaciones científicas en neurociencia, psicología clínica, genética y epigenética han logrado descubrir la relación entre las experiencias dolorosas y traumáticas de la infancia y sus efectos en la vida adulta. Incluso la epigenética ha logrado comprobar científicamente la herencia psicológica que se transmite entre generaciones, dentro de un árbol genealógico.

Ciertos estudios en animales han mostrado que las marcas epigenéticas adquiridas debido a sus experiencias de vida pueden ser heredadas y afectar el comportamiento de las generaciones siguientes. Esto confirma que ciertos comportamientos o predisposiciones psicológicas son transmitidos de padres a hijos, de abuelos a nietos y de bisabuelos a bisnietos, no solo a través de la genética clásica, sino también a través de la epigenética. Uno de estos estudios se efectuó a través de ratones, que, dentro de una caja, eran expuestos a pequeñas descargas eléctricas cuando se acercaban a una luz violeta que se encontraba en un solo lado de la caja. Del otro lado de la caja no había ninguna luz. Los hijos, nietos y bisnietos de estos ratones, es decir, las siguientes tres generaciones, al colocarlos en la caja optaron por no acercarse a la luz violeta, a pesar de no haber recibido ninguna descarga eléctrica. La memoria dolorosa de los ratones que recibieron descargas eléctricas se transmitió a las siguientes generaciones.

La ciencia ya logró comprobar la ley de causa y efecto a nivel psicológico, tanto de nuestro pasado personal (psicología) como de nuestro pasado ancestral (psicogenealogía). Es necesario que nos abramos a comprender el efecto que tiene nuestro pasado psicológico no resuelto en nuestro presente y destino, y cómo este afecta todas las áreas de nuestra vida: autoestima, familia, amistades, trabajo, dinero, salud y conexión espiritual. Comprender la ley de causa y efecto en los fenómenos psíquicos, de nuestro pasado personal y ancestral, es lo que fundamenta a la ciencia de la psicología, tanto clásica como avanzada. Esta ley de causa y efecto también ha sido explicada a través de la religión; en el cristianismo es la ciencia del pecado y en el budismo es la ciencia del karma. Ya hablaremos de la ley de causa y efecto desde un enfoque religioso más adelante.

Nuestro *pasado no resuelto* es el equivalente a haber recibido una educación parcial que no permitió el despliegue de nuestro potencial. El potencial completo equivale al desarrollo correcto de todas nuestras funciones, las cuales son: las facultades físicas e instintivas, emocionales, artísticas, creativas, sociales, morales, jurídicas, económicas, cognitivas y espirituales. La familia, al no darnos la atención, amor y respeto que necesitábamos, fue deteriorando muchas de nuestras facultades, impidiéndoles su sano desarrollo. Lo mismo les sucedió a nuestros padres; nuestros abuelos, al no brindarles el amor incondicional, la atención y el respeto necesarios a nuestros progenitores, crecieron con muchas carencias. Lo mismo les sucedió a nuestros abuelos, por parte de los bisabuelos.

Por su parte, la escuela y la Iglesia solo se enfocaron en el desarrollo de las facultades cognitivas, descuidando todas las demás. Cuando nuestro potencial no es desarrollado correctamente se comienzan a formar todos los trastornos mentales, que están muy bien descritos en el *DSM-5.* Este manual diagnóstico y estadístico de los trastornos mentales, publicado por la Asociación Americana de Psiquiatría (APA), es una herramienta de referencia principal utilizada por profesionales de la salud mental para diagnosticar y clasificar los trastornos mentales. Se vuelve muy útil para diagnosticar, pero no describe ningún tipo de solución a los mismos trastornos.

Como ya hemos dicho, la psicología clásica, e incluso la psiquiatría, tienen muchos puntos ciegos que iremos clarificando en este libro. Uno de ellos ha sido la falta del conocimiento sobre la estructura correcta del inconsciente, con sus tres niveles. La psicología clásica siempre ha considerado a la estructura del inconsciente a partir de un solo nivel: el personal. Algunos psicólogos clásicos han considerado al inconsciente social y cultural (colectivo) como un segundo nivel (Alfred Adler, Carl Gustav Jung, Erich Fromm, entre otros), pero en ningún momento la psicología clásica ha logrado incluir al inconsciente familiar (árbol genealógico) como parte fundamental de la estructura del inconsciente. Este ha sido uno de los grandes errores de la psicología clásica y la psiquiatría, mas no de la psicología avanzada.

Los trastornos mentales no son otra cosa que nuestro potencial cerrado y reprimido. La solución implicará desplegar nuestro potencial (nueve lenguajes o esferas), que ha quedado inhibido principalmente por todo aquello que está codificado en el inconsciente. Tener una estructura precisa del inconsciente será necesario para trabajar correctamente con sus distintos niveles y así podamos lograr el despliegue de todo nuestro potencial, alcanzando la salud de toda nuestra psique y el éxito en el mundo. Recordemos que al principio del libro vimos un diagrama donde se muestra la relación que hay entre los trastornos mentales y el potencial cerrado y reprimido. A mayor porcentaje de nuestro potencial inhibido, los trastornos mentales se vuelven más severos.

El congestionamiento del inconsciente: lo reprimido y lo no procesado

Los trastornos mentales, la disfuncionalidad, gran parte de las enfermedades del cuerpo, los accidentes, los fracasos amorosos y laborales, la baja autoestima, la falta de motivación y entusiasmo, los dramas, las tragedias, la falta de conexión espiritual, la reactividad, las perversiones, los malos hábitos, los sistemas de creencia y patrones de conducta tóxicos, etc., se originan por todo el pasado no resuelto que ha quedado codificado en el inconsciente, en alguno de sus tres niveles o en todos. El inconsciente almacena todas las memorias dolorosas, los traumas, los sistemas de creencias tóxicos, las estructuras psicoeducativas que han sido implantadas por la familia, la sociedad y la religión, así como también las experiencias y las memorias positivas y negativas de nuestra vida.

Como ya hemos dicho, desde siglos atrás la cultura ha pensado que olvidando las experiencias dolorosas ya no nos afectarían, sin embargo, todo aquello experimentado se va almacenando en el inconsciente. El inconsciente es como el sótano de nuestra casa, cuando intentamos olvidar alguna experiencia dolorosa, en realidad estamos reprimiéndola. Todo lo *reprimido* se convertirá en algo *no procesado*, yéndose al sótano de nuestra casa, congestionando al inconsciente. También los *tabúes* de la cultura congestionarán al inconsciente. Tarde o temprano el sótano habrá acumulado tanto polvo y suciedad, que las ratas y las cucarachas comenzarán a vivir en él, y un día invadirán el resto de la casa. Así es como el inconsciente afecta al resto de la psique, al cuerpo y a toda nuestra vida, cuando está congestionado y no se atiende.

La actitud de tratar de olvidar (reprimir) lo doloroso y traumático de nuestra vida proviene de la falta de cultura general en psicología, de la cual ya hemos hablado. Al no haber una conciencia psicológica en la gente, el concepto del *inconsciente* se desconoce. Todo lo reprimido y no procesado congestionará al inconsciente, provocando a la larga tumores psicológicos; trastornos del neurodesarrollo, trastornos de la personalidad, enfermedades en el cuerpo, accidentes, disfuncionalidad, fracasos en nuestra vida familiar y laboral, bloqueos en el dinero, imposibilidad de lograr el éxito, etc., así como también un incorrecto desarrollo en la conciencia (superego); la conciencia se convertirá en un juez severo que asfixiará a la persona (ego) imponiéndole una moral tóxica (lucha entre el bien y el mal) e ideales (delirios de perfección), creando tensiones y conflictos entre el yo ideal y el yo real.

Cuando el inconsciente está congestionado, el superego (lo que anhelamos ser) le exigirá a la persona humana (lo que somos) mediante juicios, expectativas y autoexigencias que se abniegue y se esfuerce para alcanzar eso que desea ser, provocando trastornos y patrones de conducta tóxicos en la personalidad. El yo real será reprimido y rechazado, y en su lugar aparecerá una frenética búsqueda de alcanzar al yo ideal, invalidando las partes de la personalidad que no corresponden con lo anhelado. La personalidad terminará escindida, entre aquello que quiere ser y lo que rechaza de sí misma, que no le gusta ser, afectando profundamente la autoestima. O bien, en los trastornos mentales severos habrá amoralidad (psicopatía); la persona será incapaz de distinguir la diferencia entre el bien y el mal.

Para lograr el óptimo desarrollo de la persona humana y la conciencia se deberá atender todo aquello reprimido y no procesado que ha quedado codificado en el inconsciente, por el pasado no resuelto. Es así como el proceso de individuación comenzará a suceder. La gente que no tiene cultura general sobre psicología no sabe la importancia de trabajar con el pasado no resuelto (inconsciente congestionado), y cómo este afecta las demás instancias de la psique, así como a nuestra realidad externa. A través de la psicoespiritualidad y la educación universal iremos comprendiendo la importancia del trabajo con el inconsciente para lograr nuestra autorrealización.

El inconsciente y la religión

Desde siempre la cultura ha estado influenciada por el paradigma de la religión, sin embargo, con la aparición de la ciencia han cambiado mucho las cosas. El descubrimiento del inconsciente revolucionó por completo a la cultura, permitiéndonos ir de la mente supersticiosa a una comprensión más objetiva de los comportamientos y sucesos humanos.

Cabe resaltar que aún hoy en día gran parte de la población sigue estando muy influenciada por el paradigma de la religión y la mente supersticiosa. Desde siempre la religión ha dicho que las causas principales de los comportamientos antisociales e inmorales del ser humano provienen de fuerzas sobrenaturales oscuras, representadas simbólicamente por el diablo, los malos espíritus, los demonios y los dioses y diosas que castigan a los mortales. Desde la perspectiva religiosa, también las enfermedades, tragedias, los accidentes y fracasos siempre han sido vistos como manifestaciones de la misma oscuridad demoniaca.

Las religiones utilizan el lenguaje simbólico para explicar los procesos de la existencia, y se vuelven útiles siempre y cuando se comprenda cómo utilizar e interpretar su simbolismo, de lo contrario, se convierte en fe ciega y superstición. El simbolismo del diablo, los demonios y los dioses y diosas enojados hace referencia a estructuras psíquicas dentro del ser humano; más adelante, cuando estudiemos la ley de que lo que es adentro es afuera, conoceremos cómo la psique está conectada con la realidad exterior, y también, cuando veamos al inconsciente colectivo y los arquetipos, comprenderemos la naturaleza simbólica de la psique, así como de todo lo creado. Existe un punto donde la religión con sus metáforas se encuentra con la ciencia y los procesos psicológicos; ese punto lo conoce muy bien la psicoespiritualidad y gracias a ella podremos comprender la relación intrínseca que hay entre ciencia y religión.

Cuando el inconsciente queda congestionado por todo lo reprimido y no procesado, producto del pasado psicológico no resuelto (personal y ancestral) y por los tabúes de la cultura en la que nos tocó vivir (inconsciente social y cultural), se convierte metafóricamente en la *sombra.* Freud le llamó el *ello,* la religión cristiana le llamó el *diablo.* Esta sombra perseguirá en las pesadillas a la persona y también provocará situaciones enredosas en la realidad exterior. Todo aquello congestionado en el inconsciente provocará trastornos mentales en el yo y una conciencia (superyó) subyugada por una moral tóxica e ideales que esclavizarán a la persona humana a través de juicios, expectativas y autoexigencias, y en otros casos la conciencia se tornará amoral. Entre mayor sea el nivel de congestionamiento en el inconsciente, más oscuridad habrá en la vida de la persona y su conciencia.

El diablo, los demonios y los dioses y diosas enojados con el ser humano son metáforas, alegorías que expresan el congestionamiento del inconsciente. Como el descubrimiento del inconsciente es reciente, la sociedad no podía comprender que las actitudes y conductas perversas del ser humano proviniesen del mismo ser humano, no de una posesión exterior a él. Con la comprensión del inconsciente, podríamos decir que aquello que llaman diablo está dentro de nosotros y se despertará mientras no se atiendan las heridas psicológicas, traumas y tabúes que están codificados en lo profundo del inconsciente. Todo aquello que no se atienda se volverá en contra nuestra. Las tres instancias de la psique comenzarán a luchar entre ellas: el inconsciente congestionado (la sombra) se pondrá en contra de la persona y la conciencia, y viceversa.

Por siglos la religión cristiana ha dicho que nos alejemos del diablo, del mal, incluso que luchemos contra él. En las religiones orientales, como el budismo tibetano, en la entrada de sus templos hay figuras demoniacas. Esta diferencia es sustancial: Oriente comprende que no debemos luchar contra las fuerzas oscuras, sino integrarlas, a diferencia del cristianismo, que ha planteado reprimir estas fuerzas. La cultura occidental nunca ha comprendido la importancia de no reprimir a la oscuridad, y este factor ha provocado una contradicción fundamental en la psique; las creencias religiosas occidentales han provocado una moral tóxica en la conciencia (superego), que reprimirá a las fuerzas oscuras del inconsciente (ello), provocando graves trastornos mentales en la persona (ego). A diferencia de la cultura oriental, que planteó integrar a la oscuridad para acceder al templo (divinidad). Por eso hay representaciones demoniacas en las entradas de los templos, para expresar la importancia de trabajar con el inconsciente, con la sombra.

Solo trabajando correctamente con el inconsciente, no reprimiéndolo sino descongestionándolo, es que el proceso de individuación puede suceder. Lamentablemente las creencias religiosas en Occidente plantearon exactamente lo opuesto: al inconsciente (al diablo) hay que reprimirlo, incluso luchar contra él. Al quedar lo inconsciente reprimido, la persona y la conciencia se marchitarán, y no podrá haber proceso de individuación, que es sinónimo de redención, salvación y liberación. Este es el error principal del mito cristiano: haber puesto al diablo como un enemigo de Dios. En las religiones orientales, así como en la comprensión correcta de nuestro psiquismo, el diablo (el inconsciente) no es un enemigo, es un aliado. Por razón de las creencias tóxicas provenientes del mito cristiano, el individuo perteneciente a la cultura occidental ha padecido de una inmensa contradicción en su interior. Al quedar el inconsciente reprimido, la conciencia adopta una moral tóxica (lucha entre el bien y el mal) y la persona humana se llenará de trastornos mentales.

Más adelante comprenderemos la influencia de las religiones en nuestra psique y cómo estas deberán ser interpretadas de forma correcta para la restructuración del tercer nivel del inconsciente (inconsciente colectivo), que influye enormemente en la persona humana y la conciencia. La creencia tóxica que fundamenta a todo el mito cristiano es que el Diablo (el inconsciente) es el gran enemigo de Dios (supraconciencia), por lo que es necesario alejarnos de él (reprimirlo). Entre más se lucha y se reprime al inconsciente, más se congestiona y se afecta a la persona y la conciencia: más nos alejamos de la posibilidad del despertar espiritual y de lograr que el personaje humano que nos tocó representar en el juego o película del mundo logre la excelencia en el juego. No puede haber un despliegue correcto de nuestro potencial sin el trabajo correcto con el inconsciente, que nunca será el de reprimirlo, sino el de integrarlo. En eso consiste el proceso de individuación para llegar a ser personas completas y libres.

Debemos aprender a trabajar con nuestra sombra para alcanzar la autorrealización. Nos volvemos pésimos jugadores en el juego de la vida por no saber cómo trabajar con el inconsciente; tarde o temprano, todo aquello reprimido que no hemos sabido atender aparecerá en forma de enfermedades, accidentes, fracasos, trastornos mentales, dramas, tragedias, etc., y la cultura supersticiosa le seguirá llamando el diablo, la mala suerte, el castigo divino. Todo aquello reprimido del inconsciente se volverá en contra nuestra, manifestando situaciones enredosas en el exterior, privándonos del despertar espiritual y el verdadero éxito en el mundo.

Lo que es adentro es afuera (el poder de manifestación y atracción)

Otra de las leyes divinas que rigen al juego de la existencia es que la psique está completamente conectada con su realidad externa. Si la psique está sana, manifiesta y atrae de una manera; si está insana, manifiesta y atrae de otra forma. La psique está conectada con sus circunstancias de una manera que no todos lo pueden comprender. Así como la ley de causa y efecto en los fenómenos psicológicos ha estado oculta para la mayoría de la gente, lo mismo ocurre con la ley de que *lo que es adentro es afuera.*

Todo aquello congestionado en el inconsciente no permite un sano desarrollo en la persona humana y su conciencia, pero también determina en gran medida al poder de manifestación y atracción de la psique. De esto nunca ha hablado la psicología clásica, solo la psicoespiritualidad, que se apoya de la psicología avanzada y oriental. Gracias a la práctica de la meditación, se llega a comprender que todas las *apariencias* son vacío luminoso y este entendimiento nos permite reconocer que la mente y la experiencia constituyen una unidad. Este es otro de los grandes errores que ha cometido la psicología clásica: puesto que la salud mental está relacionada con el orden y el éxito en el mundo, no podemos hablar de una salud mental sin considerar a la realidad externa.

La relación con nuestra realidad externa es un reflejo de nuestros niveles de conciencia, del desarrollo de la persona y del inconsciente.

Nuestros avances en el proceso de individuación se deberán ver reflejados en el exterior, de lo contrario no habrá sucedido un cambio real en la psique. Por cada cambio real en el interior de la psique, habrá cambios reales en el exterior de la misma.

En los últimos años se ha puesto muy de moda que una gran cantidad de emprendedores, *coaches* e incluso psicólogos y artistas, hablen del poder de manifestación y de la ley de la atracción para alcanzar el éxito. Sin embargo, para comprender el poder de manifestación y atracción, necesitamos conocer todos los elementos que están relacionados con estos poderes, que en general se desconocen, haciéndole creer a la gente que con el pensamiento positivo o "echándole ganas" será suficiente para alcanzar el éxito tan añorado. Será necesario comprender a fondo la conexión que tiene nuestra psique con su realidad exterior, para saber utilizar realmente todo su potencial de manifestación-atracción y así conquistar lo que buscamos.

El poder de atracción y manifestación de la psique está conectado con la voluntad de cada una de sus instancias o partes: la voluntad de la persona humana, la voluntad de la conciencia, la voluntad del inconsciente y la voluntad divina. Por lo mismo no existe el libre albedrío, sino estas cuatro voluntades coexistiendo y colaborando entre ellas para nuestro más alto bien. Todas ellas trabajan en conjunto para manifestar todo lo que sucede en nuestra realidad tanto interna como externa.

La *voluntad del inconsciente* es la que responde a nuestras necesidades básicas: instintos de reproducción y supervivencia, pulsiones de vida y de muerte, deseos y miedos inconscientes. La *voluntad de la persona humana* (voluntad egoica) es la que responde a nuestras necesidades de amor y estima: pertenencia, respeto, amistades, familia. La *voluntad de la conciencia* es la voluntad que responde a nuestras necesidades complejas: reconocimiento social, vocación, autorrealización. Obedece a todo aquello a lo que aspiramos a convertirnos (expectativas, ideales). Y, por último, la *divina voluntad* es el poder divino y supremo que sabe nuestro camino, la fuerza que está detrás de toda la obra de teatro o película del mundo y que mueve a todos los personajes que forman parte de ella. Todas estas voluntades coexisten al mismo tiempo, expresándose en el cuerpo, en actitudes, en conductas, en niveles de conciencia y situaciones externas. Las tres voluntades del personaje, así como la voluntad de Dios, siempre están alineadas hacia el mismo fin, aunque a veces no lo parezca.

El juego del ajedrez (la ley de la dualidad)

El mito cristiano que fundamenta a toda la cultura en Occidente, al haber postulado que el diablo era el enemigo de Dios, no permitió la comprensión de la ley de la dualidad, donde los opuestos en realidad se complementan: luz-oscuridad, bueno-malo, éxito-fracaso, salud-enfermedad, mujer-hombre, inconsciente-conciencia, sueño-vigilia, persona-espíritu, etc. Los opuestos luchan, puesto que esa es su dinámica, pero es a través de esa lucha como podemos apreciar que en realidad se complementan. La complementariedad de los opuestos es la naturaleza verdadera de las cosas, es otra de las reglas del juego de la realidad. En ese sentido, el inconsciente no es el opuesto de la conciencia, sino su complemento.

Gracias al trabajo con el inconsciente, la conciencia y la persona se pueden desarrollar. Otra manera de comprender a la ley de la dualidad es entender que *de todo se aprende*. La vida es una escuela y la obra de teatro o película que es el mundo se despliega a través de aprendizajes. Los niveles del juego son distintos aprendizajes que la psique va adquiriendo para alcanzar nuevos niveles de evolución (distinciones psicoespirituales). En ese sentido, todo lo que sucede en la vida es aprendizaje. Las tres voluntades de la psique, así como la divina voluntad, van a manifestar situaciones externas que serán un reflejo de todo aquello que se debe descongestionar del inconsciente, para el óptimo desarrollo de la persona y la conciencia dentro del juego de la realidad.

Viktor Frankl (1905-1997) fue un psiquiatra y neurólogo austriaco sobreviviente del Holocausto, conocido principalmente por desarrollar la *logoterapia*, una forma de psicoterapia que se centra en la búsqueda de sentido. Este sentido no es algo que se pueda dar de manera abstracta, sino que surge de las experiencias personales, las relaciones, las decisiones y la capacidad de encontrarle un propósito al sufrimiento. Frankl decía que el sufrimiento era una parte inevitable de la vida, pero era posible trascenderlo encontrando su verdadero significado.

Gran parte de la teoría de Viktor Frankl está influenciada por sus propias experiencias como prisionero en los campos de concentración nazis. En sus libros, Frankl relata cómo a pesar de las condiciones terribles y deshumanizantes, algunos prisioneros eran capaces de encontrar significado en su vida a través de actos de bondad, solidaridad o simplemente por la esperanza de un futuro mejor. Frankl argumenta que aquellos que eran capaces de encontrar un sentido en su sufrimiento tenían una mayor probabilidad de sobrevivir psicológica y físicamente.

Podemos decir que, para superar los momentos más difíciles de nuestra vida, es necesario rescatar las enseñanzas ocultas que nos dejaron. Toda vez que dejamos de lamentarnos por los obstáculos, dificultades y tragedias de la vida, y aprendemos a mirar los aprendizajes que hay en ellos, podemos vislumbrar un sentido trascendental sobre los mismos, comprendiendo la ley de la dualidad y cómo se despliega el juego de la realidad a través de sus luces y sombras.

Entendámoslo de la siguiente manera: imaginemos que estamos sentados frente al diablo, jugando una partida de ajedrez contra él. Su manera de mover las piezas siempre estará en relación con nuestros puntos ciegos y debilidades. El diablo es muy astuto y sabe leernos muy bien; donde huele nuestros miedos, ahí es donde ataca. Nuestros puntos ciegos y debilidades son todas las heridas psicológicas, traumas, sistemas de creencia y patrones de conducta tóxicos que han quedado codificados en el inconsciente (el pasado no resuelto), provocando su congestionamiento. El diablo sabe perfectamente toda la dinámica que sucede en nuestro interior, por lo mismo, ganarle la partida será imposible, a menos que desarrollemos autoconocimiento.

El conocimiento de uno mismo nos lo dará la educación universal (psicoespiritualidad, arte, desarrollo arquetípico, meditación, yoga de los sueños, etc.), de esta forma podremos conocer nuestros puntos ciegos y debilidades, y podremos entender cómo mueve las piezas el diablo. Comprender que el diablo ataca precisamente en nuestros puntos ciegos es comenzar a conocer a nuestro contrincante. Conforme comenzamos a sanar e integrar todas nuestras heridas y traumas del pasado no resuelto, lo que en un inicio se sentía como puntos ciegos y debilidades, más adelante se convertirá en nuestra fortaleza. Esto provocará que tengamos la posibilidad de ganarle la partida al diablo. Mientras sigamos teniendo puntos ciegos y debilidades, producto del pasado no resuelto, es imposible ganarle la partida. El diablo mueve sus piezas y nos ataca precisamente donde hay un punto ciego, una debilidad, pero lo hace para ayudarnos a crecer. Es así como los opuestos se complementan.

El diablo es un contrincante muy fuerte y astuto, que conforme lo vamos conociendo nos damos cuenta de que en realidad es un maestro que nos está ayudando a crecer. Veamos un ejemplo: tenemos pánico a la soledad, y por lo mismo no nos podemos separar de nuestra pareja, aunque en nuestra relación no haya amor ni respeto. Un día, nuestra pareja nos abandona yéndose con otra persona. El diablo movió sus piezas para atacar exactamente donde estaba nuestra debilidad.

En el camino del autoconocimiento que nos brinda la educación universal y la psicoespiritualidad, podremos entender que el miedo al abandono que padecemos hunde sus causas en el pasado no resuelto. Revisando nuestro pasado, podríamos descubrir una antigua herida de abandono de nuestra infancia, o de algún ancestro, que no ha sido descodificada de nuestro inconsciente. Recordemos que todo el pasado no resuelto está codificado en el inconsciente. El maestro diablo movió las piezas de tal forma, para que nosotros pudiéramos comprender aquello que aún no está resuelto de nuestro pasado, y que aún congestiona al inconsciente, impidiendo el desarrollo de nuestro potencial. Así es como están conectadas las situaciones externas con nuestra realidad interna.

Mientras no conozcamos la ley de que lo que es adentro es afuera, seguiremos pensando que el diablo es nuestro enemigo y que los opuestos no se complementan, sino que simplemente están en lucha. La educación universal y la psicoespiritualidad nos van a enseñar las reglas del juego para que podamos triunfar en él. Una de estas reglas principales es que todo lo que ocurre en la vida tiene una relación con nuestro interior. La psicología clásica dice: "Infancia es destino". La psicología avanzada dice: "Árbol genealógico y cultura son destino". La psicoespiritualidad dice: "Toda la psique (inconsciente, persona, conciencia) y el Dios interior (espíritu o alma) son destino".

Es necesario abrirnos a comprender la relación que hay entre la psique y su realidad externa, solo así podremos comenzar a conocer el juego de ajedrez que todos, sin excepción, estamos jugando inevitablemente contra el diablo. El juego del ajedrez contra el diablo es parte del juego de la realidad y está hecho para que podamos crecer. El diablo, al final de cuentas, es un contrincante que nos mostrará todas las zonas de nuestro potencial que ha quedado reprimido y dormido, todo el pasado no resuelto que ha dejado al inconsciente congestionado.

La vida manifestará situaciones para que nos atrevamos a salir de nuestra zona de confort y podamos desarrollar nuestro potencial. Estas situaciones dramáticas y dolorosas tienen un sentido trascendental, siempre y cuando tengamos conciencia de las reglas del juego, de lo contrario nos quedaremos en una posición de víctimas, quejándonos y lamentándonos de todo lo que sucede en nuestra vida. La víctima le tiene mucho miedo al diablo (su propio inconsciente) y se resiste a jugar contra él. La víctima es una actitud de la persona humana que se resiste a jugar el juego de la realidad (mecanismo de defensa).

Nuestros puntos ciegos y debilidades están íntimamente relacionados con los traumas y heridas psicológicas, sistemas de creencia y patrones de conducta tóxicos, personales y ancestrales, de nuestro pasado no resuelto. En tanto haya pasado no resuelto, existirá el juego del ajedrez contra el diablo. El sentido trascendental de este personaje arquetípico del diablo, dentro de la obra de teatro o película del mundo, es que el personaje humano que nos tocó representar pueda evolucionar hasta alcanzar la excelencia y la trascendencia en el juego. Este sublime objetivo pasa necesariamente por la integración de todos los elementos del inconsciente.

Los *jaques del diablo* están diseñados para que podamos conocer las programaciones (huellas kármicas) en nuestro inconsciente que aún no han sido descodificadas y así podamos evolucionar al personaje humano y su conciencia. La resolución del pasado no resuelto deberá suceder a través de la educación universal; la maestra vida estará creando situaciones en el exterior (obstáculos, dificultades, dramas y tragedias) que tendremos que enfrentar, aprendiendo a revelar las causas internas que están relacionadas con estos enredos, así podremos comprender, por un lado, la ley de que lo que es adentro es afuera, y, por otro, aprenderemos a utilizar las pruebas de vida como oportunidades para la resolución del pasado no resuelto y el desarrollo de nuestro potencial.

Las situaciones más dolorosas que ocurren en nuestra vida humana son los jaques del diablo. En un primer momento estas situaciones se sienten como injusticias o castigos divinos, sin embargo, están apuntando a situaciones de nuestro pasado no resuelto donde se formaron heridas psicológicas y traumas en nuestra psique, y que, por no haberlas atendido a tiempo, la vida manifiesta situaciones para que les hagamos frente.

Todo lo que no queramos ver y procesar por nosotros mismos, la vida se encargará de crear situaciones para que lo hagamos. Así es como el personaje dentro de la obra de teatro o película del mundo está conectado con el creador de la obra y el destino. Así es como la divina voluntad está conectada con las tres voluntades del personaje:

voluntad egoica, voluntad inconsciente y voluntad de la conciencia. El creador de la obra, junto con la psique, desplegarán situaciones para que los personajes dentro de la misma se desarrollen. Los personajes en los primeros niveles del juego siempre son temerosos y cobardes, por lo que la obra desplegará situaciones externas a ellos para que puedan desarrollar el potencial necesario que los llevará a la excelencia del juego. Por lo mismo le han llamado al proceso de individuación *el viaje del héroe.*

Será en el juego de ajedrez contra el diablo (descongestionamiento del inconsciente) que lograremos fortalecernos y desplegar nuestro potencial completo. Ponernos a la altura del juego contra el diablo dependerá del compromiso con la educación universal y la psicoespiritualidad. De esta forma, donde él ataque, será una grandiosa oportunidad para conocernos a nosotros mismos y comprender lo que aún nos falta por integrar y sanar del inconsciente, que naturalmente desarrollarán a la persona humana y su conciencia, hasta la excelencia del juego.

Los jaques del diablo serán una increíble oportunidad para avanzar en el proceso de individuación, puesto que siempre apuntan a todo aquello de nuestro pasado no resuelto, que deberá ser procesado para el óptimo desarrollo de nuestro potencial. No puede ser de otra manera. Nadie puede evitar el juego de ajedrez contra el diablo, puesto que así está hecha la realidad, a través de la ley de la dualidad.

El juego de ajedrez contra el diablo es la esencia de todo el juego dual de la realidad, que permitirá el desarrollo de los personajes dentro del mismo. Se necesitan los obstáculos y dificultades para la resolución del pasado y el desarrollo de nuestro potencial, así como también se necesitará de la educación universal para que nos enseñe a utilizar todo lo que sucede en la vida a nuestro favor. La educación universal y la psicoespiritualidad serán las encargadas de enseñarnos cómo aquello que se manifiesta en nuestro exterior, sea positivo o negativo, está interconectado con los distintos niveles del inconsciente, la persona y la conciencia. De esta forma podremos acompañar nuestro proceso de vida con la educación universal, para ir logrando el proceso de individuación.

En general, como no se conoce a la educación universal, las experiencias dolorosas, los obstáculos y dificultades que tenemos en la vida no se aprovechan como oportunidades para integrar aspectos del inconsciente. Las situaciones que suceden en nuestra vida son un *espejo* de lo interior; cuando aparecen obstáculos, dificultades, dramas y tragedias, estas son un espejo de situaciones no resueltas de nuestro pasado, tanto personal y ancestral, como de sistemas de creencia tóxicos provenientes de la sociedad y la cultura (tabúes). Todo el exterior debe ser visto como un espejo para que podamos comprender los mensajes ocultos que nos traen las situaciones que suceden en nuestra vida. Aprender a conectar lo que sucede afuera con lo que llevamos dentro es parte de lo que aprendemos en la educación universal.

Llegará un día en el que podamos comprender que el diablo es un maestro, y es la forma en cómo la vida se despliega para ayudarnos a crecer y lograr la madurez psicoespiritual. Un día le daremos jaque mate al diablo y ese día será cuando ganemos el juego de la vida. Para eso tendremos que descongestionar los tres niveles del inconsciente y llevar a la persona humana a la excelencia como jugador, así como desarrollar a la conciencia hasta alcanzar la supraconciencia (ética universal, leyes del cielo, desarrollo arquetípico).

En conclusión, para saber utilizar todos los obstáculos (por más extremos que sean) que la vida nos pone (jaques del diablo), y así lograr nuestro proceso de individuación, tenemos que conocer la estructura de nuestra psique (conocimiento de uno mismo) y su relación con el exterior. Este sublime saber será parte del recorrido dentro de la educación universal (y la psicoespiritualidad). Sin la educación universal seguiremos ignorando las reglas del juego de la realidad y cómo se despliega la obra de teatro o película del mundo, en relación con nuestro personaje humano. Será imposible alcanzar la excelencia en el juego y ganarlo sin la educación universal.

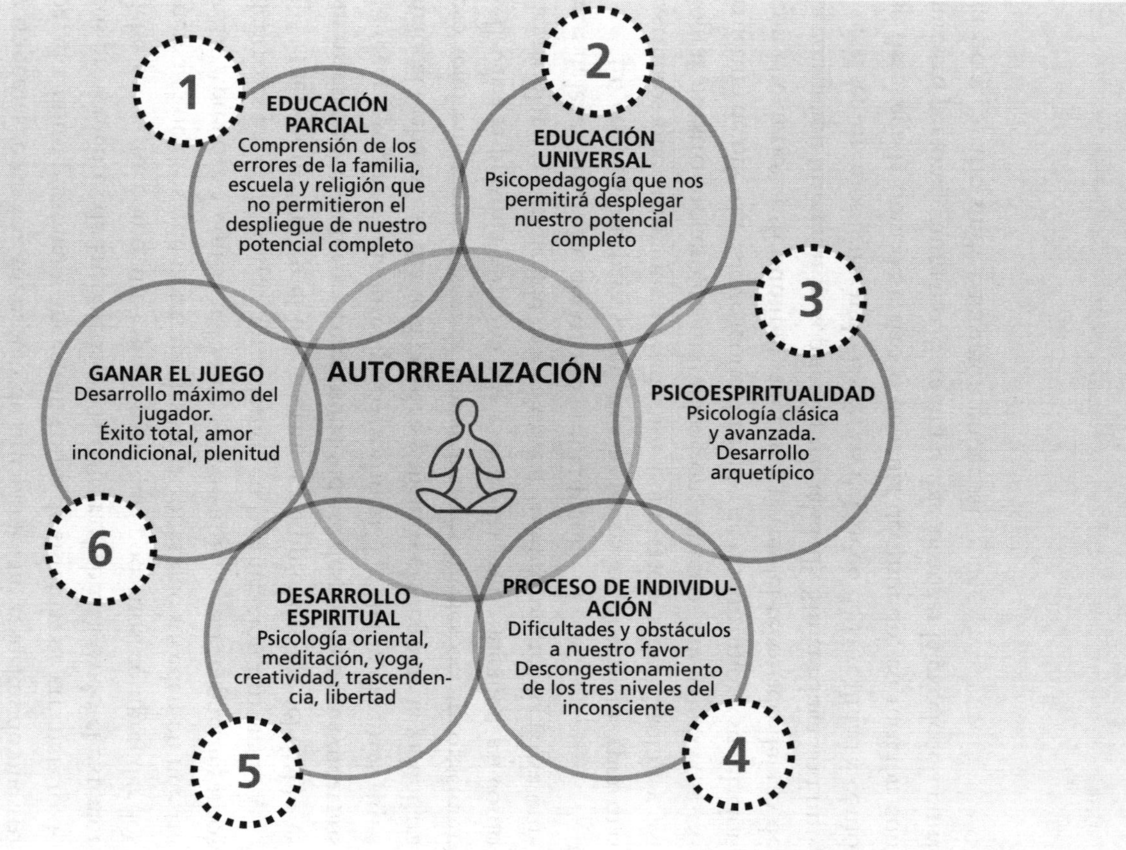
AUTORREALIZACIÓN
1
EDUCACIÓN PARCIAL
Comprensión de los errores de la familia, escuela y religión que no permitieron el despliegue de nuestro potencial completo
2
EDUCACIÓN UNIVERSAL
Psicopedagogía que nos permitirá desplegar nuestro potencial completo
3
PSICOESPIRITUALIDAD
Psicología clásica y avanzada. Desarrollo arquetípico
4
PROCESO DE INDIVIDU-ACIÓN
Dificultades y obstáculos a nuestro favor
Descongestionamiento de los tres niveles del inconsciente
5
DESARROLLO ESPIRITUAL
Psicología oriental, meditación, yoga, creatividad, trascenden-cia, libertad
6
GANAR EL JUEGO
Desarrollo máximo del jugador.
Éxito total, amor incondicional, plenitud

El descongestionamiento del inconsciente

Para alcanzar la excelencia en el juego de la vida, para lograr el despliegue de todo nuestro potencial, se deberá descongestionar al inconsciente. Este objetivo sublime permitirá el correcto desarrollo de nuestra personalidad y de la conciencia; la psique entera, con todas sus partes, se habrá logrado sanar. Esto permitirá que su poder de manifestación y atracción diseñe una realidad exterior ordenada, permitiendo la funcionalidad en todas las áreas de nuestra realidad. Todo este proceso de individuación será posible si se acompaña paralelamente con el despertar y desarrollo espiritual.

Por un lado, la psicología clásica plantea que para alcanzar el óptimo desarrollo de nuestra personalidad y conciencia es necesario descongestionar solo el primer nivel del inconsciente. Este gran error que ha cometido la psicología clásica por el desconocimiento del nivel dos (árbol genealógico) y nivel tres (colectivo) del inconsciente no le ha permitido ofrecer una verdadera acción terapéutica, capaz de llevarnos a la autorrealización y al éxito total en el juego de la vida. A menos que logremos el descongestionamiento total del inconsciente (tres niveles), no será posible lograr el proceso de individuación.

Por su parte, la psicología oriental expone que el despertar y desarrollo espiritual es lo más importante, si queremos alcanzar la autorrealización, y su metodología está basada en la meditación y el yoga:

este camino será efectivo siempre y cuando sea efectuado en ashrams o monasterios y nos dediquemos tiempo completo a la práctica espiritual. Ya hablaremos de esto más adelante. En lo que a la psicoespiritualidad se refiere, esta sí considera a los tres niveles del inconsciente y sabe lo importante que es el descongestionamiento de todo el inconsciente para alcanzar el pleno desarrollo de la psique. También considera al despertar y desarrollo espiritual a través de una práctica articulada con la vida moderna, sin necesidad de excluirnos en ashrams o monasterios.

La psicoespiritualidad es una combinación precisa y perfecta, tanto de la psicología clásica y avanzada, como de la psicología oriental, de forma que nos va a permitir realizar un doble camino paralelo para lograr nuestra autorrealización: por un lado, el descongestionamiento de los tres niveles del inconsciente y, por otro, una práctica espiritual fundamentada en la psicología oriental, sin necesidad de tener que retirarnos del mundo. Recordemos que la autorrealización sucederá a través de este doble proceso: por un lado, el desarrollo de nuestra persona humana hasta la excelencia del juego de la realidad y, por otro, a través del despertar y desarrollo espiritual, para trascender el juego de la vida y encontrar lo que está más allá de la obra de teatro o película que es el mundo.

La psicología clásica occidental solo contempla el desarrollo del personaje dentro de la obra, y no lo que está más allá de ella, por lo que, sin la trascendencia del juego de la realidad, el personaje tampoco podrá alcanzar la excelencia dentro del mismo. Se necesita el conocimiento del divino actor (Buda, Dios, ser verdadero) que está detrás del personaje humano para alcanzar la funcionalidad sagrada. Mientras no suceda el despertar espiritual, nuestro ser verdadero permanecerá dormido dentro de la ilusión del personaje humano que somos y su historia en el tiempo. La psicoespiritualidad sí contempla el descubrimiento de lo que está más allá del juego de la realidad, para poder alcanzar nuestra libertad y plenitud. Se necesitará el despertar y desarrollo espiritual para que nuestro personaje humano alcance la perfección como jugador, así como también para que podamos ganar y trascender el juego.

Para que el despertar y desarrollo espiritual sucedan de forma correcta, la psique tiene que desarrollarse también de manera correcta. El criterio fundamental para que esto suceda es el descongestionamiento de los tres niveles del inconsciente, que permitirá no solo el desarrollo óptimo de la persona y la conciencia, sino la formación de un *puente* entre la psique y la dimensión espiritual o trascendental (lo que está más allá del teatro o película del mundo y sus personajes).

El correcto descongestionamiento de los tres niveles del inconsciente nos llevará gradualmente a la dimensión espiritual. La integración de todos los contenidos del primero y segundo niveles del inconsciente nos permitirá estar preparados para el trabajo con el tercer nivel del inconsciente: el colectivo. El descongestionamiento del tercer nivel del inconsciente consistirá principalmente en el *desarrollo arquetípico*. Será gracias al trabajo con el tercer nivel del inconsciente que se podrá establecer un puente entre la psique y el mundo divino. Una vez que este puente se haya establecido, producto de la integración de todos los aspectos del inconsciente y sus tres niveles, todas las instancias de la psique se verán profundamente beneficiadas; la persona humana (personalidad, ego) alcanzará la excelencia en el juego de la realidad, adoptando conductas y actitudes sagradas; la conciencia (superego) se transformará en una supraconciencia (ética universal, leyes del cielo) a través de la encarnación de los valores universales, dando a luz al orden sagrado de las cosas, y, por último, el inconsciente habrá quedado plenamente iluminado (sueños lúcidos).

La conexión con la dimensión espiritual nos permitirá trascender el juego de la realidad (ilusión) y establecernos en el ser divino y verdadero, que es la suprema verdad del universo, tomando una sana distancia con el juego humano, que es efímero y dual por naturaleza. Esta sana distancia promoverá una óptima funcionalidad de nuestra psique en todas las áreas y los niveles del juego de la realidad.

Para lograr esta sublime realización, donde el despertar y el desarrollo espiritual terminarán de desplegar el potencial completo de la psique, será necesario primero preparar a la psique para alcanzar el verdadero despertar espiritual. La preparación que la psique necesita para estar preparada es el *descongestionamiento de los tres niveles del inconsciente*. Será gracias a este descongestionamiento total del inconsciente que la psique estará preparada para ser conectada orgánicamente con la dimensión espiritual.

En general se piensa que el despertar espiritual y todo lo relacionado con la dimensión trascendental es una cuestión de creencias, conceptos y filosofías, sin embargo, conforme vayamos comprendiendo lo que significa realmente descongestionar al inconsciente, nos podremos dar cuenta de que la conexión verdadera con la dimensión espiritual no tiene nada que ver con doctrinas ni filosofías, sino con un correcto desarrollo de nuestra psique, de nuestra persona humana y nuestra conciencia. Dios no es una creencia, es un desarrollo de conciencia. Podríamos entonces comenzar a vislumbrar las etapas o niveles dentro del juego de la realidad, como las distintas fases del proceso de individuación, hasta alcanzar la autorrealización (trascendencia, éxito total), etapas en las cuales seguiremos profundizando a lo largo del libro.

La persona humana comenzará a desplegarse dentro del juego en búsqueda de éxito, que solo podrá ser alcanzado si la persona trabaja con su propio inconsciente. Llegará un momento en que este proceso evolutivo, apoyado en la educación universal y la psicoespiritualidad, generen un puente entre el mundo material y la psique (personaje y obra de teatro o película del mundo) y el mundo trascendental, la dimensión transpersonal. El encuentro entre el personaje y su creador será lo que permitirá que la obra de teatro o película del mundo obtenga un desenlace correcto, un final feliz. Mientras el personaje no encuentre a su creador, no podrá alcanzar la excelencia en el juego, puesto que seguirá creyendo que la naturaleza de él mismo y la obra de teatro o película del mundo (la historia de su vida) son de sustancia real. El personaje no podrá alcanzar el grado de jugador (comprensión de que el juego de la realidad es una ilusión) sin el conocimiento de lo divino.

También será necesario practicar el *yoga de los sueños* para lograr el descongestionamiento completo del inconsciente. Este consiste en ir logrando la lucidez en los sueños (despertar dentro del sueño) a través de una serie de técnicas de la psicología oriental (budismo tibetano e hinduismo), con la finalidad de avanzar en nuestro proceso de individuación y autorrealización. La psicoespiritualidad no solo nos enseñará a interpretar correctamente los sueños, como lo propone el psicoanálisis, sino a utilizar los actos del dormir y del soñar como increíbles oportunidades para el despertar y desarrollo espiritual. De esta forma, tanto en el sueño como en la vigilia se llevará a cabo el descongestionamiento total del inconsciente.

El descongestionamiento de los tres niveles del inconsciente se vuelve, por lo tanto, fundamental, si queremos realizar el proceso evolutivo (individuación) hasta alcanzar la redención y liberación del personaje dentro del mismo juego (final feliz). Será solo a través de este proceso que el personaje logrará desplegar su máximo potencial dentro del juego, así como también que podamos realizar el verdadero despertar y desarrollo espiritual (trascendencia del juego), logrando el éxito, la libertad y la plenitud totales.

Las cinco heridas psicológicas o traumas (descongestionamiento de los niveles uno y dos del inconsciente)

Recordemos que el inconsciente se congestiona por todo lo reprimido y no procesado. La educación parcial que recibimos de la familia, la sociedad y la religión cometió muchos errores que provocaron un profundo congestionamiento en todos los niveles del inconsciente, bloqueando el desarrollo de nuestro potencial. Los primeros dos niveles del inconsciente se congestionan principalmente por los errores de la familia y la sociedad (escuelas, sistema educativo), mientras que el tercer nivel del inconsciente se congestiona sobre todo por la cultura y la religión.

Los errores esenciales por parte de la familia y las escuelas, que provocaron el congestionamiento del nivel uno y dos del inconsciente, en la forma de heridas psicológicas y traumas, son los siguientes:

1. Abandono emocional
2. La violencia intrafamiliar (abuso de poder)
3. Abuso sexual
4. *Bullying*
5. Sobreprotección

Abandono emocional

El *abandono emocional* aparece en el momento en que no hay amor, atención y respeto por parte de nuestros cuidadores durante la crianza, considerándose desde la concepción, la gestación y el nacimiento, hasta nuestra infancia y adolescencia (de los 0 a los 18 años). El abandono emocional es la consecuencia de la falta de amor, atención y respeto que no tuvieron nuestros cuidadores hacia nosotros, en las distintas etapas de nuestro desarrollo hasta alcanzar la mayoría de edad. En las etapas de nuestro desarrollo inicial de vida somos completamente dependientes de nuestros cuidadores, por lo que sus carencias afectivas perjudicarán el despliegue de nuestro potencial. Será necesario procesar el abandono emocional más adelante, llegados a la vida adulta, puesto que quedará reprimido en el inconsciente.

De bebés, niños y adolescentes no somos conscientes de lo grave que es tener familiares o cuidadores que nos faltan al respeto, que no saben darnos atención y amor. Las consecuencias del abandono emocional se verán reflejadas en la adultez, puesto que la herida o el trauma por abandono emocional no nos permitirá tener una alta autoestima, ni tampoco permitirá una funcionalidad en las distintas áreas de nuestra vida: familia, amistades, trabajo, dinero y salud. La herida psicológica o trauma por abandono emocional también podrá verse reflejada desde la adolescencia, llevándonos a padecer intensos sentimientos de desvalorización, autorrechazo y rebeldía social.

El abandono emocional por parte de los familiares o cuidadores congestiona en gran medida al inconsciente; en el nivel uno, quedarán codificadas las heridas de abandono de nuestra historia personal, y en el nivel dos, las heridas de abandono que sufrieron nuestros padres, abuelos y bisabuelos por parte de sus propios familiares o cuidadores. Recordemos que en el nivel dos del inconsciente se encuentra nuestro sistema familiar, el árbol genealógico.

La psicología clásica, al nunca haber contemplado al inconsciente familiar, no sabe que el individuo trae cargando dentro de su propio inconsciente memorias de dolor de sus familiares, que también afectan su vida y su destino. Por lo mismo, acercarnos a la psicología clásica no nos permitirá resolver las memorias de dolor que han quedado codificadas en el nivel dos del inconsciente, para eso tendremos que acercarnos a la psicología avanzada y sus técnicas de intervención, en específico las constelaciones familiares y la psicomagia. Más adelante hablaremos de estas herramientas con sumo detalle.

Los progenitores o cuidadores en general no comprenden que una crianza sin amor, atención y respeto provocará graves consecuencias en la vida de los niños. Quizá no sea posible darnos cuenta a simple vista de lo que esto significa, por la misma falta de cultura general en psicología, pero tendrá tremendas implicaciones en nuestra vida adulta. El abandono emocional puede derivar en herida psicológica o en trauma, dependiendo de su grado de intensidad. Se considera herida psicológica cuando los progenitores se hicieron cargo de sus hijos, pero no pudieron brindarles amor, atención y respeto. Se considera trauma cuando alguno de los dos progenitores, o los dos, abandonaron el hogar por separación, divorcio o muerte prematura, dejando al hijo o a los hijos abandonados a temprana edad.

También puede existir la *doble o triple herida psicológica o trauma* por abandono emocional, si aparte de padecer nuestra propia herida o trauma por abandono emocional le sucedió a uno o varios de nuestros ancestros. El congestionamiento del inconsciente será mayor y las consecuencias en nuestra realidad interior-exterior también serán más graves. En lo relativo a nuestra realidad interna, la autoestima, la salud y el desarrollo general de nuestra personalidad y conciencia se verán profundamente afectados por la herida o trauma de abandono (y por cualquiera de las cinco principales heridas), provocando trastornos mentales, menores, medios o severos, dependiendo del grado de intensidad de la herida o trauma.

Si nuestro inconsciente presenta una doble o tripe herida o trauma por abandono (o por cualquiera de las cinco principales heridas), los trastornos mentales serán más severos y los enredos que se derivan de este, en nuestra realidad externa, serán más complejos. La caída será más profunda. Recordemos que la psique manifestará en la realidad externa situaciones que reflejen, tal cual lo hace un espejo, todo aquello que aún no ha sido descongestionado del inconsciente, por lo que las situaciones dramáticas y trágicas que aparezcan en nuestra realidad (enfermedades, accidentes, divorcios, muertes prematuras, fracasos económicos, etc.) estarán íntimamente conectadas con las profundas heridas o traumas que no hemos resuelto de nuestro pasado, tanto personal como ancestral, codificado en nuestro inconsciente.

Veamos un ejemplo para comprender mejor el tema: una consultante mujer, de nombre Rosa, había perdido a su padre, a los seis años de edad, por muerte prematura. La madre de la consultante también había perdido a su padre, por muerte prematura, cuando aún era niña. El abuelo materno había crecido sin padre; el bisabuelo de Rosa había decidido casarse con otra mujer cuando la bisabuela estaba gestando al abuelo materno. La bisabuela siempre fue madre soltera y el abuelo materno nunca conoció a su padre. La consultante presentaba una triple herida de abandono emocional, la cual ignoraba y no había atendido. Dentro de su matrimonio, la consultante se sentía profundamente dependiente de su esposo y no lo podía dejar, aunque él la golpeara y le hubiese sido infiel varias veces. A la consultante se le había muerto recientemente su único hijo, a los seis años de edad. Padecía serios problemas de salud; tenía diabetes e hipertensión, entre otras cosas. También presentaba cansancio excesivo, ansiedad y depresión. El congestionamiento del nivel uno y dos de su inconsciente la llevó a manifestar un caos en su realidad familiar, así como también en su salud y autoestima. El diablo (congestionamiento del inconsciente, la sombra) le había hecho jaque, al llevarse a su único hijo.

Observando esta situación, en un primer momento podríamos pensar que la vida ha sido muy injusta con Rosa; ella fácilmente podría entregarse al victimismo, dejándose morir gradualmente de depresión y tristeza. Sin embargo, la diferencia estará en que Rosa (el personaje) conozca las reglas del juego de la realidad y pueda recibir el conocimiento correcto que nos brinda la educación universal y la psicoespiritualidad. Para eso Rosa tendría que buscar por ella misma tratamiento psicológico, no solo en su forma clásica (psicoanálisis), sino avanzada (constelaciones familiares, psicomagia, etc.), y también comenzar a meditar, hacer yoga, risoterapia y masajes (psicología oriental).

Si Rosa logra darse a sí misma una reeducación profesional (andragogía universal), comenzará a vislumbrar la increíble oportunidad que tiene para alcanzar su autorrealización. El problema reside cuando no nos atrevemos a buscar la educación universal por nosotros mismos, entonces lo más probable es que las circunstancias dramáticas y trágicas de la vida (jaques del diablo) terminen por marchitarnos. Por lo mismo se vuelve fundamental la educación universal, para poder darle la vuelta a todo lo que nos sucede en la vida y comprender la relación que hay entre nuestra realidad externa e interna, aprovechando los obstáculos y dificultades que aparecen en el camino para descongestionar nuestro inconsciente y lograr el proceso de individuación (madurez psicoespiritual).

El triple trauma de abandono emocional que Rosa carga, codificado en el nivel uno y dos del inconsciente, provocó que su hijo falleciera y que ella misma manifestara un matrimonio absolutamente disfuncional, el cual no ha podido disolver. El caos en la vida externa de Rosa solo es un reflejo de todo aquello congestionado en su inconsciente (el pasado no resuelto), al cual nunca supo hacerle frente, por la misma falta de una educación universal y cultura general en psicología (clásica y avanzada) que hay en todas partes.

La maestra vida (voluntad divina), cuando observa que la protagonista (personaje, persona humana) no está haciendo el trabajo interior por su propia cuenta, le pondrá las situaciones correspondientes para que se atreva a hacerlo, sacándola de su zona de confort. Esta divina voluntad se puede entender también como el *maestro interior* o la maestra interior. En el caso de Rosa, su maestra interior la llevó a enfrentar situaciones dramáticas y trágicas, para empujarla fuera de su zona de confort a buscar la educación universal, y que así ella pudiera, a través de las técnicas de intervención correctas, descongestionar su inconsciente, aprovechando los enredos y complicaciones de la realidad exterior.

Cuando aparecen situaciones complicadas en la realidad externa es cuando el maestro interior está pidiendo que descongestionemos e integremos ciertos aspectos del inconsciente. Así es como se despliegan los niveles del juego en la realidad. Todo lo que sucede exteriormente está conectado con el interior. En el caso de Rosa, también podría suceder que ella no se atreva a buscar la educación universal y sea devorada por sus propias heridas y traumas (jaque mate del diablo). No todos podrán ganar el juego de la realidad, muchos personajes se quedarán en el camino, producto de la ignorancia y el miedo que no les permitió movilizarse hacia nuevos niveles dentro del juego. A veces el congestionamiento del inconsciente es tan intenso, que la sombra termina por devorarnos, llevándonos a perder el juego, a marchitarnos.

Analizando con más detalle la situación de Rosa, ella tenía un trauma de abandono por la muerte de su padre, cuando ella tenía apenas seis años, misma edad en la que su hijo murió. Esta sincronía en las fechas confirma que, a través de la muerte de su hijo, Rosa y su conciencia revivían el dolor que había quedado reprimido y no procesado en el inconsciente (nivel uno). La historia de abandono emocional de Rosa también había sucedido en su abuelo materno, pues él había crecido sin padre, y también en la madre de Rosa, pues ella también quedaría huérfana a temprana edad.

Es en el nivel dos del inconsciente donde la memoria dolorosa proveniente de las heridas psicológicas y traumas de los ancestros se codifica. Como no hemos recibido una educación universal, no hay una cultura general en psicología y tampoco la psicología clásica sabe cómo descongestionar este segundo nivel, en general solo nos queda padecer las consecuencias de las memorias traumáticas de nuestros ancestros, sin saber cómo integrarlas. Será gracias a la educación universal, y en específico a la psicoespiritualidad, que podremos hacerlo.

En la consultante Rosa, el trabajo consistió en ir sanando su trauma de abandono personal por la muerte de su padre e hijo a través de la psicología clásica (de tres a cinco años en psicoanálisis) y, por otro lado, se tuvo que realizar un profundo trabajo en el descongestionamiento del nivel dos del inconsciente a través de la psicología avanzada (constelaciones familiares, psicomagia). De esta forma, y después de algunos años, se logró resolver el triple trauma de abandono que Rosa presentaba, pudiendo avanzar en el proceso hacia su individuación y autorrealización.

Será gracias a la confrontación e integración de los jaques del diablo que podremos dar pasos gigantes en el camino hacia nuestra plenitud, siempre y cuando sepamos cómo aprovechar los obstáculos y pruebas de vida, en relación con aquello que se debe descongestionar del inconsciente. En general, la ley de que lo que es adentro es afuera permanece oculta para la mayoría de la gente, impidiéndole conocer las reglas del juego. Sin el conocimiento de las reglas del juego, tampoco será posible alcanzar la excelencia como jugadores ni la trascendencia del mismo.

LAS ETAPAS DEL DESARROLLO PSICOEMOCIONAL

La desconexión emocional es una forma de abandono emocional hacia nosotros mismos y nuestros seres queridos. Existen progenitores o cuidadores que viven con su pareja e hijos, pero emocionalmente están ausentes. Su ausencia (cuerpo emocional contraído) es falta de amor, atención y respeto, y es considerada abandono emocional, aunque aparentemente se encuentren presentes en el hogar. Para que los progenitores o cuidadores puedan ofrecer a los niños una crianza basada en el amor, la atención y el respeto, tendrían que haber experimentado todas las fases del desarrollo psicoemocional.

La educación parcial y tóxica que recibimos de la familia, la sociedad y la cultura no consideró el desarrollo psicoemocional, por lo que en general nuestras emociones quedaron reprimidas. Al haber represión emocional, el potencial de amor, atención y respeto quedó cerrado. Es imposible ofrecer una educación a nuestros hijos con amor, atención y respeto, y también es imposible poder relacionarnos de manera saludable con las demás personas si durante las etapas de nuestro desarrollo existió *represión emocional.* Se deberá realizar un verdadero proceso transformativo a través de la educación universal y la psicoespiritualidad para descontraer al cuerpo emocional y desarrollar la inteligencia de nuestro corazón.

El desarrollo psicoemocional se compone de cuatro etapas: la primera es la *expresión de las emociones*; rabia, dolor, miedo, vergüenza, culpa y risa, a través de ejercicios de respiración, técnicas psicocorporales, herramientas actorales y de terapia grupal. Se deberá aprender a expresar estas emociones libremente permitiendo la catarsis. La segunda etapa consiste en la *sanación de las heridas psicológicas y traumas* de nuestro pasado, tanto personal como ancestral. Si las dos primeras etapas estuvieron bien hechas, podremos acceder a la tercera etapa: *el desarrollo de la inteligencia emocional*, que hace referencia a la autoexpresión y comunicación verdaderas, pues se habrán armonizando los procesos cognitivos e instintivos con las emociones, alcanzando nuestra autenticidad. La cuarta y última etapa será el *despertar de las emociones sublimes*, que nos permitirá aprender a encarnar en nuestro corazón el amor incondicional, la paz trascendental y la compasión universal.

Estas cuatro etapas del desarrollo psicoemocional permitirán la sanación de toda la represión emocional, así como de todo aquello emocional no procesado, que sucedió por causa de la educación parcial que recibimos (pasado no resuelto), siendo este proceso el único camino para liberar todo el potencial de amor, atención plena y respeto que quedó inhibido por las mismas heridas psicológicas y los traumas de nuestro pasado. Una vez logrado este objetivo sublime, podremos ofrecerles a nuestros hijos de manera natural una educación fundamentada en el amor, la atención y el respeto.

En ningún momento la psicología clásica ha podido desarrollar una sólida teoría de desarrollo psicoemocional. Lamentablemente el racionalismo venenoso de la ciencia ha influenciado en gran medida a la psicología clásica occidental, impidiéndole abrirse a una comprensión más profunda sobre el verdadero desarrollo psicoemocional, que pasa necesariamente por sentir las emociones, no por controlarlas o racionalizarlas. El desarrollo psicoemocional debe comenzar a través de la catarsis, aprendiendo a *dejarnos sentir* las emociones, a expresarlas con totalidad, parecido a los ejercicios de formación que necesita un actor o actriz para hacer teatro o cine. La catarsis será el primer paso para descontraer el cuerpo emocional.

En la década de 1990 el psicólogo estadounidense Daniel Goleman popularizó el concepto de *inteligencia emocional*, que hace referencia a la capacidad de reconocer, comprender y manejar nuestras propias emociones para alcanzar el éxito, sin embargo, en toda su metodología nunca habla de la etapa fundamental, de aprender a sentir y expresar de forma total nuestras emociones. Sin esta primera etapa las demás fases del desarrollo psicoemocional no podrán realizarse correctamente.

El paradigma represor de la religión y de la ciencia (la educación parcial y tóxica que recibimos) provocó que se reprimieran nuestras emociones desde muy temprana edad, relacionando la expresión emocional con lo inmoral: cuando un bebé o un niño llora, no se le permite hacerlo el tiempo que él necesite, se busca reprimir su llanto dándole biberón. Cuando los niños ríen demasiado se les calla. Cuando los niños y adolescentes se enojan, no se les enseña a expresar su coraje a través de cojines. Se les exige que se lo aguanten, que aprendan a controlarse. También se les enseña a esconder sus miedos, para aprender a competir, aplastando a los otros. Más tarde solo algunos adultos disfuncionales asistirán a terapia psicológica clásica, donde aprenderán a racionalizar sus emociones.

En ninguna parte se enseña el verdadero desarrollo psicoemocional que pasa primeramente por la libre expresión de nuestras emociones, después por la sanación de las heridas psicológicas y traumas, pasando por la inteligencia emocional y la comunicación verdadera, hasta alcanzar los sentimientos sublimes. Ni Freud, ni Jung, ni Lacan, ni Adler, ni Maslow, ni Rogers, ni Erickson, ni Fromm, ni nadie de los grandes psicólogos y psicoterapeutas clásicos pudo desarrollar una verdadera *teoría psicoemocional*, debido a la gran influencia que ha tenido el racionalismo venenoso de la ciencia en la misma psicología occidental y en todas partes.

Las emociones, al igual que la sexualidad, siguen siendo tabú. Afortunadamente, con la aparición de la psicoespiritualidad esta situación ha podido cambiar. Hoy día, gracias a la psicoespiritualidad y la educación universal, ya tenemos una teoría y práctica de desarrollo psicoemocional sólida, que nos permitirá desplegar nuestro potencial de amor, atención y respeto, sanando toda la represión emocional que sucedió, producto de las heridas psicológicas y traumas, y los tabúes de la cultura y sociedad en la que crecimos.

LAS CUATRO ETAPAS DEL DESARROLLO PSICOEMOCIONAL

	ETAPA DE DESARROLLO	DESARROLLO NATURAL	BLOQUEOS
Etapa 1	Infancia y adolescencia	Expresión emocional Catarsis	Desconfianza Inhibición emocional
Etapa 2	Adulto joven	Sanación de las heridas y traumas del pasado	Impulsividad Baja autoestima
Etapa 3	Adulto maduro	Inteligencia emocional Empatía Comunicación verdadera	Aislamiento social Timidez
Etapa 4	Vejez	Amor incondicional Paz Compasión	Depresión Enfermedades

VIOLENCIA (ABUSO DE PODER)

La violencia o *abuso de poder* aparece en el momento en que, aparte de la falta de amor, atención y respeto en nuestra crianza, también hay agresión verbal y física por parte de nuestros progenitores o cuidadores en nuestra niñez o en la adolescencia. La agresión verbal y física, dentro de la crianza, hacia los niños y adolescentes, echó raíces en nuestra cultura desde siglos atrás; desde tiempos antiguos se ha pensado que los cuidadores o progenitores deben imponerse sobre los niños para que aprendan a obedecer.

La educación parcial o profana está fundamentada esencialmente en abusos de poder, donde los educadores y cuidadores se imponen de manera autoritaria a los menores, con la finalidad, por un lado, de hacerse respetar y, por otro, de que los menores aprendan a obedecer. Los adultos, de manera incongruente, exigen respeto cuando ellos mismos no lo saben dar. Los niños y adolescentes aprenderán *la obediencia ciega a lo establecido*, producto de una educación tóxica, represora y arrogante, que no permite el pleno despliegue de su potencial, sino que, al contrario, producirá heridas psicológicas y traumas.

Los progenitores y cuidadores ignoran las graves consecuencias que tendrá la agresión verbal y física en la vida de los niños. Tampoco los gobiernos y las iglesias saben el inmenso daño que provocan los abusos de poder hacia los menores, porque el mismo Estado y la religión han abusado de su poder desde siglos atrás. Toda la educación parcial proveniente de la familia, la sociedad y la religión está fundamentada en abusos de poder. Sin embargo, tanto el Estado como la Iglesia están muy preocupados por acabar con la violencia que hay en el mundo, y muchos países buscan resolverla con medidas aún más coercitivas, imponiéndose sobre los pueblos. Otros países han tratado de investigar las causas de la violencia, diciendo que es la falta de empleo y desigualdad social, pero sin duda las causas principales de la violencia en el mundo son otras, y aún no han podido ser reconocidas, producto de una inmensa falta de cultura general en psicología tanto de la Iglesia como de los gobiernos, las escuelas y las familias.

La razón fundamental de que existan mafiosos, delincuentes, asesinos, etc., es la educación parcial articulada en todas partes, que no permite el sano desarrollo del potencial de los individuos. Los adultos que presentan conductas antisociales e inmorales generalmente fueron insultados, golpeados y humillados durante su infancia y adolescencia por sus progenitores o cuidadores, pero esto no se comprende, por la misma falta de sentido común y cultura general en psicología.

El mundo está tan acostumbrado a creer que una correcta educación es la que debe imponerse, incluso con insultos, golpes y humillaciones, cuando los niños y adolescentes no obedecen, que, por lo mismo, los gobiernos aún no pueden comprender la relación intrínseca que hay entre la violencia social y la violencia intrafamiliar. Detrás de cada delincuente, mafioso o asesino hay unos progenitores o cuidadores que agredieron verbal y físicamente a los menores durante su infancia y adolescencia.

Los padres o cuidadores de los niños representan simbólicamente al gobierno, son en sí mismos un gobierno. La vida les ha dado el poder de cuidar a otros seres humanos, de mandar sobre ellos. Los hijos serían la representación del pueblo. Si los progenitores o cuidadores hacen mal uso de su autoridad (mal gobierno), los niños (el pueblo) crecerán acumulando sentimientos de impotencia, injusticia y rabia hacia sus progenitores o cuidadores, que después, siendo adultos, proyectarán hacia las estructuras sociales, hacia las figuras de autoridad, normas y reglas; sentirán al orden social como una figura coercitiva a la que es necesario destruir.

Si los padres golpeaban y humillaban a sus hijos (dictadura), cuando estos niños lleguen a la edad adulta odiarán al mundo; sus conductas antisociales e inmorales (robar, agredir, matar, etc.) serán la forma de desahogar los sentimientos que les dejó la dictadura familiar que padecieron a través de sus progenitores o cuidadores. Cuando los progenitores o cuidadores, los profesores en las escuelas, los sacerdotes, el Estado, etc., hacen mal uso de su poder y autoridad, generan inevitablemente profundos sentimientos de rabia e impotencia en aquellos a los que han querido someter. En nombre de la educación justifican sus abusos de poder, diciendo que así es como van a aprender a respetar y a portarse bien.

Lamentablemente esta forma de educar genera el efecto contrario; entre más agresiones verbales y físicas reciban los hijos, menos respeto tendrán hacia las mismas figuras de autoridad y peor se portarán. Esto también se puede llevar a escala social: entre más los gobiernos busquen imponerse sobre los pueblos (leyes sofocantes, militarización, dictaduras), más problemas sociales habrá.

La violencia solo atrae más violencia. Un pueblo que se levanta en armas tuvo que tener previamente un gobierno injusto, represor y coercitivo. Aquellos que terminan dedicándose a agredir, robar, matar, etc., tuvieron inevitablemente progenitores o cuidadores violentos. Llegará un día en que los gobiernos, a través de los medios de comunicación, realicen campañas masivas con el eslogan "no golpees a tus hijos", y esta será una forma de comenzar a atender las verdaderas causas de la violencia en el mundo. También se tendrán que abrir universidades para padres y madres donde se les enseñe la correcta forma de educar, a partir del amor, la atención y el respeto.

El mal uso de la autoridad y el poder provocará profundas heridas psicológicas y traumas que congestionarán en gran medida al inconsciente. Dependiendo del grado de intensidad y frecuencia que hubiese existido en las agresiones verbales y físicas durante nuestras primeras etapas de desarrollo, se formará una herida psicológica o un trauma por violencia intrafamiliar. Si nuestros ancestros padecieron violencia intrafamiliar, nosotros podríamos presentar una doble o triple herida psicológica o trauma por causas de violencia, que provocará graves trastornos en nuestra personalidad, baja autoestima, problemas de salud, disfuncionalidad en nuestras relaciones interpersonales, bloqueos con el dinero, accidentes, fracasos laborales, problemas legales, etcétera.

Como hemos visto anteriormente, las memorias dolorosas ancestrales se encuentran codificadas en el segundo nivel del inconsciente. Veamos un ejemplo para una mejor comprensión del tema: Gustavo, consultante de casi 40 años, divorciado, con tres hijos, fue abandonado por su reciente pareja por agresiones físicas que cometió contra ella. Su exesposa también se había separado de él por la violencia que ejercía hacia ella y sus hijos. Gustavo, aunque siempre ha querido hacer las cosas bien, va a misa todos los domingos y se desempeña exitosamente en su trabajo, nunca ha sabido cómo controlar sus impulsos, cometiendo graves errores que lo han llevado a destruir sus relaciones de pareja y a tener que vivir alejado de sus hijos. La madre de los hijos puso una orden de restricción hacia el padre, que, de momento, no le permite convivir con ellos. El Ministerio Público está llevando a cabo el proceso de investigación.

Gustavo presenta un cuadro crónico de ansiedad y tampoco duerme bien; existe la posibilidad de que la denuncia se judicialice y él sea vinculado a proceso, pudiendo ir a la cárcel. Cuando Gustavo era niño padeció violencia por parte de su padre, pues constantemente llegaba borracho a su casa, tarde, ya de noche, a golpear a su madre, a él y a sus hermanos. Así, creció dentro de una atmósfera de violencia intrafamiliar. Él nunca había hecho terapia y aunque tenía grado de licenciatura no era capaz de manifestar una actitud equilibrada y pacífica en sus relaciones interpersonales. Su pasado no resuelto lo perseguía (congestionamiento en el inconsciente), provocando serios trastornos en su personalidad y su conciencia. La educación parcial que recibió no le había permitido desarrollarse plenamente.

El padre de Gustavo también había padecido violencia intrafamiliar por parte de su propio padre. Los abuelos paternos tenían 11 hijos y vivían en un rancho. Era costumbre que el abuelo paterno golpeara a su esposa e hijos cuando no le obedecían. Tanto la abuela paterna como la madre de Gustavo nunca pudieron separarse de sus maridos golpeadores. El machismo en aquellas épocas aún tenía una fuerte influencia sobre las mujeres.

Gustavo, aunque trabajaba en una oficina y había crecido en una ciudad, presentaba un *triple trauma por violencia intrafamiliar* que había congestionado los niveles uno y dos de su inconsciente. Su pasado no resuelto lo perseguía creando graves complicaciones en su carácter e intensos enredos en el exterior. La posibilidad de ir a la cárcel (jaque del diablo) lo sacó de su zona de confort para atreverse a buscar a la educación universal.

Durante los meses siguientes Gustavo comenzaría a hacer terapia clásica y avanzada a través de las técnicas de intervención correctas (psicoanálisis, constelaciones familiares, meditación, etc.) que le permitieron hacerle frente a su triple trauma por razones de violencia, que cargaba codificado en su inconsciente, provocado por toda la educación tóxica que recibió en su infancia y que también recibieron sus ancestros. Esto le permitió comenzar a reestructurarse, logrando llegar a un convenio con la madre de sus hijos (ella retiraría los cargos) y, años más tarde, a tener una sana convivencia basada en el amor y el respeto con todos sus familiares y personas cercanas en general.

Podemos observar que, así como Gustavo, hay millones de personas en el mundo que tienen buenas intenciones, quieren hacer las cosas bien, portarse bien, ser buenos ciudadanos y lograr el éxito. Sin embargo, la falta de cultura general en psicología, la falta de la educación universal, no permite que la gente conozca la relación que hay entre los enredos que suceden en nuestra vida cotidiana (disfuncionalidad) con nuestro pasado no resuelto. El pasado no resuelto es la causa principal de los trastornos mentales, las enfermedades del cuerpo y los enredos que suceden en nuestra realidad externa que no nos permiten alcanzar el florecimiento en todas las áreas de nuestra vida. El problema esencial es el desconocimiento del inconsciente, como la zona de nuestra psique donde se almacena todo lo reprimido y no procesado de nuestro pasado, que afectará a las demás instancias de la psique (persona y conciencia) y a nuestra realidad exterior.

Como hemos visto en el juego de ajedrez vs. el diablo, las situaciones enredosas están fríamente calculadas por la voluntad divina (el maestro interior) para que aparezcan como señal de aviso y así nos movilicemos hacia la autotransformación, hacia la integración de aspectos que han permanecido ocultos hasta el momento y que los mismos enredos de la realidad externa funcionan como pautas para saber que ya es momento de atenderlos y sanarlos. Así es como nuestra realidad externa se despliega en resonancia con nuestro pasado no resuelto. Una vez que comenzamos a entender que la vida se despliega a través de la relación intrínseca entre el personaje y su pasado no resuelto, comenzamos a desarrollar a la conciencia. La conciencia va a poder desarrollarse con el ejercicio integrativo de todos los aspectos del inconsciente a través de la psicoespiritualidad y la educación en lo sagrado, y también conforme comprendamos que los enredos de la realidad exterior (jaques del diablo) son divinas oportunidades para descongestionar zonas del inconsciente que hasta el momento habían quedado ocultas.

Por cada zona de nuestro potencial cerrado la vida se encargará de crear situaciones para que podamos desplegar todo lo que quedó dormido en nosotros por la educación parcial que recibimos, siempre y cuando tengamos claras las reglas del juego de la realidad, de lo contrario, sin la educación universal, los jaques del diablo podrían marchitar aún más nuestro carácter y destino, dejándonos empantanados en un lamento constante. Al no comprenderse la relación que hay entre lo que sucede exteriormente y nuestro pasado no resuelto, el personaje humano no percibirá que está dentro de un juego donde deberá ir evolucionando a través de niveles; estos niveles están relacionados con todo aquello que se debe ir descongestionando del inconsciente y que está en relación con la disfuncionalidad y los enredos de nuestra realidad exterior.

Conocer las reglas del juego es comprender que el juego de la realidad es un todo; el personaje, su inconsciente y su conciencia determinan en gran medida las circunstancias que se van presentando en el juego. Estas circunstancias siempre serán un espejo del nivel de desarrollo del personaje (persona, ego), y deberán ser encaradas y resueltas no solo directamente en la realidad exterior, sino yendo a las causas primarias (al inconsciente) para integrar aquellos aspectos que no han podido ser procesados y que no permiten el pleno desarrollo de nuestro potencial. En ese sentido, la realidad externa es una excusa para el trabajo interior, y el trabajo interior permitirá un reordenamiento de la realidad externa, una funcionalidad en todas las áreas de la vida, y a la larga, conforme el proceso de individuación sea realizado por completo, el éxito en el mundo.

Cada una de las cinco heridas principales genera congestionamiento en el inconsciente. Conforme la vida de nuestro personaje avance, las heridas y los traumas reprimidos en lo profundo del inconsciente manifestarán enredos, dramas y tragedias en nuestra realidad externa. El sentido trascendental de estos enredos (jaques del diablo), provocados por el pasado no resuelto, sucederán para el óptimo desarrollo del personaje y su conciencia. Conforme el personaje va enfrentando las circunstancias de su realidad externa que siempre están conectadas con el inconsciente (niveles dentro del juego), podrá irse desarrollando hacia la excelencia del juego. Es necesario, por tanto, comprender a detalle todo aquello que congestiona al inconsciente (heridas psicológicas, traumas) y cómo en la realidad exterior se formarán enredos (conflictos, dramas, tragedias) para que esas heridas y traumas puedan ser atendidos, integrados y sanados.

Toda vez que las heridas y traumas sean resueltos, se verá reflejado en la realidad exterior, a través de la resolución de los mismos enredos, que aparecieron con el único propósito de que el personaje integrase aspectos de su pasado y así pudiese avanzar en su proceso evolutivo. Así es como sucede el proceso de individuación. Siempre y cuando el personaje haya pasado las suficientes pruebas en el juego (integración de su pasado no resuelto), la psique estará lista para crear un puente con el mundo trascendental y divino (lo que está más allá del juego), tanto en el sueño (sueños lúcidos) como en la vigilia (despertar espiritual), de forma que el personaje y su conciencia puedan conocer al creador del juego y logren trascender.

Por todo lo anterior es que se vuelve tan esencial que la educación universal sea articulada en todos los niveles educativos. La gente debe ser informada de cuáles son las reglas del juego de la realidad para lograr desarrollarse correctamente. Se necesitan verdaderos especialistas, psicólogos, psicoterapeutas y maestros psicoespirituales que le enseñen a la población cómo está conectada la psique con la realidad exterior. Lamentablemente la psicología occidental aún no tiene una estructura precisa del inconsciente y tampoco reconoce el poder de manifiestación-atracción de la psique, por lo que ellos no podrán ayudarnos a revelar estos misterios de la existencia. La psicología clásica tendrá que combinarse con la avanzada y oriental para poder alcanzar su máximo potencial: la psicoespiritualidad.

En el caso del consultante Gustavo, él comenzó a comprender que su carácter no cambiaba por el triple trauma por violencia que estaba codificado en su inconsciente. No poder ver a sus hijos, sus fracasos en pareja y la posibilidad de ir a la cárcel (jaques del diablo) fueron la señal de aviso que la divina voluntad manifestó en la vida de Gustavo como una prueba de vida (un nuevo nivel dentro del juego) para que él pudiera salirse de su zona de confort y se atreviese a buscar la educación universal (psicoespiritualidad). Solo así pudo comenzar a cambiar su carácter y disolver los enredos en su realidad exterior. Cuando el cambio interior está bien hecho, la realidad externa responde, puesto que ella misma siempre será un espejo de la psique y el desarrollo de sus instancias (inconsciente, persona y conciencia).

Abuso sexual

El abuso sexual no causa herida psicológica, siempre genera trauma. Podríamos decir que el trauma es la forma más severa de una herida psicológica. El abuso sexual genera consecuencias severas en la psique de aquellos que lo padecen, llevándolos a desarrollar trastornos mentales severos y un enorme caos en la realidad externa. En general ocurre en la infancia o adolescencia por parte de algún familiar cercano, de algún vecino o de los mismos progenitores o cuidadores. El abuso sexual puede ser por tocamiento o violación. El trauma será más fuerte en caso de ser por violación.

Es importante comprender que toda herida psicológica y trauma, codificado en el inconsciente, también se expresará en el cuerpo a través de enfermedades. Recordemos que el inconsciente se va a manifestar en la conducta de la persona humana, en los sueños, en la conciencia, en la realidad exterior, pero también en el cuerpo. Generalmente las personas que padecieron abuso sexual en sus primeras etapas de desarrollo o cargan memorias de abuso sexual de sus ancestros, codificadas en el nivel dos del inconsciente, suelen padecer en algún momento de su vida (en caso de no atender las complicaciones psicológicas a tiempo) cáncer en las zonas sexuales del cuerpo: en los ovarios, en los pechos (cáncer de mama), en los genitales (cáncer de próstata).

El cuerpo es muy sabio y nos da un tiempo determinado para atender nuestro pasado no resuelto a través de la psicoespiritualidad (psicología clásica en combinación con la avanzada), pero si no lo hacemos, el cuerpo intentará procesar aquello reprimido que está en el inconsciente, en la forma de una enfermedad. La mayoría de las enfermedades son procesos de somatización del propio cuerpo, en relación con la psique. De la misma forma en que el inconsciente congestionado genera caos en nuestra realidad externa, en nuestro carácter y conciencia, lo mismo hace con el cuerpo.

Los tumores psicológicos (traumas) son los causantes de las peores enfermedades del cuerpo. Es por eso que a veces un niño pequeño presenta cáncer o enfermedades severas; su enfermedad es producto de alguna situación ancestral no resuelta que quedó codificada en el inconsciente familiar, desde que estaba en el vientre de la madre. Las complicaciones ancestrales se codifican desde nuestra gestación y se activarán más adelante en nuestra vida. Esto no lo sabe la cultura, ni la sociedad, ni la familia, por falta de una cultura general en psicología, tanto clásica como avanzada.

El abuso sexual genera enfermedades, trastornos mentales severos (TLP, esquizofrenia), incapacidad de lograr el éxito en el mundo. La causa de los abusos sexuales proviene de la falta de una correcta educación en el tema de la sexualidad por parte de la familia, los gobiernos y la Iglesia. Desde siempre la religión ha considerado a la sexualidad como el pecado original. El sistema educativo, que aún sigue muy influenciado por el mito cristiano, aunque diga ser laico, tampoco sabe cómo educar a los niños y adolescentes en el tema de la sexualidad. Lo que hizo la educación tóxica que recibimos fue reprimir la sexualidad, volverla un tabú. Al ser la sexualidad un tabú, quedó reprimida y generó enormes complicaciones en el desarrollo psíquico de los individuos, provocando *perversiones* (deseos incestuosos, pedofilia, etc.). Cuando la sexualidad es reprimida y se vuelve un tabú, genera perversiones. La represión sexual, así como la represión emocional, han sido dos graves consecuencias provenientes del paradigma de la religión y de la ciencia, impidiendo que los individuos desarrollen sanamente su potencial.

Veamos un ejemplo para una mejor comprensión del tema: la consultante Alma, de 35 años de edad, padecía de profundos miedos al salir a la calle. Experimentaba un matrimonio disfuncional donde la sexualidad había quedado bloqueada. Su esposo tenía una amante, ya que desde varios años atrás no se podía acercar a Alma de manera sexual; cada vez que él lo intentaba, ella reaccionaba con ataques de ansiedad y pánico. Ellos tienen tres hijos, pero ninguno de ellos fue concebido desde el placer sexual de Alma. Siempre que ella tenía relaciones sexuales sentía miedo, asco y vergüenza.

Uno de los hermanos de Alma había abusado sexualmente de una de sus hijas, cuando la niña tenía cuatro años de edad. Cuando Alma se enteró, quedó paralizada de miedo y no supo qué hacer, por lo que decidió ocultar el suceso, enterrándolo en lo profundo de su mente como un secreto familiar. Años más tarde Alma fue diagnosticada con cáncer de ovarios. Fue en aquel momento (jaque del diablo) donde ya no pudo aguantar más y decidió buscar ayuda profesional a través de la psicoespiritualidad.

En la exploración de su pasado, Alma descubrió que su madre había sido violada por su propio padre (abuelo materno de Alma) y había quedado embarazada. Alma en realidad era hija de su madre y de su abuelo, era hija de un incesto consumado. El abuso sexual del abuelo materno hacia la madre de Alma había permanecido como un profundo secreto. La psicoespiritualidad, a través de sus técnicas de intervención, permitió ir revelando todos los secretos; Alma también había sido abusada sexualmente de niña por uno de sus tíos, pero el trauma fue tan intenso que su mente prefirió bloquear todos sus recuerdos (trastorno de estrés postraumático, trastorno disociativo).

Durante los años en que Alma estuvo trabajando con su pasado no resuelto, descongestionando su inconsciente, pudo ir comprendiendo el profundo dolor, rabia, miedo y vergüenza que el abuso sexual le había dejado. También pudo darse cuenta de los nudos incestuosos que se habían formado en ella y que no le permitían tener una vida sexual y un matrimonio plenos. Alma presentaba un triple trauma por abuso sexual, al cual decidió hacerle frente por los siguientes años. A través de un arduo proceso, pudo ir sanando todas las memorias dolorosas que habían quedado codificadas en su inconsciente. También pudo sanar el cáncer e ir solucionando su miedo a la sexualidad. Llegó un día en que se le quitó el miedo de salir a la calle y pudo divorciarse de su marido. Años más tarde se encontraría con una nueva pareja, con la que podría, por primera vez, disfrutar plenamente de su sexualidad.

Energía sexual (libido)

La energía sexual es una energía fundamental de la existencia, gracias a ella todos venimos a la vida. Sigmund Freud, el padre del psicoanálisis, postuló a través de su *teoría psicosexual* que el desarrollo de la personalidad está profundamente influenciado por el modo en que se van resolviendo los impulsos sexuales (la libido) en las distintas etapas del crecimiento infantil. Si la persona humana no resuelve adecuadamente los conflictos asociados con cada una de las etapas, se quedará *fijada* en ellas, lo que afectará su personalidad adulta.

En su teoría, Sigmund Freud describió cinco etapas psicosexuales: la *etapa oral* (0-1 año), donde la libido se desarrolla a través de la boca; principalmente de la succión, morder y comer. El bebé satisface sus necesidades y placer a través de la boca. El conflicto principal en esta etapa es el destete. Si el destete ocurre de manera inapropiada (por defecto o por exceso), puede llevar a una fijación oral, resultando en comportamientos en la vida adulta como las adicciones y la codependencia. La segunda es la *etapa anal* (1-3 años), donde el placer se centra en la retención o expulsión de las heces. Esta etapa está relacionada con el control de los esfínteres. El conflicto principal será el control del entrenamiento para ir al baño. Un control demasiado estricto o demasiado laxo puede llevar a una fijación en esta etapa. Esto puede manifestarse en la adultez como personalidades "anal retentivas" (demasiado ordenadas y perfeccionistas) o "anal expulsivas" (desorganizadas y destructivas). La tercera es la *etapa fálica* (3-6 años); en esta etapa los niños empiezan a sentir curiosidad por sus genitales y los de los demás. Es aquí donde surge el *complejo de Edipo y de Electra* (deseo sexual inconsciente por el progenitor del sexo opuesto y rivalidad con el del mismo sexo). El conflicto principal en esta etapa será el de poder sublimar correctamente la fantasía incestuosa (sin llevarla a cabo) a través del arte y otras herramientas terapéuticas. La cuarta es la *etapa de latencia* (de los seis años a la adolescencia), donde los impulsos sexuales están latentes (inactivos). Los niños se enfocan en las relaciones sociales, el aprendizaje y el desarrollo de sus habilidades. Por último, está la *etapa genital* (de la adolescencia en adelante), donde gradualmente la sexualidad madura emerge, siempre y cuando no haya habido fijación en las etapas anteriores. El individuo con una sexualidad madura buscará satisfacer sus necesidades sexuales a través de relaciones íntimas y amorosas con su pareja.

Freud identificó cinco etapas de desarrollo psicosexual que afectan el desarrollo de la personalidad, la conciencia y en general la vida entera de los individuos. Sin embargo, la psicoespiritualidad, que ha llevado las investigaciones de los grandes psicólogos, psicoterapeutas y maestros a un siguiente nivel, propone siete etapas de desarrollo psicosexual; las cinco que propone la teoría psicosexual de Freud y dos más. La etapa genital debe ser divida en dos grandes etapas: la etapa genital adolescente y la etapa genital adulta (quinta y sexta etapas).

Y, por último, la séptima etapa es el celibato natural. Ni Freud ni nadie pudieron revelar las dos etapas finales, producto del paradigma represor de la religión, que ha influenciado incluso a la misma ciencia de la psicología, impidiéndole descubrir las últimas dos etapas de la teoría psicosexual universal. La religión convirtió a la sexualidad en un enorme tabú. Se necesitó de una mirada honesta y transparente, una mirada que solo la educación universal y la psicoespiritualidad nos pueden ofrecer, más allá de la moral tóxica del dogma de la religión, para poder revelar y comprender las dos últimas etapas del desarrollo psicosexual.

En la quinta etapa, la *etapa genital adolescente*, los adolescentes necesitan experimentar su sexualidad con muchas personas. La cultura, por tabú, ha prohibido la promiscuidad, pero en la etapa genital adolescente esta es necesaria, de lo contrario, habrá fijación. En una sociedad donde la sexualidad no sea un tabú, se enseñará el uso del condón y los anticonceptivos, de manera que los adolescentes puedan experimentar la promiscuidad plenamente, sin necesidad de establecerse con una sola pareja. Esto les permitirá ganar experiencia en las relaciones amorosas para alcanzar naturalmente la siguiente etapa: la *etapa genital adulta*. En esta sexta etapa los adultos alcanzan una madurez sexual natural, donde pueden elegir una sola pareja y casarse.

El éxito en el matrimonio será mucho más probable y no habrá necesidad de infidelidad. Las infidelidades hunden sus causas en los bloqueos del desarrollo psicosexual (fijaciones) de las etapas anteriores. Los adultos deciden contraer matrimonio, pero si hubo fijación en la etapa fálica buscarán una pareja 10 o 20 años mayor que ellos, que sea el padre o madre simbólicos, para compensar su deseo incestuoso reprimido. O bien, ya casados, los impulsos de infidelidad serán demasiado intensos por fijación a la etapa genital adolescente, donde no pudieron experimentar la promiscuidad y no adquirieron suficiente experiencia para llegar al matrimonio. Las ideas tóxicas religiosas, patriarcales y machistas impusieron por muchos siglos que era necesario llegar vírgenes al matrimonio; nada más alejado del correcto desarrollo psicosexual para lograr el éxito en la formación de una pareja y familia estable.

Si todas las etapas psicosexuales se desarrollan correctamente o se trabaja en ellas a través de la psicoespiritualidad, resolviendo todas las fijaciones, sanando todos los bloqueos que ocurrieron, producto de una educación tóxica por parte de la familia, la sociedad y la cultura, llegaremos a la séptima y última etapa: el *celibato natural*. En esta etapa se ha logrado alcanzar la androginia esencial, ya no hay necesidad de sexualidad ni de pareja. El infinito placer está depositado en el ser, en la existencia misma; se experimenta un gozo natural a cada respiración. Toda la libido ha quedado conectada naturalmente a la dimensión espiritual, a la totalidad del universo. Si las etapas psicosexuales anteriores se fueron desarrollando plenamente, o, en su defecto, desbloqueando de manera correcta, uno podrá llegar a la última etapa. Lo que sucede comúnmente es que los sacerdotes y monjes toman la decisión de ser célibes sin haber pasado por las etapas anteriores en su desarrollo, por lo que el celibato no será natural y aparecerán las perversiones. Es por eso que se vuelven pederastas, por no seguir el sano desarrollo de la libido.

Los abusos sexuales que cometen los adultos hacia los menores se originan principalmente por los bloqueos (fijaciones) que ocurrieron en las distintas etapas de su desarrollo psicosexual, sobre todo en la etapa fálica. El deseo incestuoso (complejo de Edipo y Electra) quedó reprimido desde temprana edad, por lo que llegados a la vida adulta se habrán formado perversiones y fantasías de todo aquello reprimido de nuestra sexualidad. De forma que, cuando un adulto decide realizar tocamientos o tener relaciones sexuales con niños o adolescentes, está tratando de realizar la pulsión incestuosa que quedó reprimida en su psique. También existe un elemento machista en los abusos sexuales hacia las mujeres; el hombre decide abusar de ellas y violarlas como un acto de supremacía patriarcal. Por siglos el patriarcado ha considerado a la mujer como un objeto sexual, por lo que muchas veces los abusos sexuales y las violaciones a mujeres de todas las edades están íntimamente relacionados con la desvalorización femenina en la que lamentablemente ha caído el mundo, producto de un sistema de creencias tóxico patriarcal.

Aunque Freud fue el que propuso la teoría psicosexual, la formuló de manera incompleta; solo mencionó cinco etapas de siete que son en realidad. También se equivocó al proponer al psicoanálisis (terapia individual a través de la asociación libre) como la única técnica de intervención que podrá resolver las fijaciones producidas en las distintas etapas psicosexuales. Se necesitará, aparte del psicoanálisis, a la psicología avanzada y oriental para lograr resolver todos los bloqueos, que por supuesto son parte del congestionamiento del inconsciente. Será gracias a la psicoespiritualidad y la educación universal que podremos hacerles frente a todas las fijaciones (bloqueos) que pudieron ir apareciendo en el camino de nuestro desarrollo y que afectan considerablemente a nuestra personalidad, conciencia y conexión espiritual.

LAS SIETE ETAPAS DEL DESARROLLO PSICOSEXUAL

	DESARROLLO NATURAL	BLOQUEO / FIJACIÓN
Etapa oral (0-1 año)	Placer por la comida Disfrute de los sentidos	Apego a las personas Adicciones
Etapa anal (0-3 años)	Creatividad	Apego al control y al poder
Etapa fálica (3-6 años)	Amor filiar	Nudos incestuosos Perversiones
Etapa latente (6 años a la adolescencia)	Sociabilidad Aprendizaje	Retraimiento social Dificultad para el aprendizaje
Etapa genital adolescente	Identidad sexual	Baja autoestima Nudo homosexual
Etapa genital adulta	Madurez sexual Tantra Matrimonio	Infidelidades
Celibato natural	Soledad completa Desapego Plenitud	Represión sexual

Las fijaciones o bloqueos en las distintas etapas del desarrollo psicosexual pueden darse por *defecto* o por *exceso*. En la etapa oral la fijación sería por exceso, al darle demasiados años de pecho al menor, o, por defecto, al no darle nunca. En la etapa anal la fijación por exceso significaría dejar al niño demasiado tiempo sentado en el excusado, y, por defecto, regañarlo exageradamente por mancharse y andar sucio. En la etapa fálica la fijación por defecto sería castigar exageradamente al niño por mostrar deseos sexuales hacia los progenitores, y, por exceso, consumar sus deseos incestuosos a través del abuso sexual. En la etapa latente, la fijación por exceso sería exagerar en la cantidad de actividades sociales en las que participa el niño, y, por defecto, no permitirle socializar ni tener amistades. En la etapa genital adolescente la fijación por exceso sería una promiscuidad desmedida, y, por defecto, la represión total de la sexualidad por una moral tóxica. En la etapa genital adulta la fijación por exceso sería creer que el matrimonio es para siempre, y, por defecto, no poder tener relaciones de pareja estables y duraderas. En la última etapa, de celibato natural, la fijación por exceso sería vivir demasiado aislados del mundo, perdiendo el interés por el juego de la realidad, y, por defecto, creer que ya llegamos a esa etapa, cuando en realidad estamos reprimiendo nuestra sexualidad.

El desarrollo psicosexual y la psicología budista

Básicamente las etapas del desarrollo psicosexual plantean el recorrido que debe hacer la *libido* para experimentar el mundo material y después trascenderlo, aprendiendo a reposar en la naturaleza esencial del ser. La libido es nuestra profunda energía de vida, es la fuerza psíquica que impulsa el deseo y la motivación dentro del juego de la realidad. La libido está intrínsecamente conectada al cerebro y se activa a través de los sentidos, que juegan un papel crucial en su estimulación y manifestación. La libido no podrá llegar a reposar en nuestro centro más profundo sin haber experimentado todas las fases de su desarrollo, y para lograr este cometido deberán haberse resuelto todas las fijaciones o bloqueos que aparecieron en las etapas del mismo, por la educación tóxica que recibimos.

Las fijaciones que van apareciendo en las etapas de desarrollo psicosexual, desde la perspectiva de la psicología budista, se pueden entender también como *apegos* que aparecen en el cerebro y los sentidos hacia el mundo material. La naturaleza fundamental del apego es la separación con nuestra naturaleza esencial (divina y verdadera), por razón de los enganches que el cerebro, los sentidos y la libido generan al relacionarse con la realidad externa.

En la etapa oral, la fijación es el apego al pecho de la madre, derivándose en apego al alimento y a sustancias en la edad adulta; en la etapa anal la fijación es el apego por el control de esfínteres, derivándose en apego al control y al poder en la edad adulta; en la etapa fálica, la fijación es el apego hacia nuestros progenitores, derivándose en apego a la familia en la edad adulta; en la etapa latente la fijación es el apego hacia las actividades sociales, derivándose en apego a las rutinas y tradiciones; en la etapa genital adolescente el apego es hacia la sexualidad desbordada (apego al sexo); en la etapa genital adulta el apego es hacia el matrimonio (apego a la pareja e hijos), y en la etapa de celibato natural deja de haber apegos, alcanzando el desapego; la trascendencia del deseo y el miedo.

Las fijaciones son apegos al mundo material que el budismo plantea erradicar a través de la meditación y el yoga. En la meditación y el yoga reorientamos al cerebro, la libido y los sentidos hacia adentro, dirigiéndonos hacia nuestro centro más profundo. Cuando el cerebro, los sentidos y la libido dejan de estar enganchados hacia el exterior (comida, lugares, personas, etc.) se va cultivando el desapego y, por añadidura, comenzamos a dirigirnos hacia el celibato natural. Sin embargo, desde el enfoque de la psicoespiritualidad y la educación universal, para lograr este objetivo a través de la meditación tendríamos que estar practicando como los monjes o lamas, encerrados en ashrams o monasterios. Este camino no es para todos e incluso es un camino muy precario, porque cuando el cerebro y los sentidos vuelven al mundo común, la libido vuelve a proyectarse desde las distintas etapas psicosexuales donde las fijaciones ocurrieron y no se han resuelto. El monje tiene que regresar al mundo común a comprobar si su trabajo con la meditación estuvo bien hecho y volver al monasterio tantas veces como sea necesario, hasta que la libido haya logrado quedar desapegada de todas las tentaciones del mundo material. El gran error de los monjes budistas, al igual que de los sacerdotes de la Iglesia, y en general de todas las religiones que plantean alcanzar el celibato natural, es querer saltarse pasos.

Es precisamente en este punto donde la psicoespiritualidad viene a mostrarnos el camino correcto en el desarrollo psicosexual, entendiendo que en el correcto desarrollo psicosexual reside gran parte de nuestro éxito para ganar el juego de la vida y trascenderlo, por lo que debemos de poner mucha atención en lo que a este tema se refiere. La psicoespiritualidad plantea un doble camino en el desarrollo psicosexual: por un lado, cultivar el desapego a través de la meditación y el yoga (sin renunciar al mundo) y, por otro, permitir que el cerebro, los sentidos y la libido experimenten al mundo de forma natural, sin tabúes.

Para lograr experimentar al mundo de forma natural tendremos que trabajar con todo aquello que ha quedado reprimido en nuestro inconsciente (por la religión, la sociedad y la familia), y que ha dado lugar a la formación de las mismas fijaciones o bloqueos en las distintas etapas del desarrollo psicosexual. Este trabajo se hará a través de la psicología clásica y avanzada, de forma que combinando la meditación con la psicología clásica y avanzada (psicoespiritualidad) lograremos el óptimo desarrollo de la libido, yendo del apego al mundo material y sus tentaciones, hasta el desapego y trascendencia del mismo.

Querer saltarse pasos, como lo han planteado las religiones, es un error que proviene de la falta de cultura general en psicología que tienen las mismas; renunciar a la experiencia del mundo, reprimiendo la sexualidad, es el peor error que podemos cometer, pues no permitirá que las etapas psicosexuales se desarrollen correctamente. Debemos dejar de hacer de la experiencia del mundo y la sexualidad un tabú, y comprender cuál es la metodología correcta que logrará el óptimo desarrollo de nuestro psiquismo.

La psicoespiritualidad, por tanto, plantea un equilibrio perfecto entre la experimentación del mundo y el desapego del mismo, de modo que las fijaciones o bloqueos que se hubiesen formado en cada etapa del desarrollo psicosexual puedan atenderse de forma precisa y completa. Solo así podremos asegurar el correcto desarrollo de la libido, algo que no ha sabido hacer ni la psicología clásica, ni mucho menos las familias, los gobiernos ni las religiones.

El deseo de ir hacia el juego del mundo y experimentarlo debe ser contrarrestado con la serenidad de tomar distancia del mismo. La libido básicamente es la pulsión psíquica que nos lleva a arrojarnos y quedar enganchados al juego de la realidad. Toda vez que quedamos enganchados, el juego de la realidad deja de sentirse como un juego, para convertirse en un conflicto, drama o pesadilla. Es necesario que la educación universal nos muestre el camino, ya que sin un correcto desarrollo de la libido esta nos llevará a apegarnos (fijarnos) a distintas situaciones, personas y objetos del mundo material, volviéndonos pésimos jugadores, dejándonos atascados en los primeros niveles del juego.

A través de la meditación, de la cual hablaremos con sumo detalle más adelante, podremos cultivar el desapego necesario para enseñarles al cerebro, los sentidos y la libido a relacionarse correctamente con el mundo material; así como también a través de la psicología clásica y avanzada atenderemos las fijaciones derivadas de las distintas etapas del desarrollo psicosexual, de forma que, a través de este doble camino, podamos gradualmente alcanzar la excelencia en el juego de la realidad.

La excelencia en el juego reside en una capacidad de ser totales en la experimentación hacia el mundo, y al mismo tiempo, hacerlo sin apegarnos a él. Cuando aprendemos el arte de vivir sin apegarnos a las experiencias, las tentaciones dejan de ser tentaciones. La naturaleza de la libido, si las etapas del desarrollo psicosexual se han logrado desplegar de forma correcta, es precisamente la de no apegarse a las cosas, personas, situaciones, etc., permitiéndonos disfrutar plenamente de todo.

Las fijaciones o los bloqueos que sucedieron en las distintas etapas de nuestro desarrollo psicosexual van a funcionar precisamente en el sentido opuesto; al relacionarnos con el juego de la realidad se formarán diferentes *tipos de apego* hacia el mismo. Esto nos impedirá desarrollarnos hacia la excelencia en el juego. Las fijaciones no resueltas harán que las tentaciones del mundo material nos dominen, impidiéndonos la libertad dentro del juego. Siempre viviremos siendo esclavos de nuestros propios deseos y miedos, olvidándonos de que la realidad es un juego. La energía sexual (la libido) es de las energías más difíciles de reorientar y sanar, pero será necesario hacerlo si queremos alcanzar la excelencia como jugadores y ganar el juego de la vida.

BULLYING

Otra de las complicaciones que aparecen en las primeras etapas de nuestro desarrollo y que causa heridas psicológicas y traumas es *el bullying.* Este hace referencia a la violencia verbal y física que viven los niños y adolescentes por parte de los demás compañeros en las escuelas. También se considera *bullying* la violencia intrafamiliar, pero, sobre todo, hace referencia al maltrato psicológico que sucede entre los compañeros, en los círculos sociales, tanto de las escuelas como en las actividades extracurriculares.

En general, los niños que maltratan psicológica y físicamente a otros niños traen fuertes complicaciones psicoemocionales producto de la mala formación que han recibido en su propia casa. Desafortunadamente, como el sistema educativo aún no incluye a la educación universal (psicología, arte, terapias de grupo, etc.), no saben cómo resolver el tema del *bullying.* En muchos lugares lo están tratando de hacer, pero se necesita una contundente reforma educativa para que esto suceda.

El día en que la Secretaría de Educación Pública y el gobierno de México se den cuenta de la importancia de articular a la educación universal en todos los niveles escolares, y lo lleven a cabo, el problema del *bullying* desaparecerá, pues tan solo es un síntoma que aparece cuando los niños y adolescentes no desarrollan su potencial completo. La acción terapéutica, tanto individual como grupal, les permitiría atender las complicaciones emocionales que padecen, por no sentirse amados, atendidos y respetados en sus hogares. La escuela tendría que ser un sitio sagrado donde los niños y adolescentes, entre muchas otras cosas, fueran a sanar lo que les sucede en casa. Los niños y adolescentes que hacen *bullying* en realidad tienen muchos problemas en sus propios hogares.

La dinámica del *bullying* es solamente un reflejo de situaciones más complejas que están sucediendo en la vida de estos niños y adolescentes. Sirve de poco mandarlos llamar y hablar con ellos exigiéndoles que ya no lo vuelvan a hacer. La psicología y pedagogía infantil, que únicamente se basa en el típico "ya no lo vuelvas a hacer", no resuelve el trasfondo de los problemas. Será la educación universal la única capaz de ayudar a resolver de raíz el tema del *bullying.* Los niños y adolescentes necesitan indagar en ellos mismos para entender las causas de sus profundos sentimientos de enojo, miedo, superioridad e inferioridad que los llevan a la competición insana y a la violencia, y para esto se necesitarán herramientas profesionales de intervención psicoterapéutica, tanto individuales como grupales, que las mismas escuelas deberán ofrecer.

El problema del *bullying* es serio porque deja graves secuelas en la vida de las personas. Cuando llegamos a ser adultos, el *bullying* dejará complejos sociales, inseguridades crónicas que no permitirán el libre despliegue de nuestra personalidad en el mundo (trastorno de ansiedad social, fobia social). Viviremos acomplejados y retraídos, o bien, siempre ansiosos y estresados, dominados por una actitud tóxica competitiva, queriendo a toda costa aplastar a los demás con tal de alcanzar nuestro propio éxito.

El trastorno de ansiedad social está muy relacionado con el *bullying*. Si el *bullying* fue excesivo se formará un trauma, provocando problemas más severos, como el trastorno antisocial (psicopatía). También pudiéramos traer codificado en el nivel dos del inconsciente memorias traumáticas de *bullying* que padecieron nuestros ancestros, por lo que será necesario revisar a fondo nuestra historia familiar para detectar posibles problemáticas que pudieran haber sucedido en ellos.

Veamos un ejemplo para comprender mejor el tema: Ana, una joven consultante, cursaba la universidad, pero el *bullying* que recibía era excesivo. Todos y todas la calificaban de prostituta, aunque ella nunca hubiese hecho algo que diera motivo para que la señalaran de esa manera. En la preparatoria también había sufrido el mismo *bullying*. Por años Ana se estuvo aguantando todo, incluso optó por no decirle nada a su familia. Un día, en el receso, decidió cortarse las venas en uno de los baños de la universidad. Fue llevada a urgencias y afortunadamente no perdió la vida. Los meses siguientes al evento Ana decidió buscar ayuda profesional, no solo a través de la psicología clásica, sino también a través de la psicología oriental (meditación, yoga, masajes) y de la psicología avanzada (constelaciones familiares, psicomagia, etc.). Afortunadamente se pudo encontrar con muchas de las herramientas de la educación universal y la psicoespiritualidad que le permitieron avanzar pasos gigantes en su proceso de individuación.

Durante su proceso transformativo Ana descubrió que su abuela materna, de nombre Ana María, había quedado embarazada a los 15 años por un compañero de su escuela que no era su novio. Tampoco se casarían. No solo todos los alumnos de la escuela se enterarían de lo sucedido, sino todo el pueblo donde la abuela vivía. A partir de ese momento la abuela de Ana comenzó a ser intensamente juzgada, tanto por sus compañeros como por su familia entera. Fue excluida del pueblo donde vivía y tuvo que emigrar sola a otra ciudad. Terminó desheredada, teniendo que salir adelante como mamá soltera.

Ana se dio cuenta, a través de la psicoespiritualidad, que el *bullying* que recibió por tantos años en realidad era una expresión de la memoria dolorosa de su abuela materna que ella cargaba en su inconsciente. Llamarse igual que ella fortalecía su lealtad invisible con su abuela. Los nombres que nos ponen llevan cargas tóxicas ancestrales que será necesario descodificar. Ana comenzó a comprender las reglas del juego de la realidad, quedándole más clara la relación intrínseca que había entre su pasado no resuelto (personal y ancestral) y su realidad externa. Gracias a esta comprensión y utilizando las técnicas correctas de intervención, Ana pudo descongestionar la memoria dolorosa de su abuela materna y también perdonar a toda la gente que le hizo *bullying* en algún momento de su vida. El intento de suicidio había sido el jaque del diablo para que Ana se movilizara hacia un nuevo nivel evolutivo, hacia un nuevo nivel dentro del juego de la realidad.

Con el caso de Ana podemos comprender cómo las memorias dolorosas provenientes de la crítica social (*bullying*) que padecen los ancestros pueden afectarnos considerablemente a nosotros y a nuestro destino. Veamos otro caso de *bullying* para entender cómo nos afecta cuando solo nos sucedió a nosotros: Carlos Damián, desde niño, siempre fue rechazado por sus compañeros por ser moreno y de baja estatura. Los niños eran racistas y clasistas con él. Llegado a la edad adulta su manera de relacionarse con sus compañeros del trabajo siempre era con sentimientos de inferioridad. Estos sentimientos no le permitían ascender de puesto en la empresa a pesar de ser brillante en su trabajo, ni tampoco salir a socializar. No tenía amigos, ni pareja ni hijos. Vivía aún con sus padres.

Su baja autoestima, producto del rechazo social que padeció cuando era niño, lo llevaría a desarrollar serios trastornos en su personalidad, que más tarde se expresarían en un deterioro de su salud. Constantemente se enfermaba, padecía de insomnio, migraña y ataques de ansiedad. Cada vez que se veía en el espejo se sentía avergonzado de sí mismo. Un día, el jefe de la empresa le ofreció el puesto de gerente directivo. La presión que Carlos sintió al recibir la oferta le provocaría esa misma noche un ataque al corazón. Ya hospitalizado, la precaria situación en la que se encontraba lo llevó a querer buscar ayuda. Con un poco de suerte encontró algunas herramientas de la psicoespiritualidad, que le permitieron atender el trauma que se había formado en él, codificado en el nivel uno de su inconsciente, producto del rechazo social que padeció en las escuelas de niño y adolescente. El trauma venía acompañado de un abandono emocional por parte de su padre, que, aunque estaba en casa, no pudo ejercer correctamente su paternidad, de forma que Carlos se sintiera protegido y apoyado por él.

Carlos se dio cuenta de que sus sentimientos de inferioridad y su manera de ser en la vida estaban completamente relacionados y determinados por su pasado no resuelto, de modo que se dio a la tarea de comenzar a sanar. Su compromiso y determinación le permitieron no abandonar su terapia clásica, manteniéndose firme por varios años en ella, así como también fue combinando la terapia individual con meditación, yoga y constelaciones familiares (terapias de grupo), para lograr avances más significativos. Durante su proceso transformativo pudo asumir el puesto de gerente que le habían ofrecido, establecer un círculo de amigos y comenzar a salir con una persona que más tarde se convertiría en su esposa y madre de sus hijos. Años más tarde, cuando Carlos se veía en el espejo y veía su piel morena, sentía gusto por ser mexicano y también por ser quien es, así como es. El proceso de individuación le había permitido aceptarse y amarse tal cual es. Esta seguridad y autoconfianza lo llevarían a abrir su propia empresa y ser un gran líder en el mundo del emprendimiento, dando consejos a la gente y escribiendo libros.

El caso de Carlos Damián es muy interesante; el ataque al corazón fue el jaque del diablo para que buscara la educación universal y la psicoespiritualidad, y pudiera avanzar en los niveles del juego. Los jaques del diablo siempre serán grandes oportunidades para avanzar en el juego, desarrollando a nuestro personaje humano y nuestra conciencia. También podemos apreciar cómo el *bullying* es un tema serio que debe ser atendido a nivel profesional, ya que provoca un intenso congestionamiento en el inconsciente.

Cada una de las heridas psicológicas o traumas provoca congestionamiento en el inconsciente, que tarde o temprano se expresará en nuestro cuerpo (enfermedades) y en la realidad externa, en la forma de enredos (pruebas de vida) que tendremos que enfrentar, no solo directamente, sino comprendiendo las causas internas que los provocaron. De esta manera podremos conocer las reglas del juego y avanzar hacia nuevos niveles dentro del mismo.

Conforme avancemos en la descongestión de nuestro inconsciente, el personaje humano y la conciencia se irán desarrollando, así como también aparecerán nuevas situaciones en el exterior que serán un reflejo de nuestra evolución. Llegará un día en que la psique (inconsciente, persona, conciencia) estará lista para abrirse paso, más allá del juego de la realidad, logrando conocer a su creador (dimensión espiritual) tanto en el mundo onírico como en la vigilia. Ya hablaremos más adelante de este milagroso encuentro entre la psique y su creador.

Sobreprotección

La *sobreprotección* es la herida psicológica o trauma que se forma cuando los progenitores o cuidadores sobreprotegen a los niños. La sobreprotección genera dificultades, como la falta de confianza en uno mismo, trastorno de ansiedad, dependencia y dificultades para afrontar los retos de la vida adulta. La sobreprotección impide que los niños y adolescentes desplieguen plenamente su potencial. El psicólogo humanista Carl Rogers habló acerca de la importancia de la autonomía para el crecimiento personal. La sobreprotección puede obstaculizar este proceso, llevando a problemas de codependencia y falta de autoestima.

John Bowlby, en su teoría del apego, expresó que la sobreprotección genera un apego ansioso, donde los niños se vuelven excesivamente dependientes de sus padres, desarrollando inseguridades. Es fundamental que los niños y adolescentes enfrenten desafíos y dificultades para desarrollar resiliencia. La sobreprotección priva a los niños de estas experiencias cruciales, generando serios problemas emocionales y psicológicos. Ana Freud, la hija de Sigmund Freud, una prominente psicóloga infantil, habló sobre cómo la sobreprotección interfiere en el desarrollo del niño, generando trastornos de ansiedad y dificultades para enfrentar el mundo externo.

En general los progenitores o cuidadores que sobreprotegen a los niños están tratando de amarrarlos a ellos para toda la vida. La sobreprotección genera dependencia por parte de los niños hacia sus progenitores o cuidadores, por lo que se vuelve un mecanismo inconsciente por parte de los progenitores o cuidadores para que los menores siempre dependan de ellos. Esto provocará que los niños no puedan enfrentarse y expandirse en el mundo por sí solos, quedando infantilizados, con mucho miedo a crecer.

Veamos un ejemplo para una mejor comprensión del tema: Luisa, de 45 años, siempre había vivido con sus padres, no se había casado y tampoco tenía pareja ni hijos. No tenía vida social y siempre había estado al cuidado de sus progenitores. Su trabajo era de medio tiempo y el poco dinero que ganaba era destinado a la comida y las medicinas que necesitaban sus padres. Ella padecía de ansiedad y depresión; desde varios años atrás había sido medicada por un psiquiatra. Cada vez que trataba de independizarse y rentar una casa o departamento, el miedo la dominaba.

De niña a Luisa le dieron todo, lo que pedía se lo daban, no hacía labores domésticas, era hija única y siempre fue en extremo consentida. No la dejaban salir mucho de casa porque su madre creía que algo malo le podía pasar. Tampoco la dejaron convivir fuera de la escuela con sus amigas y siempre la trataron como una muñequita en una caja de cristal.

Un día, Luisa iba de regreso del trabajo cuando su coche se averió. Intentó llamar a sus padres, pero no le contestaron. Ella no supo qué hacer y entró en un ataque de pánico, perdiendo el conocimiento. Tuvo que ser internada en un hospital psiquiátrico las siguientes semanas para estabilizar su situación. Durante el tiempo en que Luisa estuvo internada se dio cuenta de la profunda insatisfacción y miedo en que vivía, por lo que, una vez dada de alta, decidió buscar otro tipo de ayuda que no fuera únicamente la psiquiatría. Fue así como encontró lugares donde ofrecían algunas herramientas de la psicoespiritualidad, como la meditación y las constelaciones familiares, y pudo iniciar un verdadero trabajo transformativo.

Durante los siguientes años Luisa tuvo que comprender a fondo la magnitud del trauma por sobreprotección que padecía. Fue una ardua misión aprender a sanarlo, puesto que, aparte del proceso terapéutico integral, tuvo que realizar acciones que le permitiesen salir de su zona de confort, desarrollando fuerza y resiliencia. Algunos años después Luisa pudo tomar la decisión de vivir sola, dejar los antidepresivos y comenzar un negocio propio. También años más tarde encontraría al amor de su vida, con quien se casaría y tendrían cuatro hijos.

La sobreprotección no nos permite dejar a nuestros progenitores o cuidadores y atrevernos a ir hacia el mundo, disfrutando de nuestra autonomía. El desarrollo de nuestra autonomía es fundamental para alcanzar una excelencia en el juego. Es imposible el correcto desarrollo de la personalidad y conciencia sin autonomía. Hacerlo por nosotros mismos, aunque nos equivoquemos, es lo que nos dará la experiencia necesaria para avanzar en los niveles del juego. "No se aprende en cabeza ajena", dicen por ahí. Es necesario cortar el cordón umbilical con nuestros progenitores o cuidadores y atrevernos a seguir la voz de nuestro esencial destino.

Cuando existe sobreprotección por parte de nuestros padres o cuidadores será más difícil romper el cascarón y nacer como ciudadanos del mundo, comprendiendo que el mundo es nuestra gran familia. Viviremos desconfiando de nosotros mismos y del mundo, siempre buscando la protección de nuestros progenitores o cuidadores, aunque tengamos 40 o 50 años de edad. Si no se resuelve la herida psicológica o trauma por sobreprotección, cuando nuestros padres o cuidadores mueran, podremos caer en una profunda depresión, pánico e incluso dejarnos morir, por no saber cómo vivir la vida sin ellos. Será necesario comprender que la vida nos invita a crecer y debemos perderle el miedo trabajando en nosotros mismos a través de la educación universal y la psicoespiritualidad.

Cada una de las heridas psicológicas y traumas que hemos revisado hasta el momento se deberá atender a través de la psicoespiritualidad para lograr la sanación de los mismos. No es correcto pretender sanarlos por nosotros mismos, ya que se necesitan especialistas y técnicas de intervención profesionales para el descongestionamiento del inconsciente. Tampoco serán suficientes la psicología clásica y la psiquiatría. Como ya hemos dicho, pretender sanar nuestra psique sin la ayuda de los especialistas es el equivalente a querer operarnos de cáncer por nosotros mismos, o bien, creer que la vida misma lo resolverá por arte de magia.

Al no haber una cultura general en psicología, no se comprende la gravedad de los tumores psicológicos que han congestionado al inconsciente. No atenderlos seguirá generando profundos enredos en la realidad exterior y serias complicaciones físicas, mentales, sexuales, emocionales y espirituales. Veamos un ejemplo para comprender mejor este punto: Matilde, una mujer de 50 años, se divorció por tercera vez. Durante su proceso de separación le detectaron cáncer de ovarios, igual que le ocurrió a su madre, quien había padecido cáncer a la misma edad. Matilde logró salir del problema a través de una serie de quimioterapias y también reprimió el dolor de su separación conociendo a una nueva pareja, con la que se casaría un par de años más tarde. Ella, a pesar de las complicaciones que aparecieron en su vida, no buscó la educación universal ni la psicoespiritualidad. Por lo mismo, años después volvería a aparecer el cáncer, ahora en el estómago, y su cuarto intento de matrimonio volvería a fracasar; su esposo terminaría yéndose con otra mujer más joven. Esta vez Matilde no superaría el cáncer, y falleció a los 55 años.

Es importante comprender lo que se está expresando aquí. Las pruebas de vida se despliegan en nuestra realidad (jaques del diablo) para que trabajemos con nuestro pasado no resuelto (personal y ancestral) y logremos integrar los aspectos del inconsciente, de esta forma la vida podrá florecer. Las pruebas que la vida nos pone, los obstáculos y las dificultades, son un espejo de lo que debemos descongestionar del inconsciente. En general no se conocen las reglas del juego (lo que es adentro es afuera), por lo que el personaje humano no logrará avanzar hacia los niveles más avanzados del mismo, quedándose atascado en ciclos repetitivos; las historias, los eventos, los dramas, las tragedias, etc., se seguirán repitiendo hasta que se comprenda el trasfondo que hay en ellos (conexión entre los eventos y situaciones externas, con el inconsciente).

Se necesitará el despliegue de todo nuestro potencial para ganar el juego de la vida, y para ello será necesario sanar todas las heridas psicológicas y traumas que sucedieron en nuestra vida y en la de nuestros ancestros, puesto que son precisamente estas heridas psicológicas y traumas los que han congestionado al inconsciente. Mientras el inconsciente siga congestionado no podremos avanzar a los niveles más avanzados del juego, los cuales estudiaremos a continuación. Por lo mismo se vuelve sumamente necesario comprender a fondo todo lo que estamos exponiendo en este libro, puesto que lo que se está describiendo aquí es el *modelo universal* de lo que es la vida y cómo se despliega.

La psicoespiritualidad y la educación universal son estructuras universales para alcanzar la perfección en el juego y la trascendencia. Lamentablemente el mundo aún desconoce el modelo psicopedagógico universal y el enfoque psicológico-espiritual de la verdadera psicología, que permitirá a los individuos comprender cómo vivir plenamente la vida y trascenderla.

El pecado y el karma

En las grandes religiones como el cristianismo, el judaísmo, el islamismo, el hinduismo y el budismo, existe la noción del *pecado* y el *karma.* En general, el pecado y el karma hacen referencia a una transgresión o falta moral, a una violación de las leyes divinas, a un alejamiento del bien, a una manifestación de la debilidad humana, a comportamientos que dañan a uno mismo y a los demás. Son los pecados y karmas los que no permiten que accedamos al reino de los cielos o nirvana.

El reino de los cielos o nirvana son conceptos que representan los estados finales de salvación o liberación (los niveles más avanzados en el juego de la realidad). Apuntan a la trascendencia, al amor incondicional, a la paz y compasión universales, a la libertad total. El reino de los cielos hace referencia al estado de comunión perfecta con Dios. El acceso al reino de los cielos es el objetivo supremo del cristianismo, judaísmo e islamismo; se logra a través de la absolución de todos nuestros pecados y de vivir conforme a los mandamientos de Dios (orden sagrado de las cosas). El nirvana, por su parte, apunta a la liberación y es el objetivo final de las religiones orientales, como el hinduismo y el budismo. Tanto el reino de los cielos como el nirvana no son lugares sino estados del ser, que se alcanzan cuando se extinguen los deseos, el sufrimiento, los pecados y los karmas.

Desde una visión más amplia, la psicoespiritualidad nos va a ayudar a entender de una manera científica el tema del pecado y el karma. La psicoespiritualidad, como su nombre lo dice, es la unión perfecta entre psicología (ciencia) y espiritualidad (religión, meditación). En lo que a la espiritualidad se refiere, aunque es libre de dogmas y rituales, debe incluir la comprensión correcta de las religiones y su simbolismo. Es necesario entender que el lenguaje de las religiones es metafórico, alegórico, simbólico, por lo mismo el reino de los cielos o nirvana son estados del ser, niveles de conciencia.

Cuando el mito cristiano dice que Cristo caminó sobre las aguas del mar, es una metáfora que hace referencia al despertar espiritual (conexión con nuestro ser verdadero), que se pone por encima de las aguas oscuras del inconsciente (el mar es un símbolo del inconsciente colectivo). La educación parcial y tóxica que recibimos no nos enseñó a utilizar e interpretar correctamente el lenguaje simbólico de las religiones, provocando fe ciega y una mente supersticiosa en la población. Por lo mismo, la comprensión correcta de las alegorías religiosas será fundamental para un óptimo desarrollo de nuestro psiquismo, y de eso se encargará la psicoespiritualidad, entre muchas otras cosas.

Para comprender correctamente las nociones de pecado y karma, es necesaria la psicoespiritualidad, es decir, el enfoque psicológico profundo sobre los conceptos y estructuras simbólicas que articulan a las religiones. La psicoespiritualidad es una ciencia que comprende a las religiones de forma científica, puesto que en ellas se encuentran metáforas que expresan los procesos universales del ser humano. En ese sentido, estudiar y comprender las religiones, aprendiendo a utilizar su simbolismo correctamente, permite el desarrollo arquetípico, del cual hablaremos más adelante.

Hablar del pecado y del karma, en definitiva, desde una visión científica (psicología avanzada), es hablar de las heridas psicológicas y traumas que traemos codificados en el inconsciente. Las heridas psicológicas y traumas (abandono emocional, violencia, abuso sexual, *bullying*, sobreprotección) que se produjeron en nosotros fueron producto de comportamientos nocivos (pecados) por parte de la familia, las escuelas y la misma religión. La educación parcial que recibimos, al no permitirnos el desarrollo de nuestro potencial completo, provocó severos pecados y karmas en nosotros (heridas psicológicas y traumas), que, llegados a la vida adulta, se expresarán en nuestra conducta, en nuestra salud, en la manera de relacionarnos con los demás y en lo que manifestemos en nuestra realidad exterior.

Los pecados y karmas son sinónimo del congestionamiento del inconsciente, que, como vimos anteriormente, provocará enredos en el cuerpo, la personalidad, la conciencia y la realidad externa. Será el congestionamiento del inconsciente lo que nos atorará en los primeros niveles del juego, impidiéndonos el correcto desarrollo de la psique hacia el despertar espiritual (reino de los cielos, nirvana). En ese sentido, las religiones también plantean una estructura del juego de la realidad, con sus reglas y niveles; sin embargo, lo plantean de tal forma que no permiten la comprensión correcta del mismo.

Cuando las religiones no son utilizadas correctamente provocan fe ciega e ignorancia. Lo que las religiones están planteando es lo siguiente: los pecados y karmas (heridas psicológicas y traumas) se deben de liberar a través de rituales y prácticas espirituales (sanación) para lograr la liberación alcanzando el reino de los cielos o nirvana (ganar el juego). Lo que la psicoespiritualidad y la educación universal plantean es un camino parecido, pero comprendiéndolo de forma científica. Será gracias a la psicología clásica y avanzada que podremos hacerlo.

La absolución de los pecados y karmas es el equivalente a la sanación de nuestras heridas psicológicas y traumas que llevamos codificados en el inconsciente. La única diferencia entre los pecados y karmas, y las heridas psicológicas y traumas, está en el lenguaje, que se vuelve fundamental, puesto que un mal entendimiento de lo que significa el pecado y el karma no nos permitirá trabajar correctamente en nosotros mismos. La gente en general no sabe lo que significa estar en pecado o traer cargando karmas, y por lo mismo desconoce el verdadero trabajo (proceso de individuación) que se tiene que llevar a cabo para alcanzar el reino de los cielos o nirvana. Ni siquiera las mismas religiones pueden ofrecerles a sus seguidores un camino correcto hacia la resolución de los pecados y karmas, debido a la falta de cultura general en psicología que padece el mundo entero.

Cuando la psicología acceda a las religiones, estas serán perfeccionadas. La psicoespiritualidad podrá ayudar mucho en este proceso; si los sacerdotes y seguidores de las religiones se hiciesen conscientes del punto de unión entre la psicología y la espiritualidad, podrían tener una comprensión correcta sobre cómo alcanzar la liberación (autorrealización), que no reside en filosofías y creencias, sino en una práctica correcta (acción terapéutica fundamentada en técnicas de intervención específicas), que permita la sanación de nuestras heridas psicológicas y traumas, y no en pseudorrituales, como lo han planteado por siglos las religiones. Es solo cuestión de ver cómo el mundo sigue en tinieblas, a pesar de la influencia religiosa que existe.

Las religiones no han resuelto los problemas familiares ni sociales del mundo, ni podrán hacerlo, hasta que integren a la psicología profunda y comprendan lo que realmente significan sus estructuras simbólicas, que hacen alusión al tercer nivel del inconsciente (arquetipos, inconsciente colectivo). Gracias a la psicoespiritualidad, el punto de unión entre religión y psicología podrá ser comprendido.

La noción religiosa de *arrepentimiento* es el equivalente al descongestionamiento del inconsciente. Pero el arrepentimiento no se alcanzará a través del pensamiento. Es imposible descongestionar al inconsciente solo hablando, pensando, rezando. Este es otro de los grandes errores producto del racionalismo venenoso en el que ha caído el mundo. El arrepentimiento es un concepto mucho más profundo que ir a confesarse con el sacerdote o pedir perdón.

Los traumas y heridas psicológicas (pecados y karmas) codificados en el inconsciente requieren de un trabajo serio y profesional a través de especialistas y técnicas de intervención, que contemplen la estructura correcta del inconsciente (tres niveles) para poder ser resueltos. Sanar nuestras heridas psicológicas y traumas es un proceso que dura muchos años, décadas, a veces toda la vida. Pensar que con agua bendita en la frente quedaremos liberados del pecado original es precisamente ignorancia y fe ciega. Pensar que ir a misa será suficiente para alcanzar el reino de los cielos es un gran error. Como no hay una cultura general en psicoespiritualidad, la gente es engañada por la educación parcial, proveniente también de la Iglesia, no solo de las escuelas y familias.

El pecado original no es haber nacido, es habernos vuelto personas. Anteriormente explicamos la formación de la persona humana que aparece cuando el cerebro y los sentidos se comienzan a relacionar con el mundo material. El encuentro con los distintos elementos del mismo darán lugar a la persona humana (ego) y Dios se olvidará de sí mismo (desconexión con nuestro centro más profundo), a través del personaje que representará en el juego de la realidad. La identificación con la persona humana que somos es la primera herida psicológica que todos padecemos (trastorno por identificación con el ego, trastorno narcisista).

Pensar que la disolución del yo se logrará con un poco de agua bendita en la frente es una historia de locos. Lamentablemente así funciona la educación parcial que ha puesto de cabeza al mundo. El budismo también plantea que desde nuestro nacimiento ya traemos cargando karmas de nuestras vidas pasadas. En realidad las vidas pasadas hacen referencia a las generaciones pasadas de nuestro árbol genealógico. Desde que somos concebidos y estamos en el vientre de la madre, nuestro cerebro está siendo condicionado por toda la memoria ancestral (tres generaciones atrás) que aún no ha sido procesada por el sistema familiar. A toda esta memoria ancestral que se va estructurando en nuestro inconsciente, el budismo y el hinduismo le han llamado *karma*.

En la Biblia está dicho que cuando los padres son malvados, Dios castiga a sus descendientes hasta la tercera o cuarta generación. Por el contrario, cuando los padres aman a Dios a través de sus hijos, él muestra su amor por mil generaciones. También las religiones han descrito la transmisión de pecados y karmas (heridas psicológicas y traumas) a través de las generaciones, solo que en Oriente, por la misma falta de la psicología avanzada, las religiones no han entendido que las generaciones pasadas son las vidas pasadas; el alma evoluciona a través del linaje.

Hay escuelas espirituales donde las vidas pasadas son independientes del árbol genealógico, en todo caso, la ciencia aún no ha logrado comprobar la teoría de la reencarnación, pero sí ha podido descubrir la transmisión de memorias psicológicas a través de las generaciones, gracias a la epigenética. Considerando que las vidas pasadas fueran una realidad, de igual forma estarían conectadas con el árbol genealógico; el alma elegiría un linaje donde existan problemáticas parecidas a las que ella trae arrastrando de sus vidas pasadas, de forma que, en términos prácticos, descongestionar el nivel dos del inconsciente (memoria traumática ancestral) será el equivalente a resolver todo lo relacionado con nuestras vidas pasadas.

La religión en Occidente plantea el pecado original (trastorno narcisista de la personalidad) y también los pecados capitales como el cúmulo de pecados que nos impedirán acceder al reino de los cielos (nuestro centro más profundo). Los pecados capitales son siete vicios que hacen referencia a comportamientos destructivos. Estos son: soberbia, avaricia, lujuria, ira, gula, envidia y pereza. La *soberbia* es el exceso de orgullo, un sentimiento de superioridad y arrogancia que puede llevar al desprecio de los demás; desde una visión psicoespiritual, la soberbia está relacionada con el trastorno narcisista de la personalidad y los problemas de autoestima. La *avaricia* es el deseo insaciable de acumular riquezas y bienes materiales; desde un enfoque psicológico, está relacionada con el trastorno obsesivo-compulsivo (TOC), con el trastorno de acumulación y con el trastorno de ansiedad generalizado. La *lujuria* es un deseo sexual descontrolado y desmedido que busca la satisfacción sin considerar las consecuencias morales o sociales; desde una visión psicológica, la lujuria refleja un incorrecto desarrollo en las etapas psicosexuales. La *ira* es una emoción intensa de enojo que nos puede llevar a actos de violencia, resentimiento o venganza; desde una visión psicológica, está relacionada con el trastorno explosivo intermitente, con el trastorno depresivo mayor, con el trastorno límite de la personalidad (TLP), con el trastorno bipolar y con el trastorno antisocial (psicopatía). La *gula* es el deseo incontrolable de consumir alimentos o bebidas en exceso, que la psicología identifica como el trastorno de alimentación compulsiva. La *envidia* es el resentimiento o descontento por el bienestar, posesiones o logros de otra persona; desde una visión psicológica, la envidia está relacionada con el trastorno de personalidad paranoide, donde la persona tiene una desconfianza persistente y sospechas injustificadas sobre las intenciones de los demás. Por último, la *pereza* es la falta de motivación o disposición para realizar tareas y cumplir responsabilidades; la extrema pereza es un síntoma de depresión, donde la falta de energía y motivación impide a la persona llevar a cabo sus actividades diarias. El trastorno por déficit de atención e hiperactividad (TDAH) también podría estar relacionado con el pecado capital de la pereza.

En las religiones orientales también aparecen varios *tipos de karmas*; está el karma acumulado (sanchita karma), el karma madurado (prarabdha karma), el karma en proceso (kriyamana karma), el karma futuro (agamí karma), el karma individual, el karma colectivo, etc. En general, cada uno de estos karmas describe el congestionamiento de todos los niveles del inconsciente y cómo sus consecuencias se manifestarán a lo largo de nuestra vida. No se puede predecir cuándo se expresarán las implicaciones de la educación parcial y tóxica que recibimos, porque cada una de las heridas psicológicas y traumas no resueltos se irá activando y presentando de distintas formas y en diferentes etapas de nuestra vida, en la realidad física, mental, emocional, espiritual y externa, dando lugar a trastornos mentales y enredos en el exterior.

La manera en cómo se active el pasado no resuelto en nuestro presente dará lugar a los distintos niveles dentro del juego, y a esto se refieren los tipos de karmas. Ciertos karmas personales y ancestrales darán sus frutos en la adultez temprana, mientras que otros lo harán en la adultez media y otros en la adultez tardía o vejez. A esto se refieren los tipos de karma, a cómo se irán desplegando y manifestando los síntomas de todo aquello congestionado en el inconsciente. Por lo mismo, el trabajo de liberación para lograr el proceso de individuación completo (maduración psicológica) y la autorrealización (trascendencia, libertad total) dura muchos años, quizá toda la vida.

Todos los pecados capitales y karmas en el fondo son *síntomas* que aparecen como consecuencia de las heridas psicológicas y traumas que traemos codificados en el inconsciente. En el nivel uno están las heridas psicológicas y traumas personales, aquellos que nos sucedieron a nosotros; en el nivel dos del inconsciente se encuentran las heridas psicológicas y traumas ancestrales, aquellos que sucedieron en las generaciones pasadas de nuestro árbol genealógico, y que se transmiten de generación en generación. En el nivel tres están las heridas psicológicas provocadas por la sociedad y la cultura (tabúes).

En definitiva, son las heridas psicológicas y traumas las causas principales de todos los trastornos mentales que han sido expresados por la Asociación Americana de Psiquiatría (APA) en el *DSM-5*. Lamentablemente ni la psicología clásica, ni la psiquiatría, ni las religiones han sido capaces de elaborar una metodología lo suficientemente efectiva para lograr purificar de raíz todo aquello que da origen a los trastornos mentales y disfuncionalidad generalizada en la vida adulta, principalmente por el desconocimiento de la psicología oriental y la psicología avanzada. Estas últimas, en combinación con la psicología clásica, han dado lugar al descubrimiento de la estructura correcta del inconsciente (y de la psique en general) en relación con la realidad exterior y al mundo divino, que, por añadidura, nos permite tener una conciencia clara y precisa sobre las reglas del juego.

Será solo a través de la educación universal y la psicoespiritualidad que podremos lograr el descongestionamiento total del inconsciente, resolviendo todos los trastornos mentales descritos por el *DSM-5* (pecados, karmas), dando lugar al pleno despliegue de nuestro potencial completo, a la autorrealización, a la plenitud y libertad, que, en palabras religiosas, sería el acceso al reino de los cielos o nirvana.

Desde la perspectiva del juego de la realidad, el pasado no resuelto del personaje humano que Dios representa en su obra de teatro o película que es el mundo no permitirá que se alcance la excelencia en el juego. Las heridas psicológicas y traumas (pecados y karmas) del personaje (personalidad, ego) manifestarán realidades externas enredosas y pruebas de vida que invitarán al personaje a jugar (enfrentándolas) para evolucionar.

Una vez que el personaje vaya resolviendo su pasado no resuelto (la caída), reflejado en las distintas circunstancias del juego (niveles), podrá ir desarrollándose, realizando el proceso de individuación (el ascenso), hasta encontrarse con su creador (Dios, nuestro ser verdadero). El personaje humano y Dios (la psique y el alma) en los últimos niveles del juego se habrán fusionado, encontrando la excelencia en el juego y al mismo tiempo la trascendencia del mismo, que desde un enfoque religioso será haber realizado el reino de los cielos o nirvana en uno mismo, y desde un enfoque psicoespiritual será haber conseguido el despliegue de nuestro potencial completo alcanzando nuestra autorrealización (libertad, equilibrio y plenitud totales). Veamos a continuación, con más detalle, los niveles del juego y las etapas del jugador.

Los niveles del juego

Todas las religiones y mitologías, las disciplinas místicas y espirituales, los enfoques psicológicos, los grandes pensadores, científicos, filósofos, artistas, genios y maestros, han tratado de expresar los niveles del desarrollo en el ser humano desde distintos ángulos, pero nadie lo ha hecho como se propone en este libro. A través del mismo, se plantea una nueva metodología psicopedagógica: la educación universal, así como también un nuevo enfoque psicológico y espiritual: la psicoespiritualidad. Las dos, tanto la educación universal como la psicoespiritualidad, son parte de una *visión innovadora* fundamentada en que la existencia humana es un juego, uno muy serio y complejo, pero al final de cuentas es un juego.

Para haber podido crear esta nueva perspectiva psicológica, pedagógica y espiritual tuve que apoyarme en todos los enfoques existentes de la psicología clásica, avanzada y oriental, así como también en las religiones, los mitos, los arquetipos, el chamanismo, la ciencia, el arte y mi experiencia con la vida misma. El modelo teórico y metodológico que presento en este libro, y que fundamenta a la educación universal y a la psicoespiritualidad, se extiende mucho más allá de todo aquello que me ayudó a llegar a él; la totalidad siempre será mucho más que la suma de sus partes.

Los niveles del juego de la realidad son:

1. La experimentación del mundo (lo establecido, el sistema, la educación parcial, la experiencia personal, la caída, la identificación, el apego primordial, el pecado original).
2. Los enredos con el mundo (los tipos de apego, las heridas psicológicas, los traumas, los trastornos mentales, los pecados capitales, los karmas).
3. El proceso de individuación (la educación universal, la psicoespiritualidad, el viaje del héroe, la sanación, el inicio del ascenso).
4. El proceso de liberación (la meditación, la desidentificación, la integración, la transformación, la consumación del ascenso).
5. La autorrealización o iluminación (trascendencia, desapego, libertad, plenitud, salvación, comunión con lo divino, reino de los cielos, nirvana).

Los niveles del juego de la realidad son los diferentes estadios que conforman a la estructura del juego. Cada una de las etapas del juego está en relación con los distintos niveles de desarrollo de la psique y todas sus instancias, así como del despertar y el desarrollo espiritual. El progreso en el descongestionamiento del inconsciente, el desarrollo de la persona humana (personalidad, ego) y el desarrollo de la conciencia serán sinónimo de avanzar en las etapas del juego. En ese sentido, el jugador y el juego conforman las dos caras de una misma moneda. Avanzar en los niveles del juego significará avanzar en el desarrollo de nuestra psique, comprendiendo que la psique incluye a la persona humana, su inconsciente y su conciencia, y su relación con el mundo material y espiritual.

Dios o el espíritu inmortal del universo, que anima a todo lo creado, se encarnará en una forma humana para experimentar el juego de la realidad. Se pondrá una máscara (la psique) para formar parte de la obra de teatro o película del mundo, de la misma forma en que un actor o actriz interpreta a su personaje en el teatro o el cine. La esencia del juego de la realidad consistirá en que, para alcanzar el final feliz de la historia, el protagonista (persona, ego) tendrá que desplegar todo su potencial para poder ganar y trascender el juego; este cometido deberá incluir necesariamente el descubrimiento del artífice detrás de la máscara.

Nivel 1: La experimentación del mundo (la experiencia personal)

Este es el primer nivel dentro del juego. Desde que somos concebidos y gestados, hasta que alcanzamos los 40 años de edad aproximadamente, el principal motor del juego es la experimentación; conocer la vida. A través de la experimentación comenzaremos a tener experiencia personal. La persona humana va a conocer la creación sin saber que es un personaje que está dentro de la obra de teatro o película del mundo. A través del cerebro, el cuerpo y los sentidos iremos conociendo la vida, experimentándola, adquiriendo experiencia. Aprenderemos a relacionarnos con nuestros familiares, iremos a la escuela, tendremos amigos, aprenderemos a comer, a dormir, a caminar, a correr, a hacer deporte, a trabajar, a enamorarnos; conoceremos lugares, tendremos metas, sueños y todo por delante. También aprenderemos los límites y reglas de nuestro entorno, así como la aparición de dificultades y obstáculos que nos darán experiencia de vida.

Este nivel dentro del juego se podrá ver afectado por la educación parcial y la moral tóxica que padecen muchas religiones, sistemas educativos y familias, no permitiendo que los individuos puedan experimentar a la creación, al mundo. Existen sistemas de creencia tóxicos que lamentablemente han influenciado en gran medida a la población, privándola de experimentar de forma natural al mundo. Desde una perspectiva cristiana, el mundo material es el reino del diablo; la religión dice que hemos encarnado en este mundo por el pecado original, relacionado con la sexualidad. Por lo mismo siempre ha estado en contra de experimentar al mundo a través de los sentidos y el cuerpo.

Esta metáfora puede ser comprendida de una mejor manera a través de la psicoespiritualidad; cuando el cerebro, el cuerpo y los sentidos experimentan el mundo material, se van a apegar naturalmente a él, a las formas. El bebé se apegará a la madre, al padre, a su familia, a la comida; el niño se apegará a sus actividades, a sus amigos; el adolescente a la seducción y sexualidad; el adulto a su pareja, a sus hijos, al dinero, al trabajo, al poder, a los bienes materiales; el viejo se apegará a la vida, sin poder aceptar el paso del tiempo, etc. El encuentro con el mundo material, con el juego, está lleno de tentaciones (formas a las cuales el cerebro naturalmente se apegará).

El mito cristiano plantea que es necesario alejarnos de las tentaciones, pero su planteamiento es incorrecto porque debemos conocer y experimentarlas primero (apego), para después trascenderlas (desapego), solo así habrá un óptimo desarrollo dentro del juego. La psique necesita forzosamente apegarse a las formas para poder completar los primeros dos niveles del juego: la experimentación del mundo y los enredos con el mismo. La psicología oriental, por su parte, a través de su metodología (meditación, yoga, tantra, etc.), plantea que es inevitable no apegarse al mundo de las formas (caer en las tentaciones), porque el cerebro y los sentidos necesitan el apego para su sano desarrollo. Por lo mismo propone una práctica espiritual que permita equilibrar la situación.

Es importante comprender el significado profundo de la *tentación*, puesto que en nuestra cultura occidental está visto como el sexo, pero en realidad hace referencia a algo mucho más profundo que religiones como el budismo han entendido a la perfección. También la psicología clásica occidental lo sabe; el bebé y el niño, para un sano desarrollo, necesitan apegarse a la madre y después al padre (identificación, apego saludable). Pensar en no caer en la tentación desde que entramos al mundo, como lo plantea erróneamente el mito cristiano, sería el equivalente a abandonar al infante, encerrándolo en una cueva para que no tenga contacto con nada ni con nadie, donde inevitablemente moriría.

Es necesario comprender a fondo el tema de la tentación, puesto que nos dará los elementos necesarios para vislumbrar la estructura correcta del juego de la realidad. Cuando Jesucristo dice "no nos dejes caer en la tentación", él ya experimentó la tentación, la caída; ya conoció al mundo. Ya tiene una edad; tiene más de 30 años cuando dice esa frase. No podría haber llegado a decirla si no hubiese experimentado las tentaciones. Hablar de las tentaciones desde una visión religiosa es lo mismo que hablar (desde una perspectiva psicológica) del apego que se forma hacia nuestros familiares, amigos, comida, lugares, proyectos, metas, sueños, deseos, necesidades, autoimagen, etc., durante nuestro desarrollo, y que se formará naturalmente porque es parte fundamental del correcto desarrollo del ser. Es la esencia del nivel 1 en el juego de la realidad. Sin embargo, cuando la persona humana y sus ancestros reciben carencias afectivas y maltrato psicológico durante sus primeras etapas de desarrollo, el apego saludable (mesurado) a las formas se volverá patológico, derivándose en apego ansioso, evitativo, desorganizado o enfermizo, dependiendo de la magnitud de las heridas y los traumas.

La educación parcial que recibimos está fundamentada en sistemas de creencia que no permiten la experimentación con el mundo; esto provocó una profunda afectación en nuestros sentidos, en el desarrollo de nuestro potencial psicocorporal, en el desarrollo de la personalidad y la conciencia, encerrándonos en la mente desde muy temprana edad. Los bebés, los niños y los adolescentes necesitan explorar el mundo no solo con su mente, sino también con su cuerpo, sus emociones, su libido, para experimentarlo verdaderamente y conocerlo.

Cuando la educación no incluye el desarrollo de todos los lenguajes o esferas de nuestro potencial completo, en realidad no está permitiendo la correcta experimentación con el mundo. La educación parcial, al solo buscar el desarrollo de la cognición, encierra a los individuos en un racionalismo venenoso que los lleva a creer que saben, solo porque lo entendieron a través de las palabras y los conceptos. El saber racional no es la experimentación y el conocimiento del mundo, puesto que el *verdadero saber* solo podrá aparecer cuando la educación proveniente de la familia, las escuelas y la religión permita el desarrollo de los nueve lenguajes o esferas que conforman nuestro potencial completo: potencial psicoespiritual, psicoemocional, psicosocial, cognitivo, creativo, psicocorporal, psicosexual, material y animal. En este sentido, el despliegue de las nueve esferas o lenguajes de nuestro potencial permitirá la experimentación correcta con el mundo (primer nivel del juego superado), y en última instancia, el pleno recorrido de cada una de las etapas dentro del juego de la realidad.

La paradoja del juego de la realidad (la dualidad)

Lo interesante del juego de la realidad es que es de naturaleza paradójica. En cada nivel del juego nos encontraremos con la *divina paradoja*. En esta primera etapa todo lo que experimentemos será parte del juego; incluso si la educación parcial no nos dejó experimentar al mundo, esa será nuestra experiencia dentro del primer nivel del juego; tendremos una prohibición a experimentar al mundo y esa prohibición formará parte de nuestra experiencia personal. De la misma forma, todas las heridas psicológicas y los traumas recibidos, por la familia, la sociedad y la cultura, serán parte de nuestra experiencia de vida.

La experiencia de vida engloba todo lo que le suceda a la psique (inconsciente, persona, conciencia) dentro del juego de la realidad, no importa si es luminoso u oscuro, positivo o negativo, todo nos ayudará a acumular experiencia de vida. Experimentar al mundo, en ese sentido, está más allá del bien y el mal, puesto que las distintas circunstancias que acompañan a cada cerebro, sean como sean, le darán experiencia dentro del juego. Más adelante, para llegar a las últimas etapas del juego, será necesario reestructurar los sistemas de creencia tóxicos, las heridas psicológicas y traumas que no permitieron la experimentación total con el mundo, puesto que será necesario alcanzar el verdadero conocimiento del mismo, a través del desarrollo de todos nuestros lenguajes, para poder superar a todas las etapas o niveles dentro del juego. Sin embargo, para esta primera etapa será suficiente mantenernos con vida para que el paso del tiempo nos ayude a acumular experiencia.

Una de las leyes fundamentales del juego de la realidad es la ley de la *dualidad*. Esta ley describe cómo los aparentes opuestos se complementan. En la etapa uno del juego, experimentar al mundo significará también conocer al sistema, a la educación parcial, experimentar crecer en una familia disfuncional, recibir heridas psicológicas y traumas, formar parte de una sociedad disfuncional, equivocarnos, que otros se equivoquen, etc. Experimentar la imperfección del juego de la realidad ocurrirá en la primera etapa, puesto que será parte de nuestra experiencia de vida. Todo aquello que experimentemos, sea positivo o negativo, formará parte de nuestra experiencia. La acumulación de experiencia es la que nos permitirá recorrer el primer nivel del juego.

A través de la experiencia, el cerebro, mediante el cuerpo y los sentidos, inevitablemente se apegará a los demás componentes de la realidad: a la mente, al tiempo, a la materia, al sonido, al color, a las emociones, a las sensaciones, a las necesidades, a los deseos, a la otredad, al espacio y a las formas. Su manera de apegarse y por razón de que la realidad es dual, será de dos maneras: con enganche y aversión. El cerebro comenzará a perseguir más de aquello que le genera gratificación y comenzará a generar aversión a todo aquello que le provoca incomodidad y frustración.

La gratificación implica la satisfacción de una necesidad o deseo, proporcionando una sensación de placer o realización, y la frustración ocurre cuando esa necesidad o deseo no se satisface, generando incomodidad, malestar o decepción. Veamos un ejemplo: aunque una mujer sea la madre perfecta, habrá momentos en que no pueda estar totalmente disponible para su bebé; él sentirá frustración al no poder recibir pecho en el momento preciso que lo exige. La leche de la madre le genera gratificación al bebé, pero cuando no la obtiene siente frustración; su cerebro, a través de los sentidos y el cuerpo, querrá más leche, porque el bebé siente satisfacción cuando succiona el pezón de la madre y sentirá frustración cuando no la obtenga.

El mundo material, al cual accedemos desde que encarnamos y estamos en el vientre materno, está hecho de sensaciones, emociones, fisicalidad, sentidos, placeres, displaceres, etc., y es dual; a veces la madre está disponible, otras veces no. A veces hay comodidades, a veces no. El cerebro, entonces, a través de la experiencia, comienza a experimentar la dualidad y se genera el apego; apego al pecho de la madre y al mismo tiempo aversión y frustración, como la otra cara del apego, cuando el cerebro no obtiene la gratificación que busca.

La naturaleza de la experimentación es dual; el cerebro buscará repetir las experiencias gratificantes, tantas veces como sea posible, hasta el infinito. Cuando no las puede repetir, por cualquier razón, el mismo cerebro generará aversión y frustración. Por lo mismo es imposible pensar que podemos huir de las tentaciones, pues todo en el mundo material son tentaciones, porque así es la naturaleza de la realidad. No puede ser de otra manera.

El bebé cae en la tentación a través del pecho de la madre, puesto que desde el primer momento en que sintió gratificación de aquella experiencia su cerebro querrá sentir tantas veces como sea posible esa gratificación, y como el mundo es dual, a veces la madre no estará disponible y el bebé sentirá aversión y frustración cuando no obtenga lo que quiere. El bebé que mama es solo un ejemplo, pero así sucede con todo lo que experimentamos en la vida; conforme vivimos experiencias, el cerebro querrá repetir automáticamente aquellas experiencias que le han causado gratificación y generará aversión cuando, por la ley de la dualidad, no pueda obtenerlas.

También el cerebro generará aversión a lo que le provoque incomodidad, dolor, ansiedad y estrés. Por ejemplo, el niño mete el dedo en el fuego y se quema. Su cerebro no va a querer repetir esa experiencia de dolor, buscará huir naturalmente de ella. Así quedará estructurada la manera en que el cerebro experimenta al mundo, a través del cuerpo y los sentidos; por un lado, la búsqueda de gratificación (enganche) y, por otro, la evasión de la incomodidad y el dolor (aversión). Esta *doble reacción*, de enganche y aversión hacia el mundo de las formas, dará origen a la personalidad o ego (experimentador, jugador) y es el verdadero significado de la metáfora del pecado original, de la caída y de las tentaciones, que el mito cristiano ha querido explicar pero que no ha logrado, por la falta de una conciencia en psicología profunda.

Inevitablemente, experimentar el mundo, el nivel uno del juego, nos llevará al nivel dos, enredarnos con él. No puede ser de otra forma, todos sin excepción experimentamos la dualidad al estar vivos, generándose enganche a lo que nos da gratificación y aversión a lo que nos genera incomodidad y dolor.

Nivel 2: Los enredos con el mundo

La pura experimentación con la vida provocará el pecado original, la caída, como ya hemos visto, en la etapa uno del juego. La experimentación con el mundo material a través de la doble reacción del cerebro (apego y aversión hacia las formas) desconectará gradualmente al individuo de su centro más profundo, generándose el olvido del alma; Dios, la conciencia no dual, nuestro ser verdadero, al entrar al mundo material y experimentarlo, se olvidará de sí mismo, se perderá. El cerebro se fragmentará.

La etapa uno del juego es la caída, la identificación, y no de arriba hacia abajo, sino de adentro, de nuestro más profundo centro, hacia afuera, al enganche o identificación con el mundo de las formas, con los componentes de la realidad: tiempo, mente, materia, etc. El enganche con los componentes de la realidad, a través de la doble reacción (enganche y aversión) por parte del cerebro y la psique, dará lugar a la formación del yo (persona, ego) y su historia en el tiempo.

La identificación, producto de la experimentación con la vida, dará inicio a la obra de teatro o película del personaje humano en el mundo. Por su parte, las carencias afectivas y el maltrato psicológico por parte de los familiares, la sociedad y la religión provocarán que la caída sea aún más profunda, que los procesos de identificación se intensifiquen; el apego a lo que nos da gratificación se volverá más intenso (ambiciones, deseos), por compensación, puesto que las heridas psicológicas y los traumas incrementarán la aversión al dolor (represión emocional).

Entre más aversión se forma hacia lo incómodo y al dolor, mayor es el deseo por la búsqueda de gratificación. Ejemplo: un niño es abandonado por su madre a los tres años de edad. La carencia afectiva llevará al niño a experimentar un intenso dolor; con el paso del tiempo, la reacción natural del cerebro será la de evadir ese dolor, suprimiéndolo, a través de mecanismos de defensa. El trauma por abandono emocional quedará en lo profundo del inconsciente. El niño, durante toda su vida, buscará el amor de su madre por compensación, apegándose de forma más intensa a los componentes de la realidad. De adulto podría ser en extremo codependiente a su esposa e hijos, o desarrollar adicciones, por compensación de aquello que le faltó de niño. Las carencias afectivas provocarán mayores niveles de apego y aversión al mundo material. Los niveles de identificación serán mayores, y, por lo tanto, mayor será la desconexión con nuestro centro más profundo, mayor distancia se formará con nuestra esencia divina y verdadera.

La etapa dos del juego estará determinada por la cantidad de heridas psicológicas y traumas que hayamos recibido, así como también por todas las historias trágicas que les sucedieron a nuestros ancestros y que llevamos codificadas en el segundo nivel del inconsciente. La etapa uno, la caída, dará origen al yo y su historia en el tiempo (pecado original), y la etapa dos dará lugar al tipo de personalidad, carácter y temperamento (pecados capitales, trastornos mentales), así como a todas las pruebas de vida (karmas) que se irán desplegando a lo largo del juego, en distintos momentos de la vida del personaje humano que nos tocó representar.

La experimentación del mundo (etapa uno, caída), más la educación parcial y tóxica que recibimos (etapa dos, intensificación de la caída), determinarán toda nuestra estructura psíquica; grados de congestionamiento en el inconsciente, tipo de personalidad y nivel de conciencia. La dualidad en la etapa dos del juego consiste en que, entre más profunda sea la caída, mayor impulso tendremos para lograr el ascenso, siempre y cuando alcancemos la etapa tres, a través de la iniciación a la educación universal.

El ascenso comenzará en la etapa tres del juego, siempre y cuando la persona humana, a través de los jaques del diablo (enredos con el mundo), sea capaz de buscar respuestas y soluciones a través de la educación universal y la psicoespiritualidad, de lo contrario permanecerá siendo víctima de sus circunstancias. No todos los personajes humanos buscarán las herramientas de intervención correctas para solucionar todos los procesos de identificación (apego y aversión) que han resultado en el cerebro, por el encuentro con el mundo material y la educación parcial y tóxica recibida. No todos los personajes humanos buscarán solucionar su pasado no resuelto y realizar su proceso de individuación. Hay personas que se quedarán toda la vida solo experimentando (atoradas en la etapa uno) y otras enredadas aguantando (atoradas en la etapa dos).

El pasado no resuelto de la persona no permitirá un óptimo desarrollo de la conciencia, por lo que no será posible avanzar a la etapa tres del juego. En general, la mayoría de los personajes humanos se quedan atrapados en las dos primeras etapas del juego, sin poder iniciar el ascenso, el proceso de individuación. Si no accedemos al nivel tres en el juego, los enredos con el mundo se agudizarán con el paso del tiempo, llevando al personaje dentro de la obra o película del mundo a un final trágico; a un trastorno mental severo, a una enfermedad crónica o a la muerte prematura.

El congestionamiento del inconsciente se agudizará con el paso del tiempo, provocando mayores dramas dentro del juego de la realidad, no dejando que la vida florezca. El jaque mate del diablo sucede cuando no podemos llegar a la etapa tres en el juego. El juego termina antes de tiempo y la psique es reabsorbida por la gran conciencia-corazón universal. Como solo es un juego, no pasa nada, simplemente se acaba una película, de trillones de películas que siempre estarán sucediendo a través de trillones de personajes, en el juego infinito de la realidad. Así de impactante es la gloria de Dios.

En la psicología clásica, la teoría de las relaciones objetales de la psicoanalista austriaca Melanie Klein y la teoría del apego del psicólogo británico John Bowlby expresan algo similar a lo que estamos describiendo aquí. Cuando las figuras de apego (progenitores o cuidadores) están disponibles y son efectivas para cubrir las necesidades del niño, se formará apego seguro o saludable, generándose seguridad y confianza en el niño. Las personas con apego seguro tienen una mejor autoestima y mayores habilidades sociales, son más resilientes al trauma y tienen una mejor gestión emocional.

El apego seguro significa que la caída o la identificación con el mundo material no será tan intensa. Se volverá más sencillo lidiar con las tentaciones. El bebé, al no poder recibir gratificación porque la madre no siempre puede estar disponible, aprenderá gradualmente a no hacer un drama por eso, desarrollando tolerancia a la frustración. Un apego seguro o saludable es un cerebro-psique que busca moderadamente la gratificación y es tolerante a la frustración que aparece cuando la gratificación no se obtiene.

No se puede enseñar a los bebés y niños a ser tolerantes a la frustración a través del regaño, solo a través de la atención, el amor y el respeto. Cuando se recibe una educación de esta magnitud, donde los niveles de carencia afectiva y maltrato psicológico no son tan altos, será posible alcanzar la etapa tres en el juego de la realidad. Cuando no se logra llegar a la etapa tres dentro del juego, es porque los niveles de traumatización en el cerebro son demasiado altos, el pasado no resuelto es tan intenso que ha causado trastornos mentales severos (psicosis, psicopatía), enfermedades crónicas o muerte prematura. El jaque mate del diablo es, en definitiva, la metáfora de una educación sumamente tóxica por parte de la familia, la sociedad y la cultura.

La psicología clásica, a pesar de sus teorías sobre el apego, no ha logrado relacionar al mismo con toda la gama de trastornos mentales descritos en el *DSM-5*. Cuando las figuras de apego (progenitores o cuidadores) en las primeras etapas del desarrollo del niño no solo no están disponibles y son efectivas para cubrir sus necesidades, sino que son violentas, abandonan al menor, abusan sexualmente de él o lo sobreprotegen, y, por su parte, en las escuelas no existen relaciones sociales saludables producto del *bullying*, el apego seguro o saludable no solo se convertirá en un apego inseguro (ansioso, evitativo, desorganizado) como lo plantea Bowlby, sino que se convertirá en *apego enfermizo*.

Los tipos de apego ansioso y evitativo darán lugar a las neurosis (trastornos mentales leves), el apego desorganizado dará lugar a la psicosis (trastornos mentales medios) y el apego enfermizo dará lugar a los trastornos mentales más severos, como lo es la psicopatía. Los grados de apego afectarán en mayor o menor medida a los distintos lenguajes de nuestra multidimensión; entre más apego exista, mayor afectación habrá en la cognición, emoción, libido, cuerpo, creatividad, conexión espiritual, poder de manifestación, etc. La psicología clásica aún no ha logrado vislumbrar cómo el correcto desarrollo de nuestra psique está íntimamente relacionado con los tipos de apego, ni tampoco vislumbra cómo estos también están determinados por las carencias afectivas de los ancestros (karmas).

La acumulación de las cinco heridas psicológicas o traumas (personales y ancestrales), que revisamos anteriormente durante la lectura del libro, provocará que la caída sea más profunda. La tendencia al pecado, a caer en las tentaciones, será mayor; la persona humana no tendrá una estructura psíquica saludable, al contrario, su manera de relacionarse con el mundo material será a través de una intensa reactividad determinada por el deseo y el miedo, el enganche y la aversión.

Entre más heridas psicológicas o traumas padezcamos (personales y ancestrales), congestionados en el inconsciente, mayores grados de identificación o apego presentará el personaje humano, y, por ende, los trastornos mentales se volverán más severos y los enredos con la realidad exterior serán mayores. Veamos algunos ejemplos para comprender mejor el tema: Roberto, de 40 años de edad, fue sentenciado a 10 años de prisión por intentar asesinar a su esposa. De niño era golpeado y violado por su padrastro. Su padre biológico lo había abandonado cuando su madre estaba recién embarazada. Roberto, desde el vientre, ya padecía abandono emocional. La madre, por su parte, era alcohólica y nunca estaba disponible para sus hijos.

Roberto provenía de una familia profundamente disfuncional. Su psique había quedado estructurada a través del apego enfermizo que daría lugar a trastornos mentales severos; por un lado, teniendo que reprimir todo su dolor para sobrevivir (mecanismos de defensa, aversión), y, por otro, aprendiendo a relacionarse con sus figuras de apego (progenitores, cuidadores) de forma tóxica. Su estructura psíquica, producto del apego enfermizo, daría lugar a un intenso congestionamiento en el inconsciente, un carácter y temperamento (tipo de personalidad) en extremo disfuncional, y un bajo desarrollo de conciencia, que lo llevaría años más tarde a ser un hombre violento sentenciado a prisión (psicopatía).

Los momentos en que Roberto reaccionaba de forma violenta hacia su esposa eran consecuencia del apego enfermizo estructurado en su psique. Los niveles de reactividad se incrementan en relación con los grados de identificación o apego. Veamos otro ejemplo: Carlos, de 50 años de edad, fue sentenciado a 20 años de prisión por robarse varios millones del erario público, cuando desempeñó su labor como servidor público. En la cárcel sería asesinado, después de cumplir un par de años de penitencia.

Carlos presentaba un fuerte trastorno mental (psicopatía) que se reflejaría en su apego enfermizo al dinero y al poder. Él había sido golpeado toda su infancia por sus cuidadores; sus padres biológicos lo abandonaron por muerte prematura, producto de un accidente automovilístico. El apego seguro que todo niño desarrolla por la presencia (amor, atención y respeto) de sus progenitores se tornó en apego enfermizo, por la intensidad del trauma de abandono y la violencia recibida por sus padres adoptivos. El apego enfermizo de Carlos se expresaría por compensación en un intenso enganche hacia el poder y el dinero, que lo llevaría a cometer actos de corrupción. Su vida quedaría destrozada y su historia terminaría en un trágico final.

Los distintos grados de apego (seguro, inseguro, enfermizo) que presenta la estructura de la psique, provocados por la educación parcial y tóxica que recibió, se expresarán no solo en nuestra vinculación emocional y sexual con las demás personas, sino también en nuestro desarrollo psicosocial, cognitivo, material, creativo, etc., básicamente en nuestra forma de relacionarnos con los demás componentes de la realidad: dinero, trabajo, lugares, bienes materiales, entorno, etc. Todos los lenguajes o esferas de nuestro potencial completo se verán afectados por los distintos grados o tipos de apego. Los grados más elevados de apego a los componentes de la realidad darán lugar al apego enfermizo, los grados medios, al apego inseguro (ansioso, evitativo, desorganizado), y los grados menores, al apego saludable.

Entre más alto sea el grado de congestionamiento en el inconsciente, producto de las heridas psicológicas y traumas del pasado personal y ancestral no resuelto, mayor será el grado de apego, dando lugar a los trastornos mentales (apegos enfermizos) más severos. Entre mayor sea el grado de apego que presenta el personaje (persona humana, ego), más desconectado estará el cerebro (la psique) de su centro más profundo (dimensión espiritual). Los grados de apego determinarán los grados de olvido de nuestro ser verdadero (Buda, Dios); el cerebro se perderá en los enredos del mundo, en sus propias historias humanas en el tiempo, en los sueños y pesadillas, tanto en la dimensión onírica como en la vigilia. La psique se proyectará constantemente hacia el exterior, creyendo que el juego de la realidad es todo lo que existe, sin conocer lo que está más allá de ella misma y la obra de teatro o película del mundo.

Los grados de apego determinarán también los tipos de personalidad, el carácter y el temperamento, los sueños y pesadillas del personaje humano. Por estos mismos apegos, el yo onírico será incapaz de darse cuenta de que está soñando mientras duerme (inhibición del sueño lúcido). Cuando a través del proceso de la educación universal y la psicoespiritualidad regresamos a nuestro centro más profundo, estableciéndonos en él, logramos el *desapego*. En la vigilia el desapego dará lugar a la funcionalidad sagrada y en el mundo onírico a los sueños lúcidos. La conexión con el espíritu divino es el desapego.

La educación parcial que articula al mundo no les enseña a las familias, a las escuelas y a las iglesias cómo educar al cerebro y a la psique de los bebés, niños y adolescentes para que puedan desarrollar un apego seguro o saludable (funcionalidad), mucho menos a lograr el desapego (funcionalidad sagrada, transpersonalidad), que básicamente consistiría en una educación fundamentada en el amor, la atención y el respeto hacia los menores, integrando también a la psicología oriental (meditación, hatha yoga, yoga de los sueños) en todos los niveles educativos.

Cuando el cerebro no recibe el amor, la atención y el respeto, comienza a desarrollar apego inseguro o enfermizo, que se proyectará más adelante en los demás componentes del mundo material, por compensación (disfuncionalidad). Una persona que no haya recibido amor, atención y respeto de bebé, niño y adolescente, desarrollará trastornos mentales leves, medios o severos (apegos inseguros y enfermizos), dependiendo de la cantidad de carencias afectivas y maltrato psicológico que hubiese padecido durante las primeras etapas de su desarrollo, en su ambiente familiar y social, y del karma ancestral que se haya codificado en el segundo nivel del inconsciente.

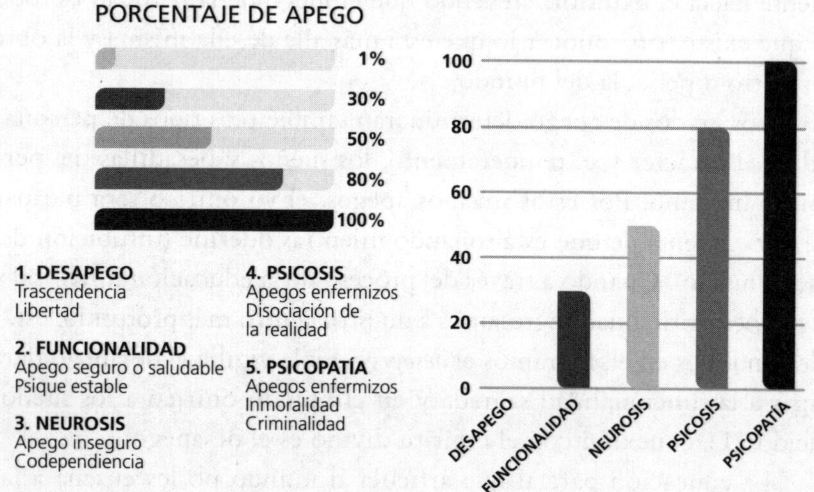

Grados de apego y trastornos mentales:

1. Desapego: conexión con la dimensión espiritual, nuestro centro más profundo. Lo que está más allá del juego de la realidad y de la psique.

2. Apego seguro: le permite a nuestra persona humana ser funcional en la obra de teatro o película del mundo.
3. Apego inseguro (ansioso, evitativo): da lugar a las neurosis (trastornos mentales leves y medios). Disfuncionalidad.
4. Apego desorganizado y enfermizo: da lugar a la psicosis y a la psicopatía; la persona humana distorsiona la realidad y la conciencia no distingue la diferencia entre el bien y el mal. Disfuncionalidad extrema.

Nivel 3: El proceso de individuación

Los apegos al mundo material pueden tener diferentes grados de intensidad; sin embargo, todos provienen de una educación tóxica, donde existieron una o varias heridas psicológicas o traumas. Cuando el apego es seguro, podríamos hablar de tipos de personalidad funcionales, aunque esto no quiere decir que no vayan a aparecer obstáculos y dificultades, porque la memoria traumática ancestral se activará en distintos momentos de la vida, pero podríamos decir que la psique presenta una estructura estable para el juego de la vida, con muchas posibilidades de alcanzar la meta.

Cuando se presentan apegos inseguros y enfermizos en el desarrollo, produciendo trastornos mentales leves, medios y severos, aparecerán dos tipos de personajes humanos: aquellos donde la caída será profunda, pero podrán utilizarla como trampolín para impulsarse hacia el ascenso, y aquellos donde la caída será total (infiernos) y no habrá posibilidad de salir de ella. Atrapados en lo profundo de la caída, no podrán acceder a la fase tres y el diablo les dará jaque mate, producto del tremendo congestionamiento (pasado no resuelto) que el personaje humano lleva codificado en su inconsciente.

Por un lado están las personas que han padecido tremendos pecados por parte de sus progenitores o cuidadores y también cargan profundos dolores ancestrales en su psique, y no lograrán acceder a la etapa tres del juego. Por otro lado están las personas que han padecido experiencias tremendamente intensas de dolor emocional, pero logran superarlas, alcanzando la sanación y la sabiduría. La diferencia residirá en encontrar la educación universal y la psicoespiritualidad.

La paradoja del juego de la realidad (dualidad) en la etapa tres reside en que se utilizará todo lo que ha provocado afectación en la psique como el combustible para lograr una verdadera transformación. La flor de loto, para florecer, tendrá que echar raíces en el lodo; el gusano, para lograr su metamorfosis y convertirse en mariposa, tendrá que adentrarse en la oscuridad de su capullo. De la misma forma, la metamorfosis del ser humano sucede cuando se utiliza todo el congestionamiento del inconsciente (apegos, trastornos mentales, pecados, karmas), para el desarrollo de la psique, para el despertar espiritual. En todo proceso de individuación existen pruebas, obstáculos y dificultades que articulan el viaje del héroe.

Todos los personajes humanos presentan distintas experiencias duales de dolor y placer, que los llevarán a diferentes grados de apego. Pensemos en un personaje humano que recibió la mejor educación, siempre fue tratado con amor, atención y respeto; de igual manera, esta personalidad tendrá que lidiar con el pecado original, es decir, con la situación de separación que se formó en el cerebro, con su centro más profundo, por su natural relación hacia el mundo de las formas y que dio lugar al desconocimiento de la naturaleza esencial del juego de la realidad; que el personaje y el juego son una ilusión. En ese sentido, la persona o ego siempre tendrá un grado de disfuncionalidad.

Para descubrir la verdad universal detrás del personaje y la obra de teatro o película del mundo tendrá que realizarse el proceso de individuación. Este proceso incluye como etapa final el despertar espiritual, es decir, la disolución de la persona en lo que está más allá de ella misma y su historia en el tiempo, no como un vislumbre momentáneo filosófico o intelectual, sino de forma permanente, tanto en el sueño como en la vigilia a través de la supraconciencia.

En general las personas no solo deben lidiar con la ilusión de separación (la caída) que se formó en el cerebro al entrar en el juego (experiencia del mundo), sino también con las distintas heridas psicológicas y traumas que padecieron a lo largo de su desarrollo, que provocarán una distancia mucho más grande (caída más profunda) con la dimensión espiritual (Dios, Buda), tanto en el sueño como en la vigilia. Trascender al personaje y el juego de la realidad será uno de los propósitos finales del juego, y para lograrlo tendremos que realizar el proceso de individuación.

El proceso de individuación consiste en lo siguiente: al inicio, el personaje humano experimenta al mundo material (etapa uno), para después perderse profundamente en él, quedando enredado en el juego del mundo (etapa dos), esclavizado por los deseos y miedos, producto de la dualidad de la experiencia con el juego, que se intensificarán a causa de las heridas psicológicas y traumas que recibió en sus primeras etapas de desarrollo, así como también por la memoria traumática ancestral codificada en su inconsciente. La etapa tres consistirá en la búsqueda de libertad, sanación y plenitud del personaje humano. No todas las personas buscarán su libertad, muchas de ellas aprenderán a soportar las cadenas del mundo material. No todas las personas alcanzarán la etapa tres.

Ya hemos dicho que generalmente las personas quedan atrapadas en la etapa dos del juego. La razón de esto es que la etapa tres es el inicio del ascenso (cuesta arriba), y eso implicará modificar el *patrón de enganche y aversión* que aprendió el cerebro naturalmente por el mundo dual, y que no fue equilibrado desde sus primeras etapas de desarrollo, por la ausencia de la educación universal. Modificar este patrón significará, por un lado, dejar de reprimir nuestro dolor e incomodidad afrontando las heridas psicológicas y los traumas (personales y ancestrales) de nuestro pasado no resuelto, y, por otro, dejar de buscar afuera lo que debemos encontrar adentro. Para lograr esto se necesitarán las técnicas de intervención de la psicoespiritualidad. No todas las personas estarán listas para buscar adentro lo que buscan afuera, ni tampoco estarán preparadas para dejar de reprimir sus heridas, por lo mismo, mucha gente no busca ir a terapia y practicar meditación, porque la acción terapéutica y la práctica espiritual les exigirán dejar de evadir (fin de la aversión) lo que tanto han estado evadiendo y dejar de buscar afuera (fin de los enganches, tentaciones) lo que se debe encontrar dentro.

Por su parte, cabe resaltar que solo cuando hayamos recibido una completa iniciación a través de la educación universal y la psicoespiritualidad, en la fase tres, y hayamos logrado llegar al nivel cuatro, podremos comprender que la realidad es un juego. Antes no nos será posible. En los tres primeros niveles del juego la persona humana sufrirá todas las consecuencias de una educación parcial y tóxica, llena de carencias afectivas y maltratos psicológicos, así como también sufrirá por la naturaleza dual (luz-oscuridad) de la experiencia humana, tanto en la vigilia como en el sueño. Hasta que no se haya iniciado el proceso de individuación (etapa tres), la persona humana vivirá llena de mecanismos de defensa que le harán seguir reprimiendo sus heridas psicológicas y traumas (aversión), apegándose por compensación (enganche) a los demás componentes del mundo material (tentaciones). Entre más mecanismos de defensa se tengan, mayor desinterés habrá por la educación universal y la psicoespiritualidad.

La psicoespiritualidad plantea un modelo estructural del ser humano (psique) conectado inevitablemente con su creador (alma, Dios). Si en las primeras etapas de desarrollo psicológico los bebés, niños y adolescentes no reciben una educación basada en el verdadero amor, la atención y el respeto, la psique buscará todo eso que le faltó en el exterior de ella misma, formándose los apegos más graves y enfermizos con el mundo de las formas. La psique vivirá engañada, creyendo que en los componentes de la realidad está aquello que le faltó. Así se formarán los deseos, sueños y tentaciones, que volverán esclava a la persona humana, dentro de su propia historia (efímera y dual). Este punto es crucial para la comprensión correcta de la psicoespiritualidad.

No se podrá lograr el proceso de individuación sin el despertar espiritual, porque aquello que aparentemente la psique perdió no está afuera, sino en nuestro centro más profundo, y las herramientas por excelencia para movernos hacia adentro son la meditación y el yoga. Por lo mismo, la psicología clásica y la psiquiatría, que no incluyen la práctica de la meditación ni el desarrollo espiritual, por haber quedado enredadas en el racionalismo venenoso de la ciencia, no podrán llevarnos a una verdadera sanación. Tampoco la medicina moderna ha podido comprender el origen de las enfermedades y su relación con la psique, por haber quedado enredada también en el racionalismo tóxico de la ciencia. Cabe recordar que la mente es un componente más de la realidad, no es parte de nuestro centro más profundo.

La libertad que busca la persona humana por haber caído en los enredos del mundo, en las dos primeras etapas del juego, podrá realizarse en la etapa tres, en tanto se encuentre a la psicoespiritualidad (con sus técnicas de intervención), que permita la descongestión completa de los tres niveles del inconsciente, los cuales llevarán a la psique en un momento dado al conocimiento de lo que está más allá de ella y el juego humano del mundo.

El descongestionamiento de los tres niveles del inconsciente llevará gradualmente a las demás instancias de la psique (persona y conciencia) a la conexión con el mundo trascendental. Una vez que la psique haya sido reconectada con el mundo divino y arquetípico, la tercera etapa del juego se habrá completado. El primer nivel del inconsciente se descongestionará sanando todas las heridas psicológicas y traumas que recibimos desde que fuimos concebidos hasta el día de hoy; el segundo nivel del inconsciente se descongestionará sanando todas las memorias traumáticas ancestrales provenientes de las tres generaciones detrás de la nuestra; el tercer nivel del inconsciente se descongestionará con el desarrollo arquetípico.

Cada uno de los niveles del inconsciente requerirá diferentes técnicas de intervención y estrategias para su descongestión, que la educación universal y la psicoespiritualidad conocen de forma precisa. Hablaremos de ellas más adelante. Conforme se vaya logrando la descongestión de los tres niveles del inconsciente, la personalidad irá tomando actitudes y patrones de conducta cada vez más alineados a una funcionalidad en todas las áreas de la realidad, y la conciencia irá comprendiendo a las leyes del cielo y al orden sagrado de las cosas, que, a través de la persona, se irán articulando en su devenir cotidiano.

El yo onírico comenzará a darse cuenta de que está soñando (sueños lúcidos), empezando a iluminar al inconsciente mientras dormimos. Así iniciará la unificación de la psique con la dimensión espiritual. Es un proceso gradual que sucede durante muchos años y que el psicólogo Carl Gustav Jung llamó el *proceso de individuación*. Este no podrá suceder en algunas sesiones terapéuticas o leyendo algunos libros, sino es el trabajo de toda una vida dedicada al conocimiento de uno mismo y de la realidad.

Muchos psicólogos, psicoterapeutas, filósofos, místicos y maestros espirituales, incluso las mitologías, religiones y disciplinas espirituales, han tratado de ayudarle al individuo a lograr su proceso de individuación, sin embargo, en ningún lugar han contemplado a la totalidad o multidimensión del ser humano de forma tan exacta como lo hacen la psicoespiritualidad y la educación universal, que plantean el desarrollo de nueve lenguajes o esferas, que conforman nuestro potencial completo. Solo teniendo un mapa preciso es que podemos encontrar el tesoro.

Veamos algunos ejemplos para comprender los puntos ciegos de otros modelos que han buscado el desarrollo del ser hacia su realización: Freud, el padre del psicoanálisis, fundamentó prácticamente todas sus teorías en el desarrollo psicosexual del ser humano, olvidándose de las demás instancias de la totalidad de este. Por supuesto que el correcto desarrollo de la libido (energía psicosexual) es una parte fundamental en la evolución del ser humano, las fijaciones o los bloqueos que suceden en ella afectarán a las demás esferas de nuestro potencial, y posiblemente sea la energía psíquica la que más apego genera hacia los objetos del mundo material, pero se deberá incluir el desarrollo de todos los demás lenguajes de nuestro potencial para que podamos alcanzar el pleno desarrollo de la libido, así como también el proceso de individuación.

El desarrollo psicosexual solo permitirá el descongestionamiento del nivel uno del inconsciente, mas no del segundo (inconsciente familiar) y tercero (inconsciente colectivo). En ese sentido, la teoría psicodinámica (psicoanálisis) de Freud está incompleta, así como toda la visión de la psicología clásica y psiquiatría, puesto que, como ya se ha dicho, no tienen una estructura precisa de la psique. Sus planteamientos son parciales, puesto que solo contemplan el desarrollo de algunos lenguajes del ser humano, mas no de todos.

El mismo psicólogo Carl G. Jung comprendió que el inconsciente era mucho más extenso que nuestra vida personal, pero no pudo llegar al descubrimiento del segundo nivel del inconsciente, donde se encuentran las memorias traumáticas ancestrales. También Jung se equivocó en creer que los arquetipos se pueden desarrollar en terapia individual o con la pura interpretación de los sueños; se necesitará de la terapia grupal y de los sueños lúcidos para el correcto trabajo con los arquetipos.

El enfoque humanista, por ejemplo, plantea no hacerle tanto caso al inconsciente y enfocarse en el potencial creativo de los individuos, en su parte sana. Sin embargo, se equivoca al no realizar el descongestionamiento del inconsciente, ya que esta acción terapéutica es la que permitirá recuperar nuestra salud universal y desplegar todas las partes del potencial que quedaron inhibidas por las heridas psicológicas y los traumas del pasado no resuelto. A la psicología clásica también le ha faltado conocer el yoga de los sueños.

La educación universal y psicoespiritualidad contemplan una psicología clásica donde el humanismo, la Gestalt, la terapia cognitivo conductual, etc., están fusionadas con el psicoanálisis freudiano y la terapia analítica de Jung. Estos enfoques psicológicos clásicos en realidad se complementan y es gracias a esto que podremos llegar a una psicología clásica mucho más sólida, que aborde el proceso de individuación de una manera mucho más completa. De cualquier forma, para abarcarlo plenamente, será necesaria la psicología avanzada y la psicología oriental. En definitiva, solo la psicoespiritualidad y la educación universal serán capaces de ayudarnos a realizar plenamente el proceso de individuación.

La teoría de desarrollo psicosocial del psicoanalista alemán Erik Erikson (1902-1994), por su parte, plantea que el progreso psicológico del individuo está totalmente relacionado con el desarrollo psicosocial.

En su teoría describe cómo las personas evolucionan a lo largo de su vida en función de una serie de conflictos o crisis psicosociales.

Las ocho etapas del desarrollo psicosocial de Erikson son: *confianza vs. desconfianza* (0-18 meses); el bebé depende de sus progenitores o cuidadores completamente para satisfacer sus necesidades. Si ellos son amorosos, atentos y respetuosos, el niño desarrollará un sentido de confianza en los demás y en el mundo. La segunda etapa es *autonomía vs. vergüenza* (18 meses-3 años); en esta etapa los niños comienzan a desarrollar una mayor independencia y control de sus habilidades. Si se les permite explorar y tomar decisiones, desarrollarán un sentido de autonomía. Si se les critica o controla en exceso, sentirán vergüenza de sus propias habilidades. La tercera etapa es *iniciativa vs. culpa* (3-6 años); los niños comienzan a planificar y emprender actividades, interactuando con otros y tomando decisiones. Si se les alienta y permite actuar con libertad, desarrollarán un sentido de iniciativa, de liderazgo. Si se les castiga por eso, aparecerá la culpa. La cuarta etapa es *laboriosidad vs. inferioridad* (6-12 años); los niños comienzan a desarrollar un sentido de orgullo y competencia a través del aprendizaje y el logro de tareas. Si reciben reconocimiento y éxito por sus esfuerzos, desarrollan un sentido de laboriosidad. Si fallan y se les critica por eso, sentirán inferioridad. En la quinta etapa, *identidad vs. confusión de rol* (12-18 años), los jóvenes buscan desarrollar una identidad personal a través de sus valores, creencias y metas. Si no lo logran, experimentarán dudas sobre su lugar en el mundo. En la sexta etapa, *intimidad vs. aislamiento* (18-40 años), los individuos buscan formar relaciones íntimas y cercanas con los otros. Si lo logran, desarrollarán un sentido de intimidad, si fallan, experimentarán aislamiento y dificultad para establecer conexiones profundas. La séptima etapa, *generatividad vs. estancamiento* (40-65 años), las personas buscan contribuir a la sociedad a través del trabajo y la crianza de los hijos. Si no lo logran, sentirán estancamiento y falta de propósito. Por último, en la etapa ocho, *integridad vs. desesperación* (65 años en adelante), los individuos reflexionan sobre su vida y sus logros. Si sienten que han vivido una vida plena y significativa, desarrollarán un sentido de integridad.

Si sienten arrepentimiento y que no lograron sus metas, experimentarán desesperación y miedo a la muerte.

Esta teoría de Erik Erikson sobre el desarrollo psicosocial es muy interesante, sin embargo, solo se enfoca en el potencial psicosocial, descuidando todas las demás esferas o lenguajes de nuestro potencial completo. En general se observa que la mayoría de los grandes psicólogos, psicoterapeutas, investigadores, maestros espirituales, etc., se enfoca en el desarrollo de uno o varios lenguajes de nuestro potencial, pero ninguno hace un planteamiento que abarque la totalidad del ser (nueve lenguajes). Algunos se enfocan en el desarrollo psicoemocional, otros en el psicosexual, otros en el creativo, otros en el psicosocial, etc., pero son pocos los que han expresado una teoría que abarque la totalidad del ser.

Las nueve inteligencias de Gardner o la pirámide de Maslow se acercan a la estructura de nuestra totalidad, sin embargo, solo de forma teórica, porque en ningún momento plantean un modelo psicopedagógico que incluya una práctica que nos permita desarrollar, en la realidad, todas las inteligencias o fases de la pirámide. La psicología clásica tiene teorías muy importantes, pero en su práctica queda reducida a la conversación entre el terapeuta y el consultante, una vez por semana, en el consultorio. La psicología clásica deberá ser combinada con la psicología avanzada y oriental, dando origen a la psicoespiritualidad, para lograr que todas sus teorías se puedan aterrizar en la práctica.

La gran aportación de la psicoespiritualidad es que no solo propone una teoría de nuestra totalidad, sino también un camino práctico para alcanzarla a través de la combinación de la psicología clásica (psicoterapia individual), la psicología avanzada (terapias de grupo, desarrollo arquetípico) y la psicología oriental (meditación, risoterapia, yoga de los sueños), así como también por medio de las herramientas que nos ofrece la educación universal, como el emprendimiento, el derecho, las finanzas, las artes marciales, la creación artística, etcétera.

Por su parte, en la psicología avanzada y oriental encontramos sistemas que describen de una manera más exacta nuestro potencial completo; el sistema de chakras hindú, la meditación, el Tarot para la Conciencia, las constelaciones familiares, el eneagrama, la astrología, la psicomagia, el chamanismo, el arte terapéutico, el yoga de los sueños, la práctica del chod, etc., son ejemplos de enfoques holísticos que han podido comprender que el ser humano es una totalidad conformada por opuestos que se complementan. Todos los enfoques de la psicología avanzada y oriental se fundamentan en que el ser humano se compone de dos dimensiones: la dimensión espiritual (cielo, alma, Dios) y la dimensión material (tierra, cuerpo, ego). El puente que une a las dos dimensiones es la psique. Estos enfoques provienen de un paradigma diferente al planteado por la religión cristiana y la ciencia.

En Occidente la religión cristiana y la ciencia han creado un paradigma dualista, separando al cuerpo de la psique, a la tierra del cielo (patriarcado), a lo visible de lo invisible. Por lo mismo ha sucedido la explotación masiva del planeta y sus recursos naturales a través del capitalismo y el neoliberalismo, como consecuencia de este paradigma dualista; lo alto es sagrado, lo bajo es profano, dice la Iglesia. Por siglos este paradigma tóxico religioso ha planteado que el cuerpo y la carne son pecado, y solo el alma es bendita.

La psicología avanzada y la oriental, que al combinarse con la psicología clásica dan lugar a la psicoespiritualidad, plantean un nuevo paradigma, aquel que unifica lo alto con lo bajo, la luz con la oscuridad, la tierra con el cielo, lo visible con lo invisible, lo espiritual con lo material, la psique con el cuerpo, el éxito con el fracaso, el sueño con la vigilia, la ciencia con la espiritualidad, la verdad con la ilusión.

La psicología clásica occidental, que ha sido profundamente influenciada por el paradigma científico y religioso, se ha vuelto en extremo limitada, reduciendo el ejercicio de su metodología a la palabra entre el consultante y el terapeuta, durante menos de una hora, una vez a la semana. El ejercicio de la palabra en un consultorio es de suma importancia, pero no será suficiente para alcanzar el proceso de individuación.

La psiquiatría también se ha vuelto muy limitada al creer que todos los trastornos mentales se pueden resolver modificando la química cerebral. Será necesaria la inclusión del nuevo paradigma (el de la psicoespiritualidad) en la cultura occidental, aquel que comprende la complementariedad de los opuestos, para que podamos alcanzar nuestra individuación. Ya hemos revisado anteriormente que el paradigma dualista proveniente de la religión hunde sus bases en un sistema de creencias donde el diablo (congestionamiento del inconsciente) es el enemigo de Dios (supraconciencia), sin embargo, será gracias al desarrollo del juego de ajedrez contra el diablo que podremos alcanzar a lo divino.

Wilhelm Reich (1897-1957) y Alexander Lowen (1910-2008) fueron dos figuras fundamentales que crearon el puente entre la psicología clásica y avanzada a través de la *terapia psicocorporal.* Ambos hicieron contribuciones significativas, pero tuvieron que enfrentar controversias que los llevaron a la exclusión de la comunidad científica tradicional, producto de la lucha entre el paradigma dualista de la ciencia y la religión, y el paradigma de la complementariedad de los opuestos.

Lowen y Reich fueron excluidos de la comunidad científica, principalmente por plantear la unidad que hay entre la psique y el cuerpo. Reich nació en Viena, estudió medicina y se convirtió en psiquiatra. Fue discípulo de Sigmund Freud y trabajó en el campo del psicoanálisis. Reich logró comprender que los trastornos mentales no solo son conflictos dentro de la psique, sino que se expresan en el cuerpo como *armaduras corporales* que no permiten el libre flujo de la energía vital (libido) y las emociones. Por su parte, Alexander Lowen nació en Nueva York, fue estudiante de derecho antes de estudiar psicoterapia. Se convirtió en uno de los principales discípulos de Wilhelm Reich y desarrolló su enfoque terapéutico basado en las ideas de Reich sobre la conexión entre la psique y el cuerpo. Su terapia, llamada *bioenergética,* es una forma de terapia psicocorporal que busca disolver las armaduras corporales a través de ejercicios físicos, de respiración y expresión de las emociones.

La bioenergética se basa en la idea de que las tensiones emocionales y los traumas se almacenan en el cuerpo. Su enfoque en el cuerpo y la energía fue considerado por la comunidad científica tradicional como marginal, en comparación con las terapias cognitivas y psicoanalíticas tradicionales. Tanto el cuerpo como las emociones y la sexualidad siempre han sido tabúes para el paradigma de la religión y la ciencia.

Tanto Lowen como Reich desarrollaron una amplia teoría y práctica para desplegar el potencial psicocorporal. Se dieron cuenta de la relación intrínseca que hay entre el inconsciente y el cuerpo, aunque lamentablemente fueron juzgados y rechazados por el paradigma religioso y científico en el que han quedado enredadas la psicología clásica y la psiquiatría. La psicología avanzada y la oriental se fundamentan en un paradigma completamente diferente al paradigma de la psicología clásica y la psiquiatría, donde básicamente se plantea que el diablo y Dios no son enemigos, sino opuestos que se complementan.

La psicoespiritualidad será el enfoque psicológico y espiritual que nos permitirá entender de manera científica por qué deben combinarse tanto la psicología clásica como la psicología avanzada y la oriental, para que podamos lograr el proceso de individuación (excelencia como jugadores) y nuestra autorrealización (ganar y trascender el juego). Será solo a través de la psicoespiritualidad y la educación universal que podremos alcanzar el pleno despliegue de nuestro potencial completo (desarrollo de los nueve lenguajes o esferas).

La educación parcial que articula al mundo en general considera que debemos enfocarnos en desarrollar un solo lenguaje (la cognición) y nunca ha considerado la posibilidad del desarrollo total de nuestra multidimensión. Incluso está mal visto dedicarnos a varios oficios. Al sistema no le conviene que los individuos desarrollen todo su potencial porque se volverían libres. La libertad no le conviene al sistema porque este se fundamenta en que los individuos aprendan la obediencia ciega a lo establecido. La ciencia misma, con su búsqueda de especialización, ha fragmentado tremendamente al conocimiento. Ahora uno debe estudiar toda la vida para especializarse en una sola cosa. La educación parcial fragmenta y también propone desarrollar solo uno o varios lenguajes, pero no todos. Esto no permitirá que logremos el proceso de individuación y avancemos en las etapas del juego. Nos quedaremos estancados en las primeras dos etapas.

El proceso de individuación consiste básicamente en llevar a la persona humana a alcanzar la excelencia dentro del juego (éxito en el mundo), realizando la metamorfosis *del ego al jugador.* Esto significará que la persona se desarrolle de tal forma que sea capaz de alcanzar la funcionalidad en todas las áreas de la vida: autoestima, familia, amistades, trabajo, dinero, salud, sueños lúcidos. Para que la persona alcance esta funcionalidad será necesario liberarla de todos los trastornos mentales que se formaron en ella, producto del pasado no resuelto, tanto personal como ancestral (huellas kármicas). Por lo tanto, será necesario el descongestionamiento del inconsciente para alcanzar este propósito sublime. El recorrido implicará la ejecución de una serie de técnicas de intervención a lo largo de muchos años, así como la experiencia con la vida misma, de modo que cuando hayamos logrado el éxito en el mundo, este será un reflejo de nuestro desarrollo psíquico saludable, alcanzado a través de la psicoespiritualidad y la educación universal.

Las técnicas de intervención de la psicoespiritualidad

Como ya se ha dicho, la psicoespiritualidad ha surgido en el mundo gracias a la combinación de la psicología clásica con la psicología avanzada y la oriental. Cada una de estas psicologías presenta teorías del desarrollo y técnicas de intervención que nos ayudarán a descongestionar los tres niveles del inconsciente, así como también a desplegar todas las zonas de nuestro potencial completo.

Para lograr el proceso de individuación y alcanzar la etapa cuatro de liberación será necesario, por un lado, sanar el pasado no resuelto, y por otro, enfocarnos en el desarrollo de nuestro potencial. Cada uno de estos procesos complementará al otro; la resolución de nuestro pasado permitirá el desbloqueo de muchas zonas de nuestro potencial, así como enfocarnos en el desarrollo de nuestro potencial ayudará a la resolución del pasado.

La psicoespiritualidad será la encargada de la sanación de nuestro pasado no resuelto (descongestionamiento de los tres niveles del inconsciente), mientras que la educación universal será la que nos ayudará a desarrollar las demás áreas de nuestro potencial. También la psicoespiritualidad nos ayudará en el desarrollo arquetípico y la trascendencia del personaje humano a través de la meditación y el yoga de los sueños.

La educación universal, por su parte, complementará el proceso con el desarrollo de nuestro potencial material, cognitivo, creativo y animal, mientras que la psicoespiritualidad se enfocará en el despliegue de nuestro potencial psicosexual, psicocorporal, psicosocial, psicoemocional y psicoespiritual. Juntas, la psicoespiritualidad y la educación universal permitirán el desarrollo de los nueve lenguajes que conforman al potencial completo del ser.

Descongestionamiento del primer nivel del inconsciente

La psicología clásica (psicoterapia individual) será la protagonista en el descongestionamiento del primer nivel del inconsciente, mientras que la psicología avanzada y la oriental (terapia de grupos, desarrollo arquetípico, meditación, yoga) permitirán el descongestionamiento del segundo y tercer niveles. Por su parte, toda vez que los tres niveles del inconsciente se hayan descongestionado (proceso de individuación realizado), la profundización en la meditación y el yoga (fase cuatro del juego) nos permitirá alcanzar la iluminación o autorrealización. Sin embargo, la meditación y el yoga deberán practicarse desde la fase tres del juego, porque permitirán potencializar a la acción terapéutica.

Recordemos también que el descongestionamiento de los dos primeros niveles del inconsciente está en relación con la sanación de las cinco heridas psicológicas o traumas principales: abandono, violencia, abuso sexual, *bullying* y sobreprotección. Para lograr el descongestionamiento del primer nivel del inconsciente, la psicología clásica será necesaria, a través de un proceso psicoanalítico de tres a cinco años (o más). Es recomendable realizar este proceso después de los 30 años de edad, cuando la persona haya reunido suficiente experiencia en el juego de la realidad y el karma ancestral se haya desplegado plenamente.

El *psicoanálisis* al que hacemos referencia deberá ser una fusión entre el enfoque conductista, humanista, el psicoanálisis freudiano y la terapia analítica junguiana, que siempre deberá estar acompañado con la recordación e interpretación de los sueños (fase uno del yoga de los sueños). Aunque dentro de la psicología clásica estos enfoques se consideran por separado, los grandes psicoterapeutas formados a través de la psicoespiritualidad y la educación universal sabrán que deberán complementarse para ofrecer una terapia clásica mucho más sólida y efectiva. En última instancia, la combinación de los enfoques le dará mayor habilidad y experiencia al terapeuta.

Es necesario recalcar que en todo tratamiento psicoterapéutico son tan importantes las técnicas de intervención como el facilitador o terapeuta, por lo tanto, la experiencia de vida que tenga el terapeuta, así como los conocimientos adquiridos a través de sus investigaciones y estudios, serán determinantes para la efectividad de la terapia. También será importante realizar procesos de terapia cognitivo conductual durante varios años, para la sanación del primer nivel del inconsciente.

La *terapia cognitivo conductual* (TCC) fue desarrollada en la década de 1960 por el psiquiatra estadounidense Aaron T. Beck. Otro precursor clave de la TCC fue el psicoterapeuta estadounidense Albert Ellis, en la década de 1950. La TCC se centra en resolver problemas específicos, como los trastornos de ansiedad, la depresión, los trastornos alimentarios, el trastorno de estrés postraumático, los problemas de relaciones interpersonales y las adicciones. Se enfoca en aceptar pensamientos y emociones negativas (regulación emocional), fortaleciendo valores personales. Es una terapia directiva donde el terapeuta toma un papel activo y guía la sesión, proporcionando instrucciones claras sobre lo que el paciente debe de hacer, a diferencia de las terapias no directivas, centradas en el consultante, como el psicoanálisis freudiano y el humanismo. De cualquier forma, se recomienda llevar a cabo un proceso psicoanalítico y combinarlo con la TCC. La educación universal y la psicoespiritualidad proponen que la base del descongestionamiento del nivel uno del inconsciente sea el psicoanálisis, en combinación con otras herramientas de la psicología clásica que apoyarán los procesos transformativos.

Una de las virtudes de la terapia clásica es la larga duración de sus procesos. Cuando uno está en psicoterapia por varios años, el nivel uno del inconsciente comienza a re-estructurarse correctamente. Se necesita tiempo y compromiso para lograrlo. Mucha gente llega a terapia clásica y no es informada sobre la importancia del tiempo que se debe acudir a ella. Es fundamental avisarles a los pacientes que para recibir los verdaderos beneficios de la psicología clásica se deberá estar de tres a cinco años, una vez a la semana y sin interrupciones. Por lo mismo se vuelve esencial encontrar a un excelente psicólogo o psicoterapeuta que nos acompañe durante este recorrido. También será necesario combinar la terapia clásica con algunas técnicas de intervención de la psicología avanzada, para lograr el descongestionamiento del nivel uno del inconsciente, donde están las memorias dolorosas y traumáticas de la historia personal de nuestro personaje humano. Para ello se requerirán la Gestalt, la indagación, la terapia psicocorporal (bioenergética), la interpretación de los sueños y el masaje terapéutico.

La Gestalt es un enfoque psicoterapéutico desarrollado en las décadas de 1940 y 1950 por el médico y psicoanalista alemán Fritz Perls (1893-1970), su esposa Laura Perls y otros colaboradores, como Paul Goodman. Esta terapia se basa en la idea de que la experiencia humana debe entenderse en su totalidad, considerando las dimensiones emocionales, físicas, cognitivas, sociales y espirituales de la persona. La Gestalt pone un fuerte énfasis en la conciencia del momento presente y utiliza actividades y técnicas durante las sesiones para ayudar a los individuos a experimentar y explorar nuevas formas de ser; los ejercicios incluyen técnicas de dramatización, juegos de roles, trabajo corporal y técnicas de visualización.

La *indagación*, por su parte, echa raíces en la mayéutica socrática. El filósofo Sócrates, proveniente de la antigua Grecia, desarrolló un método de diálogo para ayudarles a sus interlocutores a encontrar la verdad que se esconde dentro de sí mismos, más allá de las interpretaciones que hacemos sobre la realidad. El proceso de indagación al que hacemos referencia proviene de Sócrates, y recientemente también de la escritora y oradora estadounidense Byron Katie. Su método, llamado "The Work", es un proceso profundo para cuestionar los pensamientos y las interpretaciones que hace nuestra cognición sobre la realidad. El método de indagación plantea que gran parte del sufrimiento humano proviene de la interpretación que hacemos sobre la realidad, no de la realidad en sí misma.

Por último, la *terapia psicocorporal* (bioenergética), de Alexander Lowen, y el *masaje terapéutico* (de tejido profundo) nos permitirán disolver todas las armaduras corporales que se han ido formando en el cuerpo, producto de las heridas psicológicas y traumas de nuestro pasado, tanto personal como ancestral. En el cuerpo se encuentran somatizadas, en la forma de tensiones musculares y corazas energéticas, muchas problemáticas de nuestra psique. Recordemos que la psicología avanzada es aquella que comprende la complementariedad de los opuestos. En este caso, comprende a la perfección la unidad psique y cuerpo, por lo que a través de la terapia psicocorporal y el masaje terapéutico podremos apoyar los procesos de sanación de nuestra psique; el inconsciente se expresa a través del cuerpo, por lo que la sanación que reciba el cuerpo la recibirá también nuestra psique.

Técnicas de intervención para el descongestionamiento del primer nivel del inconsciente: psicoanálisis freudiano, humanismo, terapia analítica de Jung, terapia cognitivo conductual, Gestalt, indagación, terapia psicocorporal, masaje terapéutico, meditación, hatha yoga y yoga de los sueños.

Descongestionamiento del segundo nivel del inconsciente

En el segundo nivel del inconsciente nos encontramos con todas las memorias traumáticas ancestrales. Para la sanación de las mismas serán necesarias las técnicas de intervención de la psicología avanzada, principalmente la psicogenealogía, las constelaciones familiares y la psicomagia. Estas herramientas deberán acompañarse con la práctica de la meditación y el yoga de los sueños, para su correcta ejecución. No olvidemos que una de las grandes aportaciones de la psicoespiritualidad es la combinación de la acción terapéutica con la meditación y el yoga.

A través de la *psicogenealogía*, creada por la psicoanalista francesa Anne Ancelin Schutzenberger (1919-2018), haremos una profunda investigación sobre lo ocurrido en las tres generaciones atrás de nuestro árbol genealógico. Escuchar las historias de nuestros ancestros, tanto vivos como muertos, será fundamental; conocer quiénes eran, cómo fue su infancia y adolescencia, dónde vivieron, en qué trabajaron, cuál fue su patrimonio, cómo fue su matrimonio y la crianza de sus hijos, sus enfermedades importantes, sus fracasos, accidentes, cómo murieron, etcétera.

Toda la información rescatada deberá ser anotada en una libreta. Se deberá entrevistar a los ancestros vivos de forma cuidadosa y sensible, para recuperar mucha de la información, incluso para revelar secretos. La investigación psicogenealógica se deberá realizar en paralelo con la ejecución de las constelaciones familiares y la psicomagia. No bastará saber lo que sucedió en nuestro árbol genealógico para lograr el descongestionamiento del segundo nivel del inconsciente, tendremos que pasar a la reprogramación de las memorias traumáticas ancestrales a través de las constelaciones familiares y la psicomagia.

Las *constelaciones familiares* son un método de psicología avanzada creado por el terapeuta alemán Bert Hellinger (1925-2019) en la década de 1990. Este enfoque busca resolver problemas personales y relacionales al explorar las dinámicas familiares inconscientes (lealtades invisibles) que influyen en la vida de los individuos y su destino. Las historias trágicas ancestrales, al quedar como vivencias no procesadas, se codifican como guiones preestablecidos en el nivel dos del inconsciente.

Más adelante, los descendientes buscarán repetir estas historias de manera inconsciente, como una vía que tiene la psique de intentar procesar aquello que no se pudo procesar en su momento. Repetir las historias dolorosas de nuestros ancestros será una forma de vivir un destino que no es el nuestro y que lamentablemente afectará de modo considerable a todas las áreas de nuestra vida: autoestima, familia, amistades, trabajo, dinero y salud. Las constelaciones familiares se fundamentan en las terapias de grupo. Las personas van a representar a los ancestros de aquel que constela, como en una escena teatral; los gestos, sensaciones, pensamientos y emociones de los participantes serán clave para el reordenamiento del sistema familiar del que constela.

Las terapias de grupo son técnicas de intervención de la psicología avanzada. Para la realización de un verdadero proceso transformativo serán necesarias las terapias de grupo. Los beneficios de las mismas son impactantes en la sanación de los individuos y deberán complementarse con la terapia individual para el descongestionamiento de los tres niveles del inconsciente, así como para el pleno despliegue de todo nuestro potencial. La psicología clásica se vuelve muy limitada al pensar que puede llevar a los individuos a una salud universal solamente con la terapia de uno a uno (consultante-terapeuta).

Se necesitarán inevitablemente las terapias de grupo para lograr nuestro proceso de individuación y autorrealización. Las constelaciones familiares también abordan la reprogramación de nuestra concepción y gestación; no es lo mismo ser el octavo hijo de una familia sin dinero o hijo de una violación, a ser hijos planeados y deseados por los padres. Haber sido concebidos de forma neurótica por los padres provoca graves trastornos mentales, por lo que será necesario revisar estas edades y sanarlas. La psicología clásica tampoco contempla la concepción y gestación como etapas fundamentales de nuestro desarrollo. Considera que las etapas del desarrollo comienzan con el bebé nacido, pero antes del parto suceden muchas situaciones que congestionarán al inconsciente, impidiendo el óptimo despliegue de nuestro potencial.

También es importante resaltar la diferencia entre las constelaciones familiares y la terapia familiar sistémica. Esta última trabaja con los familiares reales dentro de un consultorio, mientras que las constelaciones familiares trabajan a partir de la representación teatral, es decir, no se necesita a la familia real del consultante, sino que otras personas externas a la familia del mismo representarán a sus ancestros. La terapia familiar sistémica se vuelve muy limitada, puesto que hay muchas dinámicas ocultas de ancestros ya fallecidos que están codificadas en el nivel dos del inconsciente y que afectan nuestra vida presente.

Las constelaciones familiares nos permitirán trabajar con los ancestros vivos y muertos (simbólicamente hablando) y sus recuerdos dolorosos, mientras que la terapia familiar sistémica no podrá abordar estas problemáticas de los ancestros ya fallecidos, dinámicas que son determinantes para el descongestionamiento del nivel dos del inconsciente, puesto que tanto los vivos como los muertos forman parte del sistema familiar.

Por su parte, la *psicomagia* fue creada por el artista, tarólogo y terapeuta chileno Alejandro Jodorowsky. Esta técnica de psicología avanzada combina elementos de la psicoterapia, el teatro, el chamanismo y el arte, para la resolución de problemáticas de toda índole. Descongestiona el segundo nivel del inconsciente, pero también el primero y el tercero. También las constelaciones familiares trabajan con los tres niveles del inconsciente, aunque principalmente serán herramientas utilizadas para la sanación del árbol genealógico. En general las terapias de grupo abordan los tres niveles del inconsciente.

Es importante resaltar que las técnicas de intervención que permitan el descongestionamiento del segundo nivel del inconsciente lo harán también sobre el primero, y las técnicas que realicen un descongestionamiento del tercer nivel del mismo lo harán por añadidura sobre los dos primeros. La psicomagia se aborda a través de actos simbólicos (rituales personalizados) que buscan hablar directamente con el inconsciente para reprogramarlo. Los actos se realizan fuera de todo espacio terapéutico, en la vida misma del consultante. Los actos pueden resolver bloqueos en los tres niveles del inconsciente, puesto que abordan tanto la sanación de las heridas psicológicas o traumas personales y ancestrales como el desarrollo de los arquetipos y la creatividad.

La psicomagia es un arte terapéutico multidimensional que permite el desarrollo de muchos de los lenguajes o esferas de nuestro potencial completo, es una poderosa herramienta que comprende a la perfección la relación que hay entre el mundo onírico y la vigilia. Lamentablemente, la psicomagia, al igual que las constelaciones familiares y la terapia psicocorporal, y en general todas las herramientas de la psicología avanzada y oriental, permanecen relegadas del ambiente científico tradicional de la psicología clásica y la psiquiatría, por lo que desafortunadamente tampoco se han podido incluir en las universidades y maestrías.

La educación parcial que articula al sistema educativo ha sido profundamente influenciada por el racionalismo venenoso de la ciencia que nos impone desarrollar únicamente nuestro potencial cognitivo, dejando de lado todos los demás lenguajes. Esto no permitirá que la psicología ni la psiquiatría, ni la pedagogía en general, nos lleven a un verdadero proceso de individuación, ni mucho menos a nuestra autorrealización.

Técnicas de intervención para el descongestionamiento del segundo nivel del inconsciente: psicogenealogía, constelaciones familiares, psicomagia, terapias de grupo, meditación, hatha yoga, yoga de los sueños.

Descongestionamiento del tercer nivel del inconsciente

El descongestionamiento del nivel más profundo del inconsciente será sinónimo de una reestructuración del condicionamiento cultural y religioso que ha recibido nuestra psique, así como del desarrollo arquetípico, tanto en la vigilia como en los sueños (fase dos en el yoga de los sueños). Básicamente el primer nivel del inconsciente se deberá descongestionar con la psicología clásica (terapia individual), y el segundo y el tercer nivel con la psicología avanzada, a través de las terapias de grupo y la profundización en la meditación y el yoga del soñar. Para comprender el proceso de sanación que se debe realizar en este estadio es importante comprender la naturaleza de lo simbólico y metafórico, y cómo influye este lenguaje en nuestra psique.

Las religiones y los mitos están fundamentados en estructuras simbólicas que articulan la estructura del nivel tres del inconsciente: el inconsciente colectivo. Hay una diferencia enorme entre una creencia y un símbolo. La primera está hecha a base de pensamientos, mientras que el segundo contiene pensamientos, emociones y energía psíquica. Es fundamental comprender la naturaleza esencial de lo simbólico si queremos comprender a la psique y a la existencia. Los mitos y las religiones del mundo entero utilizan el lenguaje simbólico universal para expresar ideas, emociones y energías psicoespirituales, no solo ideas.

Pensar que las religiones son solo creencias es no saber utilizar el lenguaje simbólico. En ese sentido, aunque seamos creyentes o ateos, las estructuras simbólicas de la religión afectan el comportamiento social y psicológico de todas las familias e individuos, por lo mismo será necesario hacer una re-estructuración del inconsciente colectivo para alcanzar nuestra autorrealización.

La naturaleza del inconsciente es el lenguaje simbólico, por eso obedece muy bien a las técnicas de intervención que utilizan la metáfora para reprogramarlo, como lo hace la Gestalt, las constelaciones familiares y la psicomagia. En la Gestalt se utiliza la metáfora del *niño interior* como el símbolo por excelencia de nuestra infancia. Cuando se trabaja el juego de roles y ocupamos el lugar de la silla vacía donde está nuestro niño interior, nos convertimos en él y logramos experimentar todas las emociones que estaban reprimidas.

La conexión con las emociones provenientes de las experiencias dolorosas de nuestro pasado personal sucede de una manera muy efectiva, gracias al símbolo del niño interior. La correcta utilización del lenguaje simbólico nos lleva más allá de los procesos cognitivos, despertando emociones y energías psicoespirituales, a diferencia de las terapias clásicas, donde uno solo habla de su infancia, sin la utilización del lenguaje simbólico. El hecho de solo hablar no moviliza al resto del psiquismo (emoción, energía psicoespiritual) como lo hace el lenguaje simbólico. Lo mismo sucede con las constelaciones familiares; cuando se representa a los ancestros de un consultante dentro de una constelación, la energía psíquica del consultante comienza a movilizarse de una manera impresionante, permitiendo el descongestionamiento del segundo nivel del inconsciente. El simbolismo en este caso opera a través de la representación (teatralización) que hacen las personas de los familiares del consultante. La psicomagia hace lo mismo; los actos psicomágicos utilizan la metáfora para hablarle al inconsciente. Pongamos un ejemplo: una mujer fue violada por un vecino cuando era niña. El vecino nunca fue denunciado ni fue a la cárcel.

La rabia y el miedo descomunales que padecía la consultante por este evento traumático la habían llevado a padecer enfermedades crónicas. El acto de psicomagia que hizo para liberarse de su rabia y miedo fue que a una piñata de tamaño humano le escribiera varias veces el nombre de la persona que le hizo el daño, y después le diera una golpiza con un bate de beisbol. Al finalizar, quemaría todos los pedacitos de la misma y enterraría las cenizas en un hoyo, sembrando un árbol encima. El inconsciente, gracias al lenguaje simbólico, pudo liberarse de la rabia y el miedo que habían quedado reprimidos, y la mujer pudo mejorar considerablemente su carácter y su salud.

Los chamanes son conscientes del lenguaje simbólico de la psique y sus métodos de sanación también lo incluyen. En sus rituales y consejos terapéuticos buscan metaforizar la enfermedad a través de objetos para que el inconsciente movilice la energía necesaria y se pueda descongestionar. Por ejemplo, llega un consultante a atenderse con un chamán, y él le explica que carga una culpa tremenda desde hace mucho tiempo. El chamán le dice que se cuelgue una piedra pesada en el cuello, con la palabra "culpa" escrita en ella, y la cargue por tres días; después que se dirija a un río y la lance en él, o bien, la entierre en un hoyo profundo en la tierra y siembre un árbol o flor encima. El inconsciente, que acepta la metáfora como realidad, depositará en la piedra todos los sentimientos de culpa acumulados en el consultante, y cuando la piedra sea aventada al río o enterrada, esos sentimientos desaparecerán. La psicomagia de Alejandro Jodorowsky incluye todos los principios del chamanismo, así como una comprensión perfecta del lenguaje simbólico del inconsciente.

Comprendiendo que la psique se moviliza y se estructura a través del lenguaje simbólico, es necesario revisar el simbolismo religioso que conforma a la cultura donde hemos nacido y crecido. Cuando revisamos el mito cristiano, que es la religión que fundamenta a toda la civilización occidental, descubrimos que existen muchas estructuras simbólicas tóxicas que no permiten que nuestro potencial completo pueda desplegarse y desarrollarse plenamente. Hay símbolos que ayudan al desarrollo óptimo del ser y otros que lo inhiben. El descongestionamiento del tercer nivel del inconsciente consistirá en hacer una re-estructuración del lenguaje simbólico que ha quedado estructurado en nuestra psique, producto de la religión en la que nos tocó crecer; se deberán resignificar todas las estructuras simbólicas que no permiten el pleno desarrollo de nuestro potencial y que han dado lugar a sistemas de creencia y patrones de conducta tóxicos. Para esto será necesario contar con una estructura simbólica universal que funcione como una referencia libre de todo aquello que limita el desarrollo de nuestro potencial completo. La estructura por excelencia que está libre de un simbolismo tóxico inhibidor de nuestro potencial es el Tarot de Marsella, restaurado por Alejandro Jodorowsky.

En el Tarot de Marsella, que la psicoespiritualidad y la educación universal han llamado el Tarot para la Conciencia, encontramos una estructura simbólica universal que comprende de forma perfecta a la dualidad, a la complementariedad de los opuestos, y también describe una arquitectura precisa del mundo divino y arquetípico, desde donde surgen las leyes del cielo y el orden sagrado de las cosas. En el trabajo con el Tarot para la Conciencia, toda la psique se verá profundamente beneficiada; por un lado, podremos descongestionar al tercer nivel del inconsciente, y por otro, la personalidad podrá desarrollarse hasta alcanzar la excelencia en el juego, adoptando conductas y actitudes sagradas (valores universales) provenientes de una conciencia que también habrá podido alcanzar su máximo desarrollo a través de la comprensión psicoespiritual de las leyes del cielo y la integración arquetípica. Todo el trabajo con el Tarot para la Conciencia es desarrollo arquetípico, que sucede a través del lenguaje simbólico. Por lo mismo, el trabajo con el Tarot para la Conciencia deberá suceder más allá de la palabra; deberá ser a través del acto metafórico, del ritual terapéutico, del yoga de los sueños. En ese sentido, el trabajo con el Tarot para la Conciencia es psicología avanzada.

Saber trabajar con símbolos es la verdadera práctica religiosa, es el verdadero catecismo. La Iglesia no lo supo hacer y terminó por reducir al simbolismo universal en racionalismo tóxico. La utilización del lenguaje simbólico está mucho más allá de sentarnos a hablar, escuchar misa, leer libros y entender conceptos o creencias. La utilización del símbolo debe pasar a través del cuerpo, de la cognición, de la emoción y de la libido (energía psíquica) para ser comprendido correctamente.

El psicólogo Carl Gustav Jung se equivocó enormemente al creer que podía trabajar con el inconsciente colectivo en una terapia analítica, donde se habla de los sueños o de los arquetipos. Hablar de los arquetipos o interpretar los sueños no será suficiente para lograr el desarrollo arquetípico. Para lograr manifestar sueños de claridad (sueños arquetípicos) se deberán haber descongestionado los dos primeros niveles del inconsciente. En la vigilia el desarrollo arquetípico deberá realizarse necesariamente a través de las terapias de grupo y los rituales colectivos, ya que los arquetipos son frecuencias energéticas colectivas (transpersonales) que la psique debe aprender a encarnar. Y en el mundo onírico se deberá haber avanzado considerablemente en el yoga del soñar. En ese sentido, fue gracias a Alejandro Jodorowsky que las investigaciones de Jung pudieron ponerse en práctica.

Jodorowsky tuvo que comprender la naturaleza del ritual, del teatro sagrado, del chamanismo y del sueño lúcido para poder comprender el verdadero trabajo arquetípico. El trabajo con el Tarot para la Conciencia, por tanto, deberá realizarse a través de estas herramientas: el ritual, el teatro sagrado, el acto metafórico, el chamanismo, el arte (creación artística) y el yoga de los sueños. Solo así podremos trabajar verdaderamente con el lenguaje simbólico sin quedar atrapados en el racionalismo tóxico de la ciencia y en la fe ciega que ha dado lugar a una mente supersticiosa.

El trabajo arquetípico únicamente podrá suceder a través de un profundo entrenamiento actoral, donde aprendamos la *trasfiguración arquetípica*, la cual hace referencia a la encarnación del simbolismo universal en nosotros, movilizando todas las instancias de la psique para encarnar las energías transpersonales que conforman a la dimensión espiritual; solo así podremos desplegar todo nuestro potencial psicoespiritual y, en última instancia, terminar de desarrollar a los demás lenguajes que conforman a nuestro potencial completo. En ese sentido, el desarrollo arquetípico es el *puente* que logrará establecerse entre la psique (la dimensión humana y terrenal) y el alma o espíritu (la dimensión celestial) a través de una total articulación de las leyes del cielo en la conciencia, producto del descongestionamiento del tercer nivel del inconsciente, que dará lugar a un desarrollo total del personaje humano (personalidad, ego) alcanzando la excelencia en el juego. El puente entre la dimensión espiritual y la psique se logrará a través del descongestionamiento del tercer nivel del inconsciente, que consiste principalmente en la correcta utilización del lenguaje simbólico universal (desarrollo arquetípico).

Existen otras herramientas que permiten el desarrollo arquetípico. Una de ellas es la *biodanza*. Este poderoso enfoque de desarrollo humano combina música, movimiento y situaciones de encuentro en grupo para promover la integración psicoemocional, psicosocial y el bienestar general. Este método fue creado en la década de 1960 por el psicólogo y antropólogo chileno Rolando Toro Araneda (1924-2010). La metodología está fundamentada en las danzas arquetípicas de distintas culturas del mundo entero, que Rolando Toro fue conociendo a través de innumerables viajes.

A través de las danzas y el movimiento, la biodanza busca activar las potencialidades humanas, como la vitalidad, la creatividad, la afectividad, la sexualidad y la trascendencia. El proceso se desarrolla a través de sesiones grupales, no se trata de aprender coreografías, sino de permitir que cada persona exprese su ser de manera espontánea y auténtica a través de su cuerpo. En ese sentido, la biodanza es una terapia psicocorporal en grupo.

Otra herramienta también muy interesante para el desarrollo arquetípico es el *psicodrama*. Esta técnica terapéutica, creada por el psiquiatra rumano Jacob L. Moreno (1889-1974), en la primera mitad del siglo XX, se basa en la representación dramática de situaciones y conflictos internos de los participantes, así como de arquetipos. En las sesiones de psicodrama los participantes asumen diferentes roles para recrear escenas de su vida, experiencias pasadas y modelos arquetípicos para la sanación y el desarrollo humanos.

Por su parte, el *chamanismo* también permite el desarrollo arquetípico. Este funciona a través de rituales colectivos con la utilización de plantas de poder: ayahuasca, peyote, hongos, sapito, etc. Bien ejecutado, bajo la supervisión de chamanes al servicio de la evolución, el chamanismo es un poderoso camino para el descongestionamiento del tercer nivel del inconsciente. Las plantas de poder abren puertas de percepción y frecuencias vibratorias del mundo divino que facilitarán las transfiguraciones arquetípicas. Desde la visión de la educación universal y la psicoespiritualidad, el chamanismo forma parte de la psicología avanzada.

El *yoga de los sueños* también será una herramienta fundamental para el desarrollo arquetípico. Esta práctica no consiste únicamente en analizar los sueños, como lo hace la psicología clásica, sino en desarrollar nuestra capacidad de tener sueños lúcidos. Conforme avancemos en el proceso del yoga de los sueños, podremos generar sueños de claridad y de luz divina, conectados al inconsciente colectivo, y comenzar a desarrollar conexiones arquetípicas mientras dormimos.

Comprender la labor que se deberá llevar a cabo para el descongestionamiento del inconsciente colectivo (tercer nivel) será únicamente posible en los individuos más avanzados dentro del proceso de individuación. Se deberá iniciar primero con el descongestionamiento del primer y segundo niveles del inconsciente, a través de la psicología clásica y algunas herramientas de la psicología avanzada, antes de llegar al desarrollo arquetípico. El desarrollo arquetípico es sinónimo de la utilización correcta del lenguaje simbólico que estructura a los mitos y religiones del mundo entero, y que, conforme se vaya realizando, permitirá la expansión de la conciencia hacia la supraconciencia, a través de la articulación de las leyes del cielo (ética universal) intrínsecas en los arquetipos.

En general, la educación parcial que ofrece la familia, la sociedad y las religiones busca imponer un sistema de normas y reglas en los individuos. Las religiones, con sus reglas de moralidad, y la sociedad, con las leyes de la Suprema Corte de Justicia, imponen de forma coercitiva en los individuos una moral. Sin embargo, todos estos principios éticos universales se irán conociendo orgánica y naturalmente (sin coerción) con el desarrollo arquetípico. Cuando la psique reconoce las leyes del cielo y comienza a ser unificada al mundo espiritual, la persona humana y la conciencia son alineadas con el orden sagrado de las cosas, alcanzando la ética universal. Mientras la moral quiera ser impuesta, nunca será una auténtica moral, solo obediencia ciega a lo establecido. El correcto proceso de individuación es el que nos llevará a la profunda comprensión del orden sagrado de las cosas, que será articulado de forma natural en nuestra vida, permitiéndonos alcanzar el éxito total.

Cuando la psique logra encarnar a los arquetipos que conforman al inconsciente colectivo, a través de las transfiguraciones arquetípicas, que sucederán mediante los rituales, el teatro sagrado, el chamanismo, los actos metafóricos, el trabajo energético con el Tarot para la Conciencia, la creación artística y el yoga del soñar, podrá comenzar a ser unificada con la dimensión espiritual, tanto en la vigilia como en el sueño. Este propósito sublime nos dará acceso al cuarto nivel dentro del juego.

Será gracias al desarrollo arquetípico que el personaje dentro de la obra de teatro o película del mundo pueda procesar todas las energías suprahumanas que articulan al mismo juego de la realidad (dioses y diosas), así como vislumbrar los distintos rostros del creador del juego (los huesos del universo). Las activaciones arquetípicas en la psique le permitirán comprender (a la conciencia) lo que está más allá del personaje humano y su historia en el tiempo, y al mismo tiempo permitirán que el personaje humano alcance la excelencia como jugador dentro del juego. El puente que produce el desarrollo arquetípico nos llevará de la obra de teatro o película del mundo (apegos, identificación) al mundo trascendental que se encuentra más allá de todo lo que sucede dentro de la realidad. Hay una realidad invisible desde donde se mueven los hilos del juego de la realidad, y esa dimensión invisible se podrá conocer a través del desarrollo arquetípico. Este jamás podrá ser un ejercicio intelectual o filosófico, sino un trabajo vivencial de psicología avanzada.

> Técnicas de intervención para el descongestionamiento del tercer nivel del inconsciente: Tarot para la Conciencia, rituales, teatro sagrado, psicodrama, biodanza, chamanismo, terapias de grupo, psicología transpersonal, hatha yoga, meditación, yoga de los sueños.

Las técnicas de intervención de la educación universal

Las técnicas de intervención de la psicoespiritualidad se necesitarán complementar con las técnicas de intervención de la educación universal, aunque no debemos olvidar que la psicoespiritualidad es un pilar de la educación universal. Juntas, son dos caras de una misma moneda. Al combinarlas podremos alcanzar el proceso de individuación y triunfar en los niveles tres, cuatro y cinco en el juego de la realidad. Las técnicas de intervención de la educación universal, de las cuales ya hemos hecho mención al principio del libro, son: arte y creación artística, deporte y artes marciales, emprendimiento, finanzas y derecho.

Todas las técnicas de intervención, tanto de la psicoespiritualidad como de la educación universal, podrán ofrecerse en todos los niveles educativos como un modelo psicopedagógico, y también podrán ofrecerse en la vida adulta como un modelo psicoandragógico. Todas estas técnicas conforman una nueva visión, un nuevo paradigma que permitirá el despligue de nuestro potencial completo, llevándonos por añadidura a una vida en libertad y plenitud.

Técnicas de intervención de la educación universal: arte y creación artística, deporte, artes marciales, emprendimiento, finanzas y derecho.

NIVEL 4: LA DESIDENTIFICACIÓN RADICAL O DESAPEGO TOTAL

El proceso de *desidentificación radical o desapego total* es el nivel cuatro dentro de las etapas del juego de la realidad. Este nivel está completamente conectado con el nivel tres del juego. Así como el nivel uno, la experiencia en el mundo, está íntimamente conectado con el nivel dos, los enredos en el mundo, en los niveles tres y cuatro sucede lo mismo. Desde el inicio del proceso de individuación (fase tres), la meditación, el hatha yoga y el yoga de los sueños nos han acompañado paralelamente a las demás herramientas de la psicología clásica y avanzada, sin embargo, para recorrer correctamente la fase cuatro, se requerirá una profundización total en ellas; la meditación, el hatha yoga y el yoga de los sueños serán los protagonistas de la etapa cuatro del juego. La integración psicológica de la etapa tres habrá puesto las bases para alcanzar el máximo desarrollo espiritual en la etapa cuatro.

Conforme vamos llegando a las fases finales en el proceso de individuación, a través del descongestionamiento del tercer nivel del inconsciente y el desarrollo arquetípico, iremos vislumbrando la liberación, la integración, la sanación, la realización del *ascenso.* Desde que llegamos al mundo comenzó la caída a través de la formación del yo y el impacto de la psique con el sistema y lo establecido (educación tóxica por parte de la familia, la sociedad y la cultura). La caída se volvió más profunda por la sumatoria de las heridas psicológicas y traumas que se fueron presentando en el camino. Muchos personajes humanos, ante tal impacto, recibieron jaque mate por parte del diablo (la sombra, su propio inconsciente congestionado) y no pudieron avanzar a la etapa tres dentro del juego. Muchos otros sí pudieron comenzar su proceso de individuación y alcanzar la fase tres. El comienzo del proceso de individuación significó habernos encontrado con las herramientas de intervención de la psicoespiritualidad y la educación en lo sagrado (algunas o todas), y se pudo comenzar el ascenso, a pesar del sufrimiento de la caída.

Al ascenso lo podemos dividir en dos partes; la primera etapa del ascenso consiste en el desarrollo de la psique para lograr la funcionalidad en el mundo, en la obra de teatro o película de la realidad. En general, la mayoría de los personajes humanos son disfuncionales, producto del pasado no resuelto que llevan codificado en el inconsciente. La primera parte del ascenso consistirá en hacer que nuestro personaje humano, de ser disfuncional, se vuelva funcional en todas las áreas dentro del juego: autoestima, familia, amistades, dinero, trabajo, salud. Esta será la primera etapa del ascenso, que el protagonista de la obra o película del mundo desempeñe bien su papel. El pasado no resuelto no le permitirá hacerlo, por lo que el descongestionamiento de gran parte del inconsciente llevará al personaje humano (personalidad, ego) a una funcionalidad, a una adaptación con el entorno, a una salud mental y física reflejada en una alta autoestima, en una estabilidad en sus relaciones interpersonales y en una productividad laboral. En el mundo onírico este desarrollo psíquico se reflejará en nuestra capacidad de tener sueños lúcidos (ser conscientes de que estamos soñando).

La segunda etapa del ascenso consistirá en llevar al personaje humano al encuentro con su creador, al conocimiento de lo que está más allá de él mismo y la obra de teatro o película donde se desenvuelve. Esta segunda etapa, que permitirá lograr la totalidad del ascenso, es el nivel cuatro del juego de la realidad: la salvación, la liberación. Las técnicas de intervención que permitirán por excelencia alcanzar este sublime objetivo serán la *meditación*, el *hatha yoga* y el *yoga de los sueños*; será gracias a la psicología oriental, que tiene más de 5 000 años de antigüedad, que podremos desarrollar la etapa cuatro del juego. En la vigilia, la segunda etapa del ascenso se reflejará como el despertar espiritual y la trascendencia del juego (mente, tiempo, materia). En el mundo onírico, la segunda etapa del ascenso se reflejará con la manifestación de sueños lúcidos de claridad y sueños lúcidos de la divinidad (inconsciente iluminado).

Para entender de una mejor manera lo que significa la segunda etapa del ascenso (etapa cuatro del juego), es necesario hablar del psiquiatra y psicoanalista francés Jacques Lacan. Lacan reinterpreta la teoría freudiana del inconsciente mediante las teorías lingüísticas de Ferdinand de Saussure y el estructuralismo, afirmando que el inconsciente está estructurado como un lenguaje que opera mediante significantes y estructuras que dan forma a nuestros deseos, pensamientos y comportamientos. Según Lacan, el inconsciente no es un conjunto caótico de deseos reprimidos, heridas psicológicas y traumas no procesados, sino que sigue reglas similares a las del lenguaje, organizando nuestras experiencias de manera simbólica.

Lacan hablaba de tres campos o dimensiones de lo psíquico: lo imaginario, lo simbólico y lo real. Lo *imaginario* está vinculado principalmente a la formación del yo y a la identificación con la imagen propia y la de los demás. Este concepto es crucial para entender cómo se construye la identidad y cómo las personas se relacionan con su propia imagen y con las imágenes de los otros. Al final de cuentas, el concepto de lo imaginario en Lacan es la identificación con los componentes de la realidad: la materia, el tiempo, la mente, la forma, la otredad, etc., en definitiva, los apegos. Después se encuentra lo *simbólico*, haciendo referencia al orden de los lenguajes (pasado no resuelto, leyes del cielo y de la tierra, arquetipos), a la ley y a las normas sociales. Lo simbólico es lo que estructura a la cultura (mitos y religiones) y regula nuestras interacciones a través de reglas y códigos (ética universal, orden sagrado de las cosas). Por último, está lo *real*, que representa lo que está fuera de lo imaginario y del lenguaje (literal y simbólico). Representa lo que está más allá de la psique y que es imposible de representar o comprender plenamente. Lo real es lo que resiste a ser asimilado o simbolizado y puede irrumpir en la psique como un trauma o experiencia espiritual. Lacan fue pionero en su enfoque sobre cómo el lenguaje estructura al inconsciente y a la subjetividad humana. Expuso que el lenguaje es la estructura fundamental que organiza nuestra realidad psíquica y nuestras relaciones sociales.

Comprendiendo la teoría de Lacan, podemos decir que para llegar a lo real no podrá hacerse a través del lenguaje; la palabra es lenguaje, el inconsciente es lenguaje, la psique, en definitiva, es lenguaje. Todas las esferas de nuestro potencial completo también pueden ser entendidas como lenguajes: el lenguaje cognitivo, creativo, psicocorporal, psicosexual, psicoemocional, psicosocial, material, animal y psicoespiritual. El despliegue de este último hace referencia al concepto de "lo real" de Jacques Lacan.

Las herramientas por excelencia para lograr el despliegue de nuestro potencial psicoespiritual, ayudándonos a encontrarnos con lo real, con aquello que está más allá de la psique y del mismo juego de la realidad, incluyendo todos sus componentes, son la meditación, el hatha yoga y el yoga del soñar. Lacan expresó que lo real es incognoscible, porque pertenecía a la cultura occidental, que lamentablemente no conoce las poderosas herramientas de la psicología oriental.

Toda la psicología oriental está fundamentada en la práctica de la meditación, el hatha yoga y el yoga del soñar, puesto que son las herramientas por excelencia que nos permitirán acceder a lo real, a lo que está más allá del lenguaje (literal y simbólico), a lo que está más allá de la mente, del yo y su historia en el tiempo, del inconsciente y de la conciencia. En definitiva, a lo que está más allá de la psique, de la materia, del tiempo y de todo lo visible.

Cuando la persona humana accede a lo real a través de la meditación y el yoga, logra encontrarse con su creador. El creador no es una persona, el creador es lo real, que será mejor llamarle "la Verdad". Lo real es la Verdad, lo verdadero, y lo verdadero es que el juego humano de la realidad, incluido el personaje que forma parte de este, son pasajeros y, por lo tanto, ilusorios. El juego no es real y el personaje que se desarrolla a través del mismo, tanto en la vigilia (personalidad) como en los sueños (yo onírico), tampoco lo son. Lo real es que todo es ilusión, menos lo real. La verdad es que todo es ilusión, todo es sueño, menos la verdad. Más allá del mundo onírico y la vigilia, se encuentra la Verdad.

El planteamiento metodológico de la psicoespiritualidad y la educación universal es incluir forzosamente la práctica de la meditación, el hatha yoga y el yoga del soñar en todas partes: en las familias, en todos los niveles educativos, en la religión, y en el proceso mismo de individuación que debemos realizar en la etapa tres del juego. Se deberá acompañar el descongestionamiento del inconsciente y sus tres niveles, al mismo tiempo que se practicarán estas herramientas de la psicología oriental. Esto permitirá potencializar a todas las técnicas de intervención, tanto de la psicoespiritualidad como de la educación universal, para optimizar los resultados.

El proceso de individuación significa aprender a desempeñarnos saludablemente dentro del juego de la realidad, tener una alta autoestima, lograr un matrimonio y crianza estables, donde podamos ofrecer nuestro amor, atención y respeto, tener un trabajo que nos guste, ganar un buen sueldo, gozar de buenas amistades y de excelente salud. En definitiva, alcanzar la funcionalidad dentro del juego. Sin embargo, al combinarse la meditación y yoga en el proceso de individuación, llevaremos a nuestro personaje humano al grado máximo, a la excelencia dentro del juego, volviéndolo un *brillante jugador.*

Será gracias a la meditación y el yoga que el proceso de individuación se consumará de forma total, llevando a la persona humana a una *funcionalidad sagrada* en todos los ámbitos de la vida humana, tanto internos como externos. Sin duda el descongestionamiento del tercer nivel del inconsciente, a través del desarrollo arquetípico (utilización correcta del lenguaje simbólico) deberá poner las bases finales en la preparación de la psique para lograr ser conectada con lo real, con la Verdad. No será posible trascender el lenguaje simbólico (inconsciente colectivo), a menos que hayamos desarrollado a los arquetipos, tanto en la vigilia como en el sueño, de tal forma que la misma psique haya logrado reconocer las profundidades del lenguaje simbólico que estructura a las culturas del mundo, y, por ende, a todos los niveles de la misma: social, familiar e individual.

No se podrá trascender el lenguaje y llegar a la Verdad sin haber pasado por una comprensión íntima de todo lo que significa el lenguaje (incluido el simbólico). La psique no podrá despertar del sueño del mundo y trascender el lenguaje, que es parte de su propia esencia, hasta que se haya hecho el trabajo completo con el inconsciente. El trabajo correcto con los tres niveles del inconsciente, tanto despiertos como en el mundo onírico, es decir, la utilización correcta del lenguaje simbólico, creará un puente entre la psique y la verdad. Los arquetipos serán, en última instancia, el último estadio del lenguaje, antes de llegar a lo que está más allá del mismo.

Si quisiéramos ir más allá del lenguaje, sin pasar por el desarrollo arquetípico, el encuentro con la Verdad no sería posible, ya que la psique no estaría realmente preparada. Quizá tengamos un vislumbre de la Verdad, de lo real, pero no podríamos permanecer en ella, debido a la identificación que presenta la psique con los distintos componentes del mundo material. Toda identificación produce lenguaje. Por lo mismo el trabajo terapéutico, para alcanzar el descongestionamiento del inconsciente, deberá ser acompañado con la profundización en la práctica de la meditación, el hatha yoga y el yoga del soñar; esa es la propuesta por excelencia de la psicoespiritualidad.

La acción terapéutica de la psicología occidental (clásica y avanzada) combinada con la meditación, el hatha yoga y el yoga del soñar, permitirá los procesos de desidentificación radical de los lenguajes del inconsciente, del yo y de la conciencia, de forma que podamos ayudarle a la psique a regresar a casa, a nuestro centro más profundo. Cuando, a través de un largo proceso, la psique va desidentificándose nivel por nivel, de todo aquello a lo que se fue apegando e identificando desde su nacimiento, volvemos a tener acceso a la dimensión espiritual, al reino de los cielos, al nirvana, a la naturaleza esencial del ser.

El desarrollo natural de la psique, como hemos estado analizando durante este libro, inicia con el apego natural hacia las formas (progenitores, cuidadores, amistades, actividades, comida, planes, sueños, etc.), con la caída, la identificación, el pecado original. Después todo aquello que lastima el desarrollo de la psique (heridas psicológicas y traumas) la enredarán aún más (etapa dos del juego) en el mundo material; los procesos de apego e identificación se volverán más intensos, la caída será más profunda. El karma ancestral (y de vidas pasadas), junto con los pecados capitales, darán lugar a diferentes trastornos mentales (leves, medios o severos), llevando a la persona humana a una disfuncionalidad en una o varias áreas de la vida.

Los trastornos mentales serán el reflejo de los procesos de identificación y apego que el cerebro y la psique han generado dentro del juego de la realidad. La psique organizará todas las experiencias dolorosas vividas, tanto personales como ancestrales, en la forma de lenguaje simbólico, al igual que la estructura del inconsciente colectivo, a través de los arquetipos, será lenguaje simbólico. Todo el pasado no resuelto será lenguaje simbólico, al igual que toda la estructura de la cultura (mitos y religiones) que articula a las familias, a las sociedades y al mundo entero.

Cuando el yo (lenguaje literal) comienza su proceso de individuación a través de la psicoespiritualidad y la educación universal, comenzará a trabajar con el lenguaje simbólico estructurado en el inconsciente, tanto del pasado personal y familiar como de su contexto cultural, pero al mismo tiempo estos contenidos deberán ser acompañados con la práctica de la meditación y el yoga, de forma que la psique podrá, por un lado, integrar todo aquello no procesado simbólico, permitiéndole comprender la naturaleza simbólica de todos los procesos dentro de la realidad, tanto individuales, como familiares, sociales y culturales, pero también, por otro lado y gracias a la psicología oriental, podrá tomar distancia de todos y cada uno de los lenguajes (literal y simbólicos) que configuran a la psique y al juego de la realidad, de forma que pueda irlos trascendiendo.

Conforme la conciencia integra los contenidos del inconsciente, el yo se irá dando cuenta de que todo en el universo es simbólico, incluido él mismo. Una vez que el desarrollo arquetípico se haya realizado, la conciencia se habrá convertido en una supraconciencia. El inconsciente se irá iluminando conforme vaya siendo integrado en su totalidad. A través del proceso de individuación el yo se podrá dar cuenta de que todo es lenguaje simbólico, y después, con la profundización en la meditación, el hatha yoga y el yoga del soñar, la psique podrá trascender lo simbólico para llegar a lo real, a la Verdad.

Será gracias a la práctica de la psicoespiritualidad (tanto en la vigilia como en el sueño) que se podrá generar una distancia entre los lenguajes simbólicos y la psique, dando lugar al conocimiento de la Verdad, a lo que está más allá del símbolo, de los sueños y de todo lo manifestado, tanto en la vigilia como en el mundo onírico.

Veamos un ejemplo para una mejor comprensión del tema: Pedro, un consultante de 44 años de edad, padeció dos profundos traumas en su infancia: la muerte de su padre, a sus seis años de edad, y la violencia de su madre. La madre tenía un trastorno límite de la personalidad (TLP), producto de haber sido criada por padres ausentes y alcohólicos. Pedro no podía desempeñarse sanamente en su vida profesional, siempre lo corrían del trabajo. Tampoco podía concretar una pareja estable y su salud se encontraba muy deteriorada. Afortunadamente su férrea voluntad lo llevó a encontrarse con la educación universal y la psicoespiritualidad, donde comenzó un proceso transformativo de muchos años, a través de las herramientas correctas de intervención.

Durante el proceso, Pedro tuvo que trabajar con su pasado no resuelto (lenguaje simbólico); ahora bien, si nos ponemos realistas, desde el lenguaje literal de la persona o ego, el pasado no resuelto no existe (el pasado ya pasó), sin embargo, dentro de la psique, sí existe como lenguaje simbólico. Este lenguaje simbólico, como ya hemos revisado, no es únicamente racional (cognitivo), sino también es emocional, energético (psicosexual), psicocorporal, etc. Es decir que, en la memoria dolorosa traumática, proveniente de la infancia de Pedro (símbolo del niño interior), se encuentra almacenada, dentro del lenguaje simbólico psíquico, toda una gama de emociones reprimidas, recuerdos dolorosos, procesos cognitivos desordenados, fijaciones en la libido, bloqueos en el desarrollo psicosocial, etcétera.

Cuando Pedro decide implementar una serie de técnicas de intervención que le permitan sanar su pasado no resuelto, su psique deberá trabajar con el lenguaje simbólico, para integrar toda la energía que quedó bloqueada dentro del mismo lenguaje simbólico; este ejercicio será sinónimo del descongestionamiento de una zona de su inconsciente (acción terapéutica). Sin embargo, Pedro no solo haría terapia, sino también meditación y yoga de los sueños, por lo que su psique, al re-estructurar su lenguaje simbólico a través de la terapia, también se daría cuenta de que su historia personal no es tan real como aparenta, entendiendo que la regresión hacia su pasado es la re-estructuración simbólica del lenguaje del inconsciente, que está más allá del tiempo y el espacio.

Cuando las otras instancias de la psique, en este caso Pedro (el personaje, el yo) y su conciencia, comienzan a descubrir la naturaleza esencial del lenguaje simbólico del inconsciente, comienza el proceso del despertar espiritual, es decir, de la trascendencia de todo lo que aparentemente era real y no lo es, pues es simbólico. En ese sentido, la vida humana es simbólica y la obra de teatro o película del mundo también lo es. Todo el juego de la realidad es simbólico, pero para descubrirlo es necesario que el ego, tanto en la vigilia como en el sueño (yo onírico), se adentre en el proceso de individuación y desidentificación radical, que incluye necesariamente terapia, yoga y meditación.

Finalmente, Pedro lograría integrar todas las memorias dolorosas de su infancia, sanando los traumas (re-estructuración del lenguaje simbólico del inconsciente), permitiéndole manifestar una realidad externa más próspera, consiguiendo un trabajo estable y formando una familia. El proceso psicoespiritual en el cual Pedro se había adentrado le permitió re-estructurar su pasado para manifestar una vida más plena en el presente, pero también, a través de la meditación y el yoga, comenzaría a trascender su propia historia personal, alcanzando el despertar espiritual. Los procesos de identificación o apego en la psique se intensifican cuando hay heridas psicológicas y traumas. Por lo mismo la sanación del pasado no resuelto será necesario y apoyará al proceso de desidentificación radical para que podamos alcanzar a la Verdad, a lo real.

La etapa cuatro dentro del juego de la realidad llevará a la persona humana, que busca salvación y redención, al encuentro con lo que está más allá de ella misma, de su historia personal y de todo el juego humano de la realidad, con sus luces y sombras, sueños y pesadillas. Esto será posible gracias a la profundización en la meditación, el hatha yoga y el yoga de los sueños. El encuentro de la psique con la Verdad a través de la desidentificación radical permitirá que todas sus instancias terminen de completar el proceso de individuación; la conciencia se volverá una supraconciencia (conciencia divina), el personaje humano (personalidad, ego) adoptará las actitudes y conductas necesarias para alcanzar la funcionalidad sagrada en todas las áreas de la vida y el inconsciente se habrá iluminado (yo onírico plenamente consciente de que está soñando) a través de su descongestionamiento total (integración de la sombra).

El proceso de autorrealización termina cuando la psique ha logrado integrar todos los contenidos energéticos de los lenguajes simbólicos y después logra desidentificarse o desapegarse radicalmente de ellos. Este desapego de todos los componentes del mundo material, tanto internos como externos, pasa necesariamente por la integración de todos los contenidos inconscientes. Para que la psique alcance el desapego total deberá haber experimentado previamente el apego, y deberá haber realizado un trabajo extenso de sanación que le permita procesar el sufrimiento que conlleva estar apegada. En eso consiste el proceso de individuación, en eso consiste el juego de la realidad de luces y sombras; el viaje del héroe es, en definitiva, un viaje de apego, placer, dolor y pérdida, en los enredos del mundo material (caída, identificación), transitando por la búsqueda de libertad y plenitud (educación universal, psicoespiritualidad) hasta lograr alcanzarla (completitud del ascenso).

La desidentificación radical de todo aquello a lo que la psique se ha apegado, que podríamos resumirlo en lenguaje simbólico (personal, familiar, social y cultural) para llegar a la Verdad, no podrá suceder a través de la terapia, ni de la psicología clásica y avanzada, ni tampoco a través de la ciencia, ni de conceptos, ni de creencias, ni de la religión. Todas estas herramientas, enfoques y disciplinas únicamente prepararán el camino, que deberá consumarse a través de la profundización en la práctica de la meditación, el hatha yoga y el yoga de los sueños. En lo que a la práctica de la meditación se refiere, esta consiste en algo en extremo sencillo: sentarnos, cerrar los ojos y solo observar.

Observar en la meditación es *solo observar*; observar sin juicios, sin expectativas ni autoexigencias, la respiración, las sensaciones del cuerpo, las emociones, los pensamientos, la energía vital, etc. Solo observar será suficiente para aprender a practicar meditación. Solo observar nos permitirá el fortalecimiento de nuestra presencia, de la sagrada indiferencia por encima de la identificación (enganche y aversión) con los componentes de la realidad. El observador interno será el encargado de llevarnos de regreso a nuestro centro más profundo. La práctica se deberá realizar en grupo y con un buen guía o facilitador que sea profesional en la meditación. La práctica de la meditación deberá combinarse siempre con los procesos de psicología clásica y avanzada.

La gran aportación de la psicoespiritualidad es justamente esta; será gracias a la combinación de la meditación con la terapia que cada una de estas potencializará a la otra, de forma que se podrán obtener todos los beneficios de cada una, que por sí solas no se logran obtener. La meditación potencializa de una manera impresionante a la terapia y viceversa, dando como resultado la realización de todo nuestro potencial. El error fundamental de toda la psicología occidental es no haber incluido a la meditación en sus procesos terapéuticos, así como el gran error de la meditación por sí sola es que solo podrá funcionar si los individuos se aíslan en ashrams o monasterios durante muchos años. Por lo mismo, la extraordinaria aportación de la psicoespiritualidad y la educación universal es expresar la unión perfecta que sucede entre los procesos psicoterapéuticos (psicología clásica y avanzada) y la meditación, y sus consecuentes beneficios. Juntas, la meditación y la terapia se potencializan entre ellas, separadas, no lograrán que el proceso de individuación y la autorrealización sucedan. Juntas, permitirán el despliegue de nuestro potencial completo, separadas, solo se podrán desarrollar partes del mismo.

El proceso de *desidentificación radical*, que gradualmente deberá ir realizando la psique de todo aquello a lo cual se ha apegado y que no le permite encontrar a la Verdad, sucede de la siguiente manera: a través de la combinación de la meditación (tanto en la vigilia como en el sueño a través del yoga de los sueños) y la terapia, la psique se irá desidentificando primeramente de los componentes grosos de la realidad (componentes externos a la psique), y en una segunda etapa se irá desidentificando de los componentes sutiles de la realidad (componentes internos de la psique).

Cuando hablamos de desidentificación o desapego no nos referimos a escapar de los componentes de la realidad, nos referimos a una distancia que se crea entre la psique y los componentes del mundo material. Estos componentes provocan estímulos en el cerebro y en la psique; al crearse una distancia entre los estímulos y el cerebro-psique, aparece nuestro poder de elegir nuestra respuesta. En nuestra respuesta reside la verdadera responsabilidad, y, por añadidura, nuestra libertad. Pongamos un ejemplo: cuando alguien es adicto a algo, el proceso de identificación o apego hacia el objeto de su adicción se vuelve demasiado intenso. Una persona que no está identificada o enganchada al alcohol puede consumirlo de vez en cuando sin que se vuelva adicción.

La celotipia (celos enfermizos) es un proceso de identificación extremo de la psique con el objeto de su deseo, a diferencia de personas que pueden establecer relaciones de pareja sanas. Conforme la psique vaya sanando sus heridas psicológicas y traumas, y en paralelo se profundice en la meditación, el hatha yoga y el yoga de los sueños, sucederá gradualmente el proceso de desidentificación radical de todos los componentes del juego de la realidad, tanto los externos (grosos) como los internos (sutiles). Los *componentes grosos externos* a la psique son: la materia (dinero, objetos), la forma (siluetas), la otredad (personas, animales, plantas, minerales, etc.), las situaciones (sencillas y complejas), los oficios (trabajo), los espacios (paisajes, lugares, distancias, movimiento), el sonido y el color; mientras que los *componentes sutiles internos* de la psique son: la mente (autoimagen, estudios, juicios, proyecciones, sueños, pesadillas), el tiempo (pasado, futuro), las historias (personales, ancestrales, sociales y culturales), las emociones (necesidades complejas), la libido (deseos, necesidades básicas) y las sensaciones (cerebro, cuerpo).

Como hemos dicho, las heridas psicológicas y los traumas no resueltos engancharán con más intensidad a la psique con todos los componentes de la realidad, tanto a los grosos como a los sutiles. Los procesos de identificación a estos componentes, tanto internos como externos, se intensificarán, producto del pasado no resuelto. El proceso de desidentificación radical nos irá llevando de regreso a nuestro centro más profundo, al espíritu (Buda, ser verdadero, vacío pleno, vacío luminoso), donde podremos trascender al personaje humano y a la obra de teatro o película del mundo y encontrarnos con la Verdad, con lo real.

Alcanzar nuestro centro más profundo, no solo por unos momentos, sino establecernos de forma permanente en él, tanto en la vigilia como en el sueño, será el resultado de todo un proceso de individuación que se tuvo que realizar previamente, tal cual lo señala la psicoespiritualidad y la educación universal. Una vez que este sublime propósito se haya realizado, habremos alcanzado el último nivel dentro del juego: la autorrealización o iluminación.

Técnicas de intervención del nivel 4: la meditación, el hatha yoga, la risoterapia, el yoga de los sueños.

Nivel 5: La autorrealización o iluminación (la Verdad)

Esta última etapa en el juego de la realidad significa que, por un lado, hemos llegado a lo real, a la Verdad, y por otro, al éxito en la dimensión material (funcionalidad sagrada) y al éxito en la dimensión onírica a través de los sueños lúcidos de la divinidad. La Verdad es la comprensión definitiva de que todo en la vida es una ilusión y el éxito en el mundo significa que, a través del proceso de individuación (etapas tres y cuatro del juego) el jugador (persona, ego) alcanzó la excelencia en el juego. La excelencia en el juego significa que hemos logrado una *funcionalidad sagrada* en todas las áreas de nuestra vida; tenemos una excelente salud y una alta autoestima, gozamos de amor y armonía en nuestra familia y amistades, tenemos el trabajo de nuestros sueños (vocación, servicio) y una libertad financiera a partir de este.

Para poder haber manifestado el éxito en todas las áreas de nuestra vida tuvimos que haber pasado por el descongestionamiento de los tres niveles del inconsciente y, básicamente, haber recibido varios jaques del diablo (crisis, dramas, tragedias) hasta ganarle la partida a través de las herramientas de la psicoespiritualidad y la educación universal. A través del desarrollo arquetípico la conciencia fue reconociendo las leyes del cielo (actitudes y valores universales) que le permitieron a la persona humana convertirse en jugador, adoptando conductas sagradas para alcanzar la excelencia en el juego. Para manifestar el éxito en todas las áreas de nuestra vida, este tiene que estar apoyado en una comprensión profunda del orden sagrado de las cosas, que no aparece porque hayamos leído libros o seamos muy obedientes a lo establecido, sino gracias al desarrollo correcto de la psique a través de la terapia, la meditación, el yoga y la vida misma como maestra. Solo el pleno desarrollo de nuestro potencial nos puede llevar a la ética universal y solo el orden sagrado de las cosas nos puede llevar a la excelencia en el juego y al verdadero éxito en el mundo material y onírico.

La persona humana, para haber alcanzado el grado de excelente jugador y ganar el juego de la vida, tuvo que haberse encontrado con su creador. El correcto desarrollo de la psique, a través del descongestionamiento de los tres niveles del inconsciente, la conectaron con la dimensión espiritual, nuestro centro más profundo. La excelencia como jugadores en la obra de teatro o película del mundo pasa inevitablemente por el máximo desarrollo psicoespiritual. Este no puede suceder a través de creencias, sino a través de la desidentificación radical o desapego total de todos los componentes de la realidad (etapa cuatro del juego). Esta desidentificación es un proceso gradual que sucederá a través de la terapia y la meditación. La sola terapia no podrá realizarlo y la sola meditación tampoco, a menos que nos fuéramos a vivir a ashrams o monasterios por muchos años, como lo hacen los monjes o lamas. Y de igual manera, una vez que dejásemos de estar retirados, el contacto con el mundo material volvería a crear identificación. Por lo mismo, el camino no es escapar del mundo, sino aprender a desapegarse de él, estando dentro del mismo.

Cuando la psique alcanza su máximo desarrollo trasciende lo imaginario (los personajes de la obra) y los lenguajes simbólicos (la obra misma) alcanzando lo real, la Verdad. Cuando alcanzamos lo real, no como un vislumbre momentáneo, sino como una permanente situación, tanto en la vigilia como en el sueño, hemos logrado trascender a la persona humana que somos con nuestra historia en el tiempo, hemos logrado trascender al juego de la realidad. Ganar el juego de la vida significa trascenderlo, comprendiendo que el juego mismo y los personajes que lo viven son ilusorios. El yo es una ilusión, la conciencia es una ilusión, el inconsciente es una ilusión, los otros son una ilusión; todos los componentes de la realidad son ilusión (sueños, apariencias).

Cuando la psique logra desidentificarse de todos los componentes de la realidad, regresamos a nuestro centro más profundo, a la naturaleza esencial del ser (Buda, Dios) y solo ahí podemos vislumbrar que todo es ilusión, que todo es sueño. Lo real es que todo es ilusión, la verdad es que todo es ilusión. La verdad es que solo existe este momento, el eterno presente, donde todo está unificado, donde nunca ha sucedido nada, ni sucederá.

El ser divino y verdadero es todo lo que es, más allá del tiempo, la psique y la materia. Más allá del sueño y el soñador, se encuentra el ser, Dios, el Buda. El ser divino y verdadero es todo lo que es, más allá del juego de la realidad donde suceden proyecciones, situaciones, relaciones, sueños y pesadillas. Más allá del juego de la realidad se encuentra la verdad, lo real, y la verdad y lo real son *Dios*; en Oriente le llaman el *Buda*. Ese más allá está dentro de nosotros, no está en algún lugar afuera. No está en la mente, ni en la materia, ni en el tiempo, sino en nuestro centro más profundo.

Jacques Lacan dijo que lo real era incognoscible, y lo es, mientras no profundicemos en la meditación, el hatha yoga y el yoga del soñar. Mientras no practiquemos de forma profesional estas herramientas, no habrá manera de trascender a la psique (mente), al tiempo (pasado, futuro) y a la materia (átomos, electrones). La mente, que incluye al personaje humano (lo imaginario), nunca podrá conocer a Dios (lo real). El verdadero encuentro entre el personaje humano y su creador es una disolución del personaje en el vacío divino, es la trascendencia de la mente.

Solo cuando la mente y el personaje humano quedan reabsorbidos por el vacío esencial del ser, por nuestro centro más profundo, a través de la práctica de la meditación, podemos comprender que todo siempre ha sido Dios, que todo es lo real, que todo es la Verdad, que todo siempre es este instante, libre de cualquier otro. Cuando el yo onírico se da cuenta de que está soñando sucede una inmensa libertad. Lo mismo sucede en la vigilia cuando la psique trasciende. El encuentro con la Verdad tanto en la vigilia como en el sueño provocará una inconmensurable libertad y felicidad.

Cuando accedemos a la Verdad, a lo real, queda claro que el juego de la realidad con todos sus personajes e historias en el tiempo (películas) nunca sucedieron; la memoria de la persona humana, sus recuerdos, son lenguaje simbólico y el lenguaje simbólico deberá ser trascendido para alcanzar lo real, a la Verdad. El juego de la realidad y el personaje son una proyección que sucede en el cerebro por la identificación o apego a los componentes del mundo material y onírico. El desarrollo de la psique y el cerebro humanos naturalmente construirán al juego y al personaje a través de la encarnación (experimentación y enredos con el mundo), y los siguientes niveles del juego estarán relacionados con los niveles de traumatización (inhibición del potencial completo) que haya recibido la psique.

Entre más carencias afectivas y maltrato psicológico haya existido, mayor será la identificación o apego con los componentes de la realidad, más laborioso será lograr el proceso de individuación y más difícil será ganarle la partida al diablo. No olvidemos que, al hablar del diablo, es un símbolo que hace referencia al congestionamiento del inconsciente (la sombra), y cuando hablamos del juego de ajedrez contra él es una metáfora para expresar la relación que hay entre la realidad externa y la psique; esta última manifestará intensos enredos en el exterior (jaques del diablo) para que podamos descongestionar al inconsciente y evolucionar hacia los siguientes niveles del juego.

Trascender lo imaginario y lo simbólico (de Lacan) significará descongestionar los tres niveles del inconsciente y pasar por un largo proceso a través de la psicoespiritualidad, la educación universal y la experiencia con la vida misma. Una vez que la psique se haya dado cuenta de que todo en el universo del yo y su historia personal es imaginario, y que todo lo demás (sociedad, cultura) es lenguaje simbólico, entonces podrá acceder a lo real, a la Verdad. Tener acceso a la Verdad solo podrá suceder a través de la desidentificación radical (etapa cuatro del juego), debido a que hay componentes sutiles de la realidad que deberán ser trascendidos, y que únicamente pueden trascenderse a través de la meditación y el yoga, como lo es el pensamiento, la emoción, la sensación y el tiempo. Estos componentes sutiles que son parte del personaje humano y la psique son un engaño a la hora de querer encontrar lo real.

El pensamiento no es lo real, la emoción no es lo real, las sensaciones y el tiempo tampoco. El yo onírico que cree que es real lo que está soñando, no es lo real. También para lograr ser conscientes de que estamos soñando mientras dormimos será necesaria la profundización en la psicología oriental. Comprendámoslo con un ejemplo: cuando se dice "nada es real" y uno lee esta frase, estamos haciendo uso de las palabras, y las palabras son lenguaje literal (para el yo) y simbólico (para el espíritu despierto). Al igual que decir "ayer" o "mañana" son palabras que hacen referencia al tiempo. Cuando existe identificación con los procesos del pensar, estas palabras articulan a la realidad ficticia (el juego) donde existe el jugador (persona humana). Cuando deja de haber identificación con el pensar, queda claro que las palabras son lenguaje simbólico, no son la realidad. Se necesitará del *observador interior* (meditación) para lograr esa distancia.

Lo real está más allá del lenguaje, de las palabras, de los conceptos, de las ideas, de las creencias, de las historias, de los sueños y pesadillas, de las religiones y de las ciencias. Lo real, la verdad, solo puede ser alcanzado cuando trascendemos la mente, el tiempo y la materia, y esta capacidad de ir más allá de los componentes de la ilusión sucede a través de la meditación, tanto en la vigilia como en el mundo onírico. La psicoterapia y el proceso de individuación (etapa tres del juego) establecerán las bases, prepararán el terreno para lo que después sucederá a través de la meditación (etapa cuatro del juego). Si el proceso de individuación estuvo bien y la práctica de la meditación se integra correctamente a nuestra vida, podremos alcanzar el último estadio del juego, que es la trascendencia misma del juego.

Otra manera de comprender el proceso de desidentificación radical de la etapa cuatro es hablando de las *historias*. Todo en la vida son historias que suceden en el tiempo; la historia de nuestra vida (pasado, futuro), la historia genealógica que se ha ido construyendo con nuestros familiares (abuelos, padres, pareja e hijos), las historias sociales (formación de naciones, reglas, normas, tradiciones), las historias religiosas (mitos y dogmas culturales), las historias de fracaso (lo que no ha salido como quisiéramos), las historias de éxito (lo que queremos lograr o lo que ya conseguimos), las historias oníricas (lo que soñamos), etc. Todas estas historias suceden en el tiempo y el cerebro y la psique se apegan naturalmente a ellas. Este apego (la caída) no permite comprender que todas estas historias son, por un lado, lenguaje simbólico, y, por otro, no son reales.

Todo lo que sucede dentro del tiempo, incluida la historia del mundo, sucede en el plano temporal del cerebro sapiens, por lo tanto, es pasajero, es ilusorio. Un gato no sabe en qué año vivimos, pero vive en la realidad. El tiempo no tiene sustancia real, es imaginario y simbólico, es lenguaje. La materia no tiene sustancia real; la física cuántica ya descubrió que las partículas subatómicas aparecen y desaparecen en el vacío y su comportamiento depende del observador. La mente no tiene sustancia real, es simbólica; la palabra *perro* no muerde, el mapa no es el territorio. El apego a las historias no permite la conexión con nuestro centro más profundo, con el eterno presente, con el Buda (conciencia cósmica y divina), tanto en la vigilia como en el sueño.

A través del proceso de desidentificación radical o desapego total que produce la profundización en la meditación y el yoga, la psique tomará distancia con todas las historias (oníricas, familiares, sociales y culturales). Esta distancia permitirá el encuentro con lo real, con la Verdad. Una psique que cultiva la distancia con sus propias historias está destinada a percibir lo verdadero, y por ende, a vivir en *libertad total.* Las historias y sus personajes seguirán existiendo en el plano humano del tiempo (imaginario y simbólico), en la dimensión ilusoria del juego (dimensión material), como un espejismo, pero la Verdad vivirá eternamente en el no tiempo, más allá de la psique, la materia, la forma y todo lo conocido.

La etapa cinco del juego es encontrar a la Verdad que habita en nuestro centro más profundo. La Verdad o lo real es nuestro centro más profundo, donde no existe nadie, donde no pasa nada, donde todo es el ser divino y verdadero, el vacío espiritual. Todo nuestro potencial psicoespiritual está más allá de las religiones, los mitos, la sociedad y lo externo a nosotros; el Dios verdadero habita dentro, en lo más profundo de nosotros, más allá del concepto de *Dios.* Para tener acceso a esta dimensión, que las religiones han llamado "reino de los cielos" y "nirvana", tendremos que pasar por todas las etapas del juego. El juego no permite saltarnos pasos. Los procesos de identificación o apego no mienten.

Si los nueve lenguajes o esferas de nuestro potencial no se desarrollan plenamente, habrá fijación o bloqueo en ellos, y esa fijación o bloqueo es identificación o apego. Veamos un ejemplo: si en nuestro desarrollo psicosexual quedamos fijados a la fantasía incestuosa de los tres a los seis años (complejo de Edipo o Electra), la libido estará buscando toda su vida al padre o madre que le faltó, dando lugar a la formación de identificación o apego con la forma (pareja) a través de la energía sexual (libido). Nunca podremos trascender el mundo material y regresar a nuestro centro más profundo (salvación) mientras existan procesos inconclusos en el desarrollo de nuestro potencial completo en alguno de sus nueve lenguajes o esferas.

Veamos otro ejemplo: en las etapas de desarrollo psicosocial de Erik Erickson, la etapa de iniciativa vs. culpa (3-6 años) y la etapa de laboriosidad vs. inferioridad (6-12 años) son cruciales para el desarrollo de nuestra creatividad y liderazgo. Si en esas etapas nuestros progenitores o cuidadores no juegan con nosotros y no nos dejan jugar, y tampoco permiten que tengamos iniciativas, quedaremos fijados en esas etapas y el potencial psicosocial se quedará estancado.

Más tarde, ya de adultos, nuestra creatividad, liderazgo y la capacidad de divertirnos estarán bloqueadas y por compensación tendremos disfuncionalidad laboral. Esta disfuncionalidad laboral creará sentimientos de impotencia y frustración a lo largo de toda nuestra vida. La psique quedará identificada con los problema no resueltos, producto del estancamiento de nuestro potencial psicosocial. Hasta que no se haga un trabajo profundo con la psicoespiritualidad y la educación universal, para recuperar nuestro liderazgo y realizarnos plenamente en lo laboral, el proceso de identificación o apego seguirá latente.

Los procesos de identificación o apego suceden en todos los niveles de la psique, y como ya hemos revisado, las carencias afectivas provocarán mayores niveles de identificación a todo aquello que no se haya podido realizar en nosotros. La identificación o apego sucederá a los sueños y metas que quisiéramos lograr y que no hemos logrado, y la psique vivirá frustrada, sin haber alcanzado su individuación. Lograr la individuación es haber logrado desplegar nuestro potencial y alcanzar el éxito en el mundo material y onírico; alta autoestima, amor y armonía en nuestra familia y amistades, tener un trabajo alineado a nuestra vocación, gozar de excelente salud, libertad financiera y tener sueños lúcidos mientras dormimos.

El proceso de individuación no se puede alcanzar mientras estemos llenos de frustraciones y metas sin realizar. Hay dos tipos de metas: superfluas y genuinas. Las metas superfluas en general aparecen como compensación de todo aquello que no nos dieron en la infancia y de todo aquello que no les dieron a nuestros ancestros en sus propias infancias. Las carencias afectivas no resueltas se manifiestan en la vida adulta como metas, necesidades superfluas y deseos frustrados. Esas metas, necesidades superfluas y deseos frustrados son identificación o apego que genera la psique hacia el mundo material. Conforme el proceso de individuación avance (etapa tres), muchos deseos, necesidades esenciales y metas que están en relación con nuestro potencial verdadero se podrán realizar, y todas aquellas metas, necesidades superfluas y deseos (fantasías absurdas, ambiciones) que se habían originado por compensación de nuestras carencias afectivas se podrán soltar; la psique soltará las metas, necesidades superfluas y deseos frustrados que no tenían relación con nuestra verdad íntima.

El mismo proceso de individuación nos llevará al éxito verdadero, no al falso éxito que busca ansiosamente dinero, estatus, fama y poder. Cuando la psique busca exacerbadamente dinero, estatus, fama y poder, significa que trae cargando muchas carencias afectivas sin resolver, mucho congestionamiento en el inconsciente. Todo el congestionamiento en el inconsciente provocará intensos procesos de identificación o apego hacia el mundo material y también onírico; nunca podremos despertar dentro del sueño. Por lo mismo, la combinación de la psicoterapia para la resolución de las carencias afectivas del pasado no resuelto (personal, ancestral) y la meditación, para potencializar los procesos de desenganche con todos los componentes del mundo material (grosos y sutiles), serán el camino correcto (psicoespiritualidad) para lograr el despliegue de nuestro potencial completo (autorrealización).

Una vez que hayamos sanado las heridas psicológicas y traumas de nuestro pasado personal y ancestral, los procesos de identificación o apego hacia los componentes del mundo material serán más leves (etapa tres realizada). Las cosas del mundo se tornarán menos personales y todo se sentirá mucho más amable. Los jaques del diablo serán vistos como aliados y serán utilizados como aprendizajes (conocimiento del maestro interior). Nuestras necesidades esenciales, metas y deseos genuinos estarán alineados con nuestro potencial verdadero, por lo que las motivaciones del personaje (persona humana) dejarán de estar alineadas a lo superfluo, y se conectarán con el *propósito universal*.

El proceso de sanación del individuo también está relacionado con aprender a vivir motivados, y esta motivación debe estar basada en el propósito universal, de lo contrario la motivación será superflua. El propósito universal de todos los personajes humanos dentro de la gran obra de teatro o película del mundo es, en un primer momento, lograr la funcionalidad sagrada (el verdadero éxito) en todas las áreas del juego (autoestima, familia, amistades, trabajo, dinero, salud, sueños lúcidos), y, en segundo lugar, en su trascendencia, aprendiendo a disolverse en el ser divino y verdadero, que es todo lo que es, por los siglos de los siglos. La motivación del personaje no podrá estar conectada con el propósito universal mientras no comience su proceso de individuación.

Antes de alcanzar la etapa tres del juego, la motivación del personaje estará en relación con las necesidades básicas (supervivencia y reproducción) y las necesidades superfluas (búsqueda de dinero, estatus, fama y poder). Los jaques del diablo ayudarán a los personajes dentro de sus historias (no a todos) a encontrarse con la educación universal y la psicoespiritualidad, permitiéndoles alinearse con el propósito universal (búsqueda de equilibrio, libertad y trascendencia).

A través del proceso de individuación el personaje humano se irá haciendo consciente de que en algún momento morirá, y que todo su éxito y funcionalidad en el mundo es efímero, pasajero, por lo que su motivación comenzará a alinearse con la búsqueda de lo eterno, de lo que está más allá de él mismo y de su historia en el tiempo. El final feliz de la historia del personaje humano ocurrirá si aprende a disolverse en el vacío divino, si aprende a morir y a soltar (desapego total, libertad total). El paso del tiempo y la vejez ayudarán mucho en este proceso.

El despertar espiritual es la disolución del personaje y su historia en el tiempo, en nuestro centro más profundo. Nuestro centro más profundo está conectado con la totalidad del presente, con la totalidad de la existencia; es el todo en todo. La desidentificación o desapego con el personaje humano (nuestro ego) y su historia en el tiempo sucederá a través de la práctica de la meditación y el yoga. Podríamos pasarnos la vida perfeccionando la excelencia del jugador dentro del juego, y que el éxito en el mundo vaya a mejores sueldos, mejores encuentros amorosos, conocer nuevos lugares y vivir experiencias increíbles, pero la gran hazaña del personaje dentro de la obra será la de aprender a fusionarse (disolución del ego) con aquello que está más allá de él mismo y su historia.

La meditación nos enseñará a disolvernos en el espacio infinito del vacío esencial del ser; el cerebro y la psique deberán ser absorbidos por el vacío esencial del ser, tanto en la vigilia como en el sueño. Cuando esto ocurre, regresamos a nuestro centro más profundo, el eterno ahora, donde no está la persona ni su historia en el tiempo, desde donde se puede vislumbrar la realidad ilusoria del juego y el jugador, desde donde suceden los sueños lúcidos mientras dormimos. La identificación del cerebro y la psique con los componentes del mundo material dan lugar al juego y al jugador. Toda vez que esa identificación cese, regresamos a la Verdad, al Buda, a Dios.

La Verdad, Dios o el Buda, es todo lo que siempre es, eternamente. Más allá de la realidad ilusoria, existe la realidad absoluta, la Verdad. Regresar a la Verdad es trascender todas las ilusiones del jugador y del juego. El jugador es una máscara, es el velo que no permite reconocer a la Verdad. Lograr la autorrealización será regresar a casa, al espíritu, a la naturaleza esencial del ser. El proceso de individuación en la etapa tres y la profundización en la meditación, el hatha yoga y el yoga de los sueños en la etapa cuatro, permitirán que alcancemos nuestra autorrealización, la trascendencia total del juego, el encuentro con lo real, con la Verdad.

La Verdad es que solo existe este momento presente y todo es amor incondicional. La Verdad es que todo es ilusión y lo único real es Dios, el Ser. El Ser es todo lo que es eternamente, más allá de los trillones de personajes e historias, dentro de los trillones de cerebros y psiques, que sucedieron, suceden y sucederán, está el Ser del universo que somos todos y que eternamente *es*. La Verdad es lo real y lo real es el ser, divino y verdadero, libre de todo. El ser es lo que siempre está sucediendo y podemos sentirlo y experimentarlo cuando la psique ha dejado de estar identificada con ella misma, con su historia en el tiempo y los demás componentes de la realidad ilusoria.

La desidentificación completa será realizada a través de las etapas tres (sanación el ego) y cuatro (trascendencia del ego), dentro del mismo juego (tanto en la vigilia como en el sueño), para que, toda vez que se hayan realizado correctamente estas etapas, podamos alcanzar la etapa cinco: la trascendencia del jugador y del juego. Encontrar a la Verdad, a lo real, es trascender a la ilusión, a la psique y su historia en el tiempo. La vida eterna, la salvación, la eternidad, el momento presente, la iluminación, la autorrealización, etc., son maneras de expresar la desidentificación radical o desapego total con el jugador y el juego, encontrándonos con nuestro ser verdadero (Buda, Dios), tanto en la vigilia (trascendencia del mundo material) como en el mundo onírico (sueños lúcidos de la divinidad).

En el simbolismo cristiano el ser divino y verdadero (nuestro centro más profundo, el todo en todo) está representado metafóricamente por Cristo. Los 12 apóstoles serían las 12 cualidades intrínsecas de nuestro potencial psicoespiritual desplegado: verdad, belleza, justicia, amor incondicional, paz, compasión, perdón, gratitud, dicha, creatividad, humildad e inocencia. Estas cualidades surgirán en nosotros en la medida en que podamos permanecer conectados a nuestro centro más profundo, más allá del tiempo, la mente y la materia, y en la medida en que podamos desarrollar las nueve esferas o lenguajes de nuestro potencial completo.

Lamentablemente los seguidores y sacerdotes del mito cristiano, al no comprender el lenguaje simbólico, consideran a Jesucristo y los apóstoles como personas reales que existieron en el pasado, sin comprender que son lenguaje simbólico para lograr el desarrollo arquetípico.

No quiere decir que no hayan existido en el pasado, quiere decir que Jesús se convirtió en Cristo cuando hizo su proceso de individuación y logró su autorrealización. Por lo mismo, todos podemos volvernos Cristo (uno con Dios).

Regresar a nuestro centro más profundo sucederá a través de la disolución (desidentificación radical) del ego y su historia en el tiempo, quedando reabsorbida nuestra psique en el vacío esencial del ser. Este proceso deberá realizarse con profesionales (maestros espirituales) en la práctica de la meditación, que también comprendan la importancia del trabajo psicoterapéutico que se tiene que realizar para la preparación del terreno. La semilla será el ego (persona humana) con su historia en el tiempo, los jaques del diablo la harán germinar, el terreno se hará fértil a través del proceso de individuación (descongestionamiento del inconsciente), y el árbol de la eternidad podrá nacer y crecer a través de la práctica de la meditación, el hatha yoga y el yoga del soñar. El árbol de la eternidad será una metáfora de nuestro potencial completo, desplegado y realizado.

Otra técnica de intervención que ayudará a potencializar el acceso y desarrollo de la última etapa del juego es el *satsang*. El satsang es una profunda meditación que guía un maestro iluminado o autorrealizado que incluye la *risa cósmica*. Existen seres en el mundo que han logrado trascender el juego de la realidad después de haber recorrido todas las etapas del mismo. Ya no están identificados con el personaje humano y su historia en el tiempo. Son seres que han alcanzado la liberación, la salvación, y viven plenamente en el reino de los cielos o nirvana.

Los seres que han alcanzado la liberación, la trascendencia del jugador y del juego, y que se dedican a ayudar a otros a lograrla, son verdaderos maestros espirituales y su técnica de intervención será principalmente el satsang, que incluye la risa cósmica. El satsang ayuda a sintonizar a la psique de los discípulos con la Verdad, con lo real. Desde el punto de vista de la psicoespiritualidad y la educación universal, el satsang deberá estar incluido desde el mismo inicio de la etapa cuatro del juego, sin embargo, no será sencillo encontrarse con maestros que de verdad hayan alcanzado la etapa cinco. Jesucristo daba satsang, Buda daba satsang, Osho daba satsang. Hoy en día existen algunos maestros vivos que dan satsang, como Mooji, Eckart Tolle, Isha, Dharmesh Anand, Byron Katie, etc., pero son contados.

Alcanzar la iluminación o autorrealización no es tarea sencilla. Será correcto acercarse a los maestros a recibir satsang para avanzar en nuestro proceso de liberación, siempre y cuando hayamos logrado el proceso de individuación (superación de la etapa tres). Mucha gente se acerca a los maestros espirituales a recibir satsang, pero no es correcto hacerlo sin haber pasado por la etapa tres del juego, o en su defecto, estar muy avanzados en el proceso de individuación. El satsang y los maestros son para los individuos que han logrado alcanzar el nivel cuatro y están profundizando en su proceso de meditación y yoga. Lo que normalmente sucede si llegamos con un maestro espiritual que nos dé satsang y estamos en las dos primeras etapas o iniciando la etapa tres, es que la psique se apegará al maestro, como un salvador (fanatismo religioso) o como un padre sustituto, por las carencias afectivas que trae cargando (la misma psique) y que aún no se han resuelto.

El maestro no será un puente a la Verdad sino un obstáculo para llegar a ella. El proceso de individuación en la fase tres nos permitirá ir encontrando nuestra soledad completa. Es necesario tener una personalidad sólida, un ego sano, para recibir satsang. El proceso de individuación desarrollará nuestra identidad egoica de forma correcta, para que después la etapa de desidentificación radical a través de la meditación y el yoga pueda efectuarse como debe de ser.

Solo una personalidad bien estructurada y enraizada en sí misma (soledad completa) podrá recorrer la fase cuatro y trascender en la fase cinco. Acercarse a los maestros espirituales, al satsang, al yoga y a la meditación sin una identidad egoica bien constituida solo utilizará de forma equivocada a los maestros, al satsang, al yoga y a la meditación. Será indicado, por tanto, recibir satsang y acercarse a los maestros espirituales en la segunda etapa del ascenso (nivel cuatro), no antes.

La diferencia entre la práctica de la meditación en la fase cuatro y la meditación en la fase cinco será que en esta última la meditación se irá convirtiendo en el estado natural de nuestro ser. La práctica espiritual será la vida misma y la meditación, nuestras acciones cotidianas. Lo ordinario se habrá convertido en algo extraordinario. La risa no será provocada por una técnica (risoterapia), sino por nuestra conexión con la conciencia cósmica (risa galáctica). También en el yoga de los sueños, la capacidad de soñar con lucidez será una constante. Las técnicas de la psicología oriental habrán sido incorporadas plenamente. Nuestro despertar se habrá estabilizado plenamente, por lo que ya no serán necesarias las técnicas, puesto que podremos permanecer en lo real, en la Verdad, naturalmente.

La iluminación, la autorrealización, significa que podemos permanecer tiempo completo en la Verdad. No solo por algunos momentos. Los procesos de identificación o apego de la psique habrán llegado a su resolución, el trabajo se habrá hecho de forma correcta, por lo que ahora podemos gozar de una libertad total. Habremos logrado trascender plenamente al juego y al jugador. El juego seguirá sucediendo y el jugador seguirá jugando, pero habrá una distancia permanente, de forma que podremos gozar plenamente de todo lo que pueda suceder dentro del juego, puesto que nada es real. Estando en la Verdad somos conscientes de que el juego y el jugador no son reales, por lo que cualquier cosa que suceda será apreciada como perfección divina.

Técnicas de intervención del nivel 5: satsang, meditación con risa cósmica, hatha yoga, yoga de los sueños.

LOS NIVELES DEL JUEGO

NIVEL	CARACTERÍSTICAS	EL PERSONAJE (PERSONA, EGO)	TÉCNICAS DE INTERVENCIÓN	APRENDIZAJES
ETAPA 1. La experimentación	Búsqueda de gratificación y evasión de la frustración y el dolor	Exploración, asombro, diversión, miedos y deseos	Crianza por la familia, escuela y religión; educación parcial; sistema establecido	Acumulación de experiencia personal
ETAPA 2. Los enredos con el mundo	La caída, heridas psicológicas, traumas, pecados, karmas, apegos, jaques del diablo, trastornos mentales	Victimismo, disfuncionalidad, neurosis, psicosis, psicopatología	Obstáculos y dificultades como pruebas evolutivas	La dualidad
ETAPA 3. El proceso de individuación	Sanación, educación universal, psicoespiritualidad, descongestionamiento de los tres niveles del inconsciente.	Búsqueda de libertad, equilibrio y plenitud; ego sano, individualidad, autenticidad	Psicología clásica, psicología avanzada; meditación, yoga; desarrollo arquetípico; arte, deporte, artes marciales; emprendimiento, finanzas, derecho	Desarrollo del potencial completo
ETAPA 4. La desidentificación radical o desapego total	Ascenso, integración, aceptación, éxito en el mundo, funcionalidad sagrada	Búsqueda de lo real, de la verdad; conductas y actitudes sagradas; pasar del ego al jugador	Meditación, hatha yoga, yoga de los sueños, risoterapia	Conocimiento del mundo espiritual; éxito en el mundo material (familia, amistades, dinero, trabajo, salud)
ETAPA 5. La autorrealización o iluminación	Trascendencia, libertad, lo real, la verdad, redención, liberación, salvación	Disolución, fusión con la totalidad, con lo divino; excelencia en el juego	Satsang, meditación, risoterapia, yoga de los sueños	Realización de la verdad, de Dios

Las etapas del jugador

La persona humana o ego pasará por varias etapas (transformaciones) conforme el juego se desarrolle. Estas etapas ya han sido mencionadas en el diagrama anterior. En la primera etapa, llamada *la formación del yo*, se comenzará a constituir la persona humana (personalidad, identidad material, el experimentador), conforme el cerebro conozca al mundo material a través de los sentidos y el cuerpo. La exploración en nuestros primeros años de vida (bebé, infancia temprana) darán nacimiento a la persona humana. La persona humana comenzará a vincularse con los objetos del mundo (personas, lugares, comida, normas, reglas, etc.) conociendo gradualmente el sistema y lo establecido. La educación parcial será la que regule los comportamientos y el desarrollo de la persona humana.

En la segunda etapa del juego, *la disfuncionalidad del yo*, la persona humana habrá quedado encadenada al mundo material, por un lado, a través de todas las heridas psicológicas y traumas que hubiese recibido en su educación, y por otro, por el karma ancestral desplegado. Esto dará lugar a situaciones complejas (conflictos, dramas, tragedias) en la realidad exterior (jaques del diablo). La persona humana en la etapa dos podrá adoptar una conducta de victimización y debilidad, volviéndose esclava de sus circunstancias, o bien podrá volverse héroe o heroína de su propia historia, optando por buscar ayuda, respuestas y hacerle caso a su sed de libertad y plenitud. Llegar a la etapa tres dependerá de la actitud y motivación de la persona. En general la mayoría de la gente queda atrapada en la segunda etapa, volviéndose víctima de sus circunstancias.

Si la persona humana accede a la tercera fase, *la sanación del yo*, estará plenamente motivada, alineada con el propósito universal. La persona entonces comenzará el desarrollo de su potencial completo, encontrándose con las herramientas de la educación universal y la psicoespiritualidad. La persona humana comenzará a adquirir un sentido de responsabilidad mucho más amplio sobre ella misma y los procesos de la realidad, comprendiendo las reglas del juego y aplicándolas en su contexto. En la tercera etapa el compromiso y la perseverancia serán necesarios; muchas personas, aunque hayan encontrado un camino de sanación e integración, no se comprometen plenamente y desisten después de cierto tiempo. Esto las dejará atrapadas en la tercera etapa.

Para alcanzar la cuarta etapa, la persona humana deberá ser constante en el desarrollo de la responsabilidad y búsqueda de libertad y plenitud, profundizando en la psicoespiritualidad y la educación universal (desarrollo de los nueve lenguajes o esferas del potencial completo) a través de sus técnicas de intervención. Si la persona tiene una voluntad férrea, no desiste y comprende que debe no solo realizar una constante acción terapéutica, sino también profundizar en la meditación, el hatha yoga y el yoga del soñar, podrá acceder a la cuarta fase y convertirse en jugador. El jugador será sinónimo de la madurez psicológica.

La persona humana en la cuarta fase, llamada *el éxito del jugador*, dejará de ser una persona humana para convertirse en jugador y comprender que la vida es un juego. En esa etapa la conciencia se habrá desarrollado alcanzando la supraconciencia, gracias a todo el proceso de descongestionamiento del inconsciente en sus tres niveles que sucedieron en la tercera etapa, por lo que la psique será capaz de dar a luz al jugador. El jugador es la persona humana conectada con la dimensión espiritual (ego y Dios conectados). La persona humana ya no se concibe separada de la totalidad y es ahora guiada por la gran conciencia-corazón universal. El jugador comienza a comprender cómo ser guiado en todo su quehacer mundano.

Cuando el jugador comprende cómo actuar en el mundo material guiado por la gran conciencia, alcanza la funcionalidad sagrada en todas las áreas de la vida: familia, amistades, dinero, trabajo, salud, etc. Esto se vuelve posible porque la conciencia ha alcanzado su máximo desarrollo y a través de ella se ha creado un puente entre la psique y la dimensión espiritual. Para que la conciencia haya logrado crear este puente tuvo que conocer las leyes del cielo a través de las transfiguraciones arquetípicas (descongestionamiento del tercer nivel del inconsciente). Por su parte, el yo onírico comenzará a tener sueños lúcidos con más recurrencia.

A través de este grandioso proceso es que la persona humana se convierte en jugador; el jugador deja de actuar a través de su voluntad egoica y es movido por la totalidad de la existencia. "Hágase su voluntad", decía Jesucristo. Palabras sabias de un ser humano que pudo alcanzar el grado de jugador. El jugador en la cuarta etapa podrá perfeccionar todas las áreas de la vida terrenal, porque está conectado con la fuente de sabiduría universal que le permite articular todas sus acciones y metas conforme al orden sagrado de las cosas. Aquel que conoce la ley del cielo está destinado al éxito. No se podrá conocer la ley del cielo a través de libros, creencias, filosofías o conceptos; se deberá realizar el proceso de individuación para alcanzar este saber; solo cuando la conciencia se desarrolla a través de la integración con todo el inconsciente, tanto en la vigilia como en el sueño, la persona humana puede alcanzar el grado de jugador.

En la cuarta etapa del juego el proceso de desapego y desidentificación radical permitirán que la psique termine de desarrollarse plenamente en el juego del mundo y alcance el éxito; la persona humana convertida en jugador gozará de una excelente salud, autonomía total y alta autoestima; todas sus relaciones interpersonales (familia, amistades, sociabilidad) estarán llenas de amor incondicional, compasión y respeto. Obtendrá el trabajo de sus sueños y una libertad financiera a través de este. El jugador estará siempre al servicio del mundo y su evolución.

Toda vez que el ego se haya desarrollado como jugador en la cuarta etapa, en la última etapa, *la trascendencia del yo*, habrá alcanzado su disolución en el ser divino y verdadero; la gota que regresa al océano divino. La psique entera habrá sido reabsorbida a través de un profundo proceso de meditación, yoga y satsang (desapego total), logrando trascender todos los opuestos: luz-oscuridad, éxito-fracaso, ciencia-espiritualidad, mujer-hombre, Dios-diablo, vida-muerte, salud-enfermedad, realidad-ilusión, caída-ascenso, sueño-vigilia. La psique habrá quedado plenamente fusionada con la dimensión espiritual; la conciencia, convertida en supraconciencia, vislumbrará que todo es lenguaje simbólico, el jugador y el juego plenamente comprendidos como lo imaginario o ilusorio y el inconsciente habrá quedado plenamente iluminado (sueños lúcidos de luz divina).

Todas las instancias de la psique, plenamente desarrolladas, permitirán el libre flujo de lo real, de la Verdad. Permanecer plenamente conectados a la Verdad, tanto en la vigilia como en el sueño, será haber ganado el juego de la vida, será haber logrado nuestra autorrealización.

LAS ETAPAS DEL JUGADOR

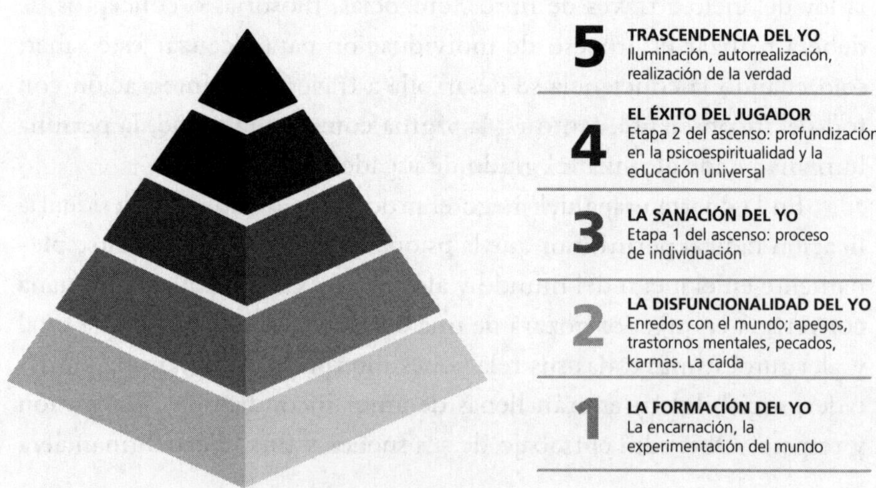

Epílogo

Otra forma de entender a la estructura del *ser y la existencia* es considerarla a partir de tres dimensiones: animal (dimensión biológica), persona (dimensión humana) y Dios (dimensión divina). El humano se encuentra entre la dimensión animal y la espiritual. Estas dimensiones no deben ser imaginadas fuera del ser, sino como un todo interconectado, que incluye a la realidad interior (el ser) y a la exterior (al mundo).

El humano, desde que es concebido y está siendo gestado, está conectado, por un lado, a la dimensión animal; su cuerpo ha evolucionado a partir de los animales. Por otro lado está conectado a la dimensión espiritual, de la cual será desconectado (la caída) por la falta de la educación universal. El humano, ya de adulto, deberá buscar reconectarse con la dimensión espiritual a través del proceso de individuación y autorrealización (ascenso), de lo contrario la persona solo conocerá la dimensión humana conectada con la dimensión animal y siempre se sentirá incompleta.

Todos los procesos de identificación y apego con el mundo material van a suceder inevitablemente por la conexión entre la dimensión humana y animal. Por su parte, las heridas psicológicas y traumas codificados en el inconsciente provenientes del pasado no resuelto (personal y ancestral) provocarán que la dimensión humana se vuelva esclava de la dimensión animal (profunda caída). Esto provocará una vida llena de apego, confusión y sufrimiento.

El humano esclavizado por la dimensión animal buscará sobrevivir en el mundo a través de luchas de poder y territorio provenientes del miedo. El comportamiento humano quedará reducido a los instintos de reproducción y supervivencia, y siempre estará determinado por el deseo y el miedo. Si el humano logra realizar procesos transformativos a través de la educación universal y la psicoespiritualidad (psicología clásica, avanzada y oriental), podrá comenzar a desarrollar su conciencia, sanando las heridas psicológicas y traumas que provocaron una relación tóxica con la misma dimensión humana y también con la animal, generando por añadidura una vida disfuncional.

Cuando el humano sane sus heridas psicológicas y traumas (personales y ancestrales) podrá tener una sana relación con la dimensión animal; esto permitirá una vida basada en el respeto, el orden y las reglas sociales. La sana relación entre el humano y el animal significará la realización del proceso de individuación, volvernos personas conscientes. Si el humano sigue desarrollando su conciencia a través del desarrollo arquetípico, la meditación y el yoga, no solo para tener una sana relación con el mundo material (familia, amistades, trabajo, dinero, salud, sociedad), sino para conocer todos los misterios de la dimensión espiritual, quedará plenamente autorrealizado, alcanzando lo transpersonal, tanto en la vigilia como en el sueño. El humano y el animal, en equilibrio perfecto, le habrán abierto el camino al Dios interior (Buda, ser verdadero). La vida entonces será libre y estará basada en los valores universales del amor incondicional, la paz, la compasión, la claridad, la humildad, la inocencia, la creatividad, el perdón, la unidad, la totalidad, la dicha, la justicia, la plenitud, la verdad y la felicidad.

En general la mayoría de la gente vive la vida sin un verdadero despertar y desarrollo espiritual, y con su dimensión humana en constante lucha con su dimensión animal. Son raros los individuos que se atreven a realizar el proceso de individuación, ya que este implica encontrarse con la psicoespiritualidad y la educación universal y sus herramientas de intervención: psicoterapia individual, terapias de grupo, desarrollo arquetípico, meditación, yoga, risoterapia, masajes, yoga de los sueños, creación artística, emprendimiento, derecho, finanzas, deporte, artes marciales, etcétera.

Será gracias a la sanación de todas las heridas psicológicas y los traumas del pasado, a través del descongestionamiento de los tres niveles del inconsciente, que la dimensión humana quede plenamente equilibrada con la dimensión animal y reconozca plenamente a la dimensión espiritual. La dimensión animal siempre volverá esclava a la humana, en tanto exista congestionamiento en el inconsciente; la persona nunca sabrá cómo vivir una vida funcional y ordenada, puesto que siempre estará esclavizada por sus pasiones (impulsividad, apegos).

La maravillosa propuesta de la psicoespiritualidad y la educación universal, que combinan la psicología occidental (clásica y avanzada) con la oriental (meditación, hatha yoga, risoterapia, yoga de los sueños) y las demás herramientas (arte, finanzas, derecho, deporte, artes marciales), son metodologías únicas que permitirán, por un lado, que la dimensión humana vaya armonizándose con la dimensión animal (éxito en el mundo), y al mismo tiempo, que la persona se vaya conectando con la dimensión espiritual (trascendencia). Este doble camino, que se deberá recorrer en paralelo, potencializará los procesos, de forma que la alineación entre lo animal, humano y divino pueda suceder de una manera mucho más efectiva que los demás métodos y enfoques existentes. Esa es la gran aportación de la psicoespiritualidad y la educación universal, nos brindan la posibilidad de lograr la autorrealización como ningún otro camino. La integración de lo animal, lo humano y lo divino será el equivalente al despliegue y desarrollo de nuestro potencial completo, a lograr la excelencia como jugadores y al triunfo total en el juego de la existencia.

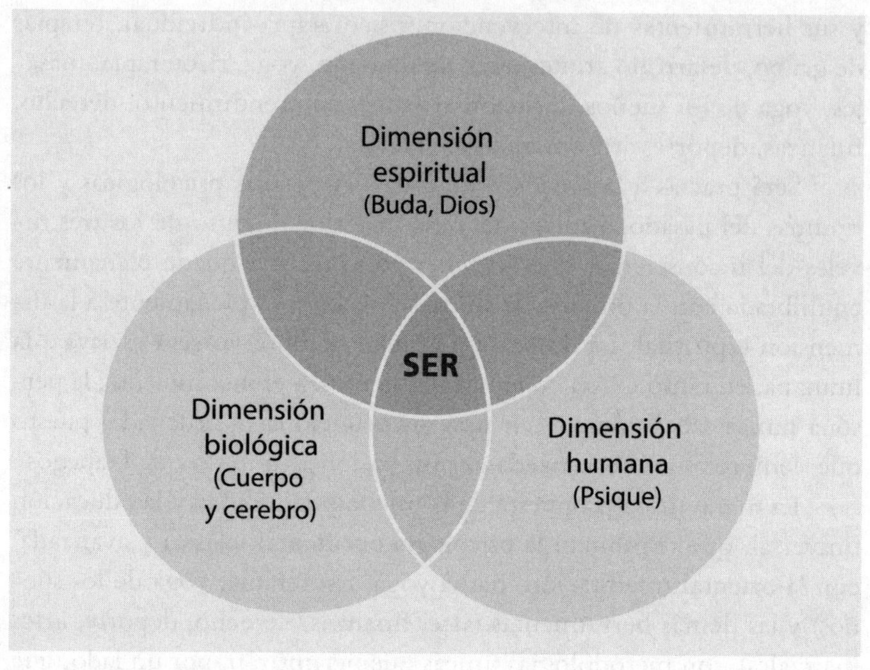
Dimensión
espiritual
(Buda, Dios)
SER
Dimensión
biológica
(Cuerpo
y cerebro)
Dimensión
humana
(Psique)

Bibliografía

Adler, A. (2014). *El carácter neurótico.* RBA.
Adler, A. (2011). *El sentido de la vida.* Paidós.
Ainsworth, M. D. S. (2016). *Seguridad y adaptación en la infancia: La teoría del apego.* Paidós.
Ainsworth, M. D. S. (2015). *Apego y desarrollo: El enfoque de Mary Ainsworth.* RBA.
Aristóteles (2019). *Metafísica.* Alianza Editorial.
Artaud, A. (2011). *El teatro de la crueldad.* Siglo XXI Editores.
Artaud, A. (2007). *Viaje al país de los tarahumaras.* Losada.
Artaud, A. (2004). *El teatro y su doble.* Losada.
Beck, A. T. (2020). *Terapia cognitiva de los trastornos de la personalidad* (3ª ed.). Paidós.
Beck, A. T. (2016). *Terapia cognitiva: Teoría y práctica.* Desclée De Brouwer.
Bowlby, J. (2017). *El apego: Un enfoque evolutivo.* Siglo XXI.
Bowlby, J. (2015). *Una base segura: La teoría del apego.* Paidós.
Brook, P. (2013). *Teoría del teatro.* Anagrama.
Brunetta, G. P. (2013). *Historia del cine mundial.* Akal.
Campbell, J. (2015). *La enseñanza de los mitos.* Kairós.
Campbell, J. (2014). *El héroe de las mil caras.* Kairós.
Campbell, J. (2012). *El poder del mito* (con Bill Moyers). Kairós.
Campbell, J. (2009). *Las máscaras de Dios: Volumen 1, 2 y 3. Mitología*

primitiva. Kairós.

Chediak, J. A. (2019). *El yoga de los sueños: Un camino hacia la auto-realización*. Kairós.

Chekhov, M. (2014). *El teatro y el actor*. Paidós.

Chopra, D. (2021). *El libro de los secretos: Desenmascara las dimensiones ocultas de la vida*. Grijalbo.

Chopra, D. (2020). *Las siete leyes espirituales del éxito*. Debolsillo.

Daniélou, A. (2006). *Shiva y Dionisos* (traducción de J. C. Soler Chic). Kairós.

Davidson, R. J., y Ricard, M. (2017). *Cerebro y meditación: Diálogos entre el budismo y la neurociencia*. Kairós.

Eliade, M. (2016). *Tratado de historia de las religiones*. Siglo XXI Editores.

Eliade, M. (2014). *Lo sagrado y lo profano*. Kairós.

Eliade, M. (2011). *El yoga: Inmortalidad y libertad*. Kairós.

Eliade, M. (2009). *El mito del eterno retorno*. Kairós.

Ellis, A. (2019). *El ABC de la terapia racional emotiva conductual*. Desclée De Brouwer.

Ellis, A. (2016). *Cómo controlar su ansiedad antes de que le controle a usted*. Paidós.

Erikson, E. H. (2019). *Infancia y sociedad* (4ª ed.). Paidós.

Erikson, E. H. (2018). *Identidad, juventud y crisis*. Paidós.

Fairbairn, R. (2016). *Psicoanálisis de la personalidad*. Paidós.

Fairbairn, R. (2015). *La organización neurótica de la personalidad*. Gedisa.

Frankl, V. (2015). *El hombre en busca de sentido*. Herder.

Frankl, V. (2012). *Psicoterapia y humanismo*. Herder.

Frankl, V. (2009). *La presencia ignorada de Dios*. Herder.

Freud, A. (2018). *El yo y los mecanismos de defensa*. Paidós.

Freud, A. (2017). *Desarrollo de la personalidad infantil*. Siglo XXI Editores.

Freud, A. (2015). *La técnica psicoanalítica con niños*. Akal.

Freud, S. (2011). *La interpretación de los sueños*. Siglo XXI Editores.

Freud, S. (2007). *El yo y el ello*. Taurus.

Fromm, E. (2016). *El miedo a la libertad*. Paidós.

Fromm, E. (2015). *El arte de amar* (35ª ed.). Paidós.

Fromm, E. (2013). *¿Tener o ser?* Paidós.

García, C. (2018). *Risoterapia: El poder curativo de la risa.* Urano.
Gardner, H. (1998). *Inteligencias múltiples: La teoría en la práctica.* Paidós.
Gardner, H. (1993). *Estructuras de la mente: La teoría de las inteligencias múltiples.* Paidós.
Goleman, D. (2014). *Foco: Desarrollar la atención para alcanzar la excelencia.* Kairós.
Goleman, D. (2012). *Inteligencia emocional.* Vergara.
Goleman, D. (2007). *Inteligencia social.* Vergara.
Goswami, S. S. (2018). *Meditación y sueños: El yoga de los sueños en la práctica.* RBA.
Hellinger, B. (2015). *Órdenes del amor.* Alma Lepik.
Hellinger, B. (2012). *Los órdenes de la ayuda.* Alma Lepik.
Hellinger, B. (2010). *Las constelaciones familiares: Una fuerza que nos guía.* Herder.
Hick, S. F., y Bien, T. (2008). *Mindfulness y psicoterapia.* Desclée de Brouwer.
Jodorowsky, A. (2022). *Los evangelios para sanar.* Kairós.
Jodorowsky, C. (2011). *El collar del tigre.* Planeta.
Jodorowsky, A. (2009). *La danza de la realidad.* Tusquets.
Jodorowsky, A. (2007). *Tarot de Marseille.* Kairós.
Jodorowsky, A. (2003). *Psicomagia: La curación por el acto.* Anagrama.
Jodorowsky, A., y M. Costa (2016). *La metagenealogía.* Planeta.
Jung, C. G. (2016). *El desarrollo de la personalidad.* Siglo XXI Editores.
Jung, C. G. (2014). *La psicología del inconsciente.* RBA.
Jung, C. G. (2010). *El hombre y sus símbolos.* Paidós.
Jung, C. G. (2009). *Psicología y alquimia.* Gedisa.
Jung, C. G. (2007). *La psicología de la religión.* Kairós.
Kernberg, O. F. (2018). *Neurosis, psicopatía y psicosis.* Siglo XXI Editores.
Kinsley, D. R. (2006). *El juego divino: Un estudio sobre el Krishna Lila.* Ediciones Bellaterra.
Kiyosaki, R. (2017). *Padre rico, padre pobre.* Aguilar.
Klein, M. (2014). *El psicoanálisis de los niños.* Siglo XXI Editores.
Krishnamurti, J. (2015). *Libertad total.* Kairós.
Krishnamurti, J. (2009). *La libertad primera y última.* Kairós.

Lacan, J. (2022). *Los escritos.* Siglo XXI Editores.

Lao-Tsé. (2020). *Tao Te Ching* (traducción de J. Puget). Ediciones Obelisco.

Lecoq, J. (2017). *La máscara y la revelación.* RBA.

Lecoq, J. (2015). *El cuerpo en movimiento.* Anagrama.

Lecoq, J. (2011). *La formación del actor.* Kairós.

Lowen, A. (2014). *El lenguaje del cuerpo.* Herder.

Lowen, A. (2006). *Bioenergética.* Paidós.

MacLean, P. D. (1992). *El cerebro: Su evolución y su estructura.* Biblioteca Nueva.

MacLean, P. D. (1990). *El cerebro triuno: Estructura y función del cerebro humano.* Akal.

MacLean, P. D. (1988). *El cerebro y el comportamiento.* Editorial de Ciencias Sociales.

Maslow, A. H. (2000). *La psicología de la conducta creativa.* Trillas.

Maslow, A. H. (1991). *Motivación y personalidad.* Paidós.

Maslow, A. H. (1985). *El hombre autorrealizado.* Lumen.

Masterson, J. F. (2016). *El trastorno límite de la personalidad: Una aproximación psicodinámica.* Paidós.

Molina, E. (2010). *Violencia intrafamiliar: Evaluación y tratamiento.* Paidós.

Moreno, J. L. (2019). *El psicodrama.* Paidós.

Moreno, J. L. (2018). *Fundamentos de sociometría, psicoterapia de grupo y sociodrama.* Paidós.

Nietzsche, F. (2016). *Más allá del bien y del mal.* Espasa Calpe.

Nietzsche, F. (2015). *Así habló Zaratustra.* Alianza Editorial.

Nietzsche, F. (2014). *El nacimiento de la tragedia.* Taurus.

Ochoa, J. (2007). *Hijos tiranos o débiles dependientes: Cómo evitar la sobreprotección y educar con responsabilidad.* Desclée de Brouwer.

Ortega, R. (2010). *Bullying: El acoso escolar.* Alianza Editorial.

Osho (2023). *El camino del zen.* Kairós.

Osho (2022). *Más allá de la mente.* Kairós.

Osho (2021). *Meditación: La primera y última libertad.* Kairós.

Osho (2020). *El libro del ego.* Kairós.

Osho (2019). *Amor, libertad y soledad.* Kairós.

Ovejero, A. (2013). *Cómo combatir el bullying: Guía para padres, maestros y víctimas*. Paidós.

Pérez, M. (2020). *La risa como medicina: Manual de risoterapia*. Seix Barral.

Perls, F. (2019). *El enfoque Gestalt y testimonio de terapia*. Cuatro Vientos.

Perls, F. (2017). *Sueños y existencia: Un enfoque gestáltico integrador*. Cuatro Vientos.

Reich, W. (2014). *La función del orgasmo*. Paidós.

Reich, W. (2010). *Análisis del carácter*. Paidós.

Rogers, C. R. (2017). *El counseling y la psicoterapia*. Herder.

Rogers, C. R. (2016). *El proceso de convertirse en persona*. Herder.

Satchidananda, S. (2017). *La práctica del yoga de los sueños*. Planeta.

Schopenhauer, A. (2017). *La voluntad de vivir*. Siglo XXI Editores.

Schopenhauer, A. (2013). *El mundo como voluntad y representación*. Alianza Editorial.

Schützenberger, A. A. (2016). *La herencia invisible: Cómo el inconsciente familiar influye en nuestras vidas*. Paidós.

Schützenberger, A. A. (2014). *¡Ay, mis ancestros!* Obelisco.

Schützenberger, A. A. (2011). *La enfermedad como lenguaje del cuerpo*. Desclée de Brouwer.

Sogyal Rinpoche. (2000). *El libro tibetano de la vida y la muerte*. Kairós.

Sperry, R. W. (1993). *El cerebro y la conciencia: Investigaciones sobre la división cerebral*. Omega.

Sperry, R. W. (1986). *El cerebro dividido: La investigación de la lateralización cerebral*. Biblioteca Nueva.

Stanislavski, K. (2015). *El trabajo del actor sobre sí mismo*. Paidós.

Stanislavski, K. (2008). *Mi vida en el teatro*. Alianza.

Tarkovsky, A. (2006). *Esculpir en el tiempo*. Taurus.

Thich Nhat Hanh (2022). *La paz está en cada paso*. Oniro.

Thich Nhat Hanh (2021). *El milagro de mindfulness*. Kairós.

Tolle, E. (1999). *El poder del ahora*. Gaia.

Toro, R. (2016). *Biodanza: El arte de vivir*. Cuatro Vientos.

Toro, R. (2015). *La biodanza: Poética del encuentro humano*. Cuatro Vientos.

Wangyal Rinpoche, T. (2020). *El yoga de los sueños*. Pax.

Watts, A. (2000). *El arte de ser Dios*. Kairós.

Winnicott, D. W. (2017). *La familia y el desarrollo del individuo*. Paidós.

Winnicott, D. W. (2013). *Juego y realidad*. Gedisa.

Wolynn, M. (2016). *Este dolor no es mío*. Urano.

Esta obra se terminó de imprimir
en el mes de octubre de 2025,
en los talleres de Impresora Tauro, S.A. de C.V.
Ciudad de México.